DES FRAIS DE JUSTICE

EN MATIÈRE

CRIMINELLE, CORRECTIONNELLE ET DE SIMPLE POLICE.

PARIS. — IMPRIMERIE DE Mme Ve DONDEY-DUPRE,

rue Saint-Louis, 46, au Marais.

DES

FRAIS DE JUSTICE

EN MATIÈRE

CRIMINELLE, CORRECTIONNELLE ET DE SIMPLE POLICE.

SUPPLÉMENT

AU COMMENTAIRE DU DÉCRET DU 18 JUIN 1811

PUBLIÉ AVEC L'AUTORISATION ET L'APPROBATION

DE M. LE GARDE DES SCEAUX

PAR M. DE DALMAS

Sous-Directeur des affaires criminelles et des grâces au Ministère de la Justice.

PARIS.

CHEZ L'AUTEUR,	VIDECOQ FILS AINE,
19, RUE DUPHOT.	1, PLACE DU PANTHÉON.

1847

AVANT-PROPOS.

En publiant mon commentaire sur le décret
du 18 juin 1811, je m'étais proposé de rendre
plus facile la solution des difficultés nombreuses
et diverses que font naître le règlement et le
payement des frais de justice criminelle. Ce
travail, fruit de laborieuses recherches et d'une
longue expérience, a eu le succès que me faisaient présager l'approbation de M. le garde des
sceaux et le suffrage si précieux de la magistrature.

Les règles, les instructions, les décisions

qu'il a rappelées ou indiquées, sont encore pour la plupart en vigueur; mais depuis qu'il a paru, des changements dans la législation et le temps ont fait naître de nouvelles questions qu'il a fallu résoudre; la jurisprudence s'est formée sur des points indécis.

Mon ouvrage, sans perdre son utilité, était devenu incomplet. Je me suis attaché dans ma publication actuelle à combler toutes les lacunes qu'il présentait. A cet effet, j'ai revu ses diverses parties; et, en évitant soigneusement de me répéter, j'ai achevé ce que j'avais commencé. Pour plus de clarté, j'ai indiqué en tête de mes nouvelles observations l'article et la page auxquels elles se réfèrent.

J'ai cru devoir en outre, suivant la demande qui m'en a été faite, élargir un peu mon cadre, en publiant quelques recherches sur l'administration proprement dite de la justice criminelle. Les règles que je rappelle rentrent d'ailleurs dans la spécialité de mon travail par l'influence qu'elles peuvent avoir sur la quotité des frais.

Ce travail est, comme le précédent, le fruit d'une étude consciencieuse et approfondie; j'espère qu'il recevra le même accueil et qu'il pourra être consulté utilement. Tel a été mon but; je n'ai rien négligé pour l'atteindre.

————

DES FRAIS DE JUSTICE

EN MATIÈRE

CRIMINELLE, CORRECTIONNELLE ET DE SIMPLE POLICE.

MINISTÈRE PUBLIC.

Article 1er, n° 9, page 8.

Dans mes observations sur ce paragraphe, j'ai fait connaître que quand le procureur général se rend dans un département autre que celui où siége la Cour royale, pour porter la parole devant une Cour d'assises, il a droit à une indemnité de 15 francs par jour, et que la même indemnité est due à celui de ses substituts qu'il délègue pour aller en son nom soutenir une accusation.

Le droit du procureur général de porter la parole devant une Cour d'assises autre que celle qui est formée dans le sein de la Cour royale, résulte explicitement de l'art. 284 du Code d'instruction criminelle. Il peut déléguer l'exercice de ce droit à l'un de ses substituts : l'art. 265 du même Code n'est pas moins formel à cet égard. D'un autre côté, l'art. 45 de la loi du 20 avril 1810 porte que les procureurs généraux exerceront l'action de la justice criminelle dans toute l'étendue de leur ressort. Résulte-t-il de cette disposition qu'ils peuvent se transporter dans tous les arrondissements pour y remplir personnellement ou par voie de délégation les fonctions attribuées au procureur du roi? Notamment peuvent-ils aller instruire, en cas de flagrant délit, sur les crimes qui leur sont dénoncés? Peuvent-ils porter la parole devant les tribunaux de police correctionnelle?

Ces deux questions se sont présentées; leur solution peut donner lieu à une dépense judiciaire. Je ne m'écarte donc pas de la spécialité de mon travail en me livrant ici à leur examen.

PREMIER POINT. Le procureur général peut-il se transporter pour instruire sur un crime flagrant? Il a évidemment ce droit quand l'un des fonctionnaires désignés dans l'art. 483 du Code d'instruction criminelle est prévenu d'un crime emportant la peine de la forfaiture ou une autre plus grave. Alors, en effet, ce magistrat, aux termes de l'art. 484, exerce les fonctions ordinairement dévolues au procureur du roi. Il en est de même quand une descente sur les lieux est jugée nécessaire dans les cas prévus par les art. 479 et 483 du Code d'instruction criminelle et par l'art. 10 de la loi du 20 avril 1810. Le procureur général, ou un magistrat délégué par lui, peut encore se transporter pour assister le conseiller qui a été désigné, conformément à l'art. 236 du Code précité, pour instruire un procès criminel ; mais hors ces cas, le procureur général doit laisser agir celui de ses substituts qui est compétent pour instruire, et se borner soit à diriger, soit au moins à surveiller l'information.

En effet, il résulte de la corrélation des art. 22, 23 et 32 du Code d'instruction criminelle, que le droit de se transporter sur les lieux pour instruire sur un crime ou un délit flagrant, n'appartient qu'au procureur du roi, soit de l'arrondissement où ce crime ou délit a été commis, soit de celui où le prévenu réside ou a pu être trouvé. Cette compétence, établie d'une manière aussi positive, exclut évidemment celle de tout autre magistrat, par conséquent celle du procureur général.

Quant à l'attribution générale que l'art. 45 de la loi du 20 avril 1810 lui confère, elle est définie et limitée par les art. 274, 275 et 279 du Code d'instruction criminelle, d'après lesquels le procureur général charge les procureurs du roi de poursuivre, leur transmet les plaintes qu'il reçoit, et enfin exerce une surveillance générale sur tous les officiers de police judiciaire.

De cette manière le procureur général, sans exercer personnellement des fonctions qui ne lui sont attribuées, comme je l'ai déjà dit, que dans les cas rappelés plus haut, est à même de remplir dans tout son ressort l'importante mission que lui confie la loi de 1810.

Deuxième point. Le procureur général peut-il porter la parole devant les tribunaux correctionnels de son ressort?

La négative de cette seconde question me paraît encore plus certaine que celle de la première.

Les art. 6 et 43 de la loi du 20 avril 1810 portent, le premier : Les fonctions du ministère public seront exercées à la Cour royale par un procureur général ; le second : Les fonctions du ministère public seront exercées dans chaque tribunal de première instance par un substitut du procureur général, qui a le titre de procureur impérial (maintenant procureur du roi),

De ces deux dispositions il résulte clairement que la parole ne peut être portée devant la Cour royale que par le procureur général ou par les magistrats spécialement attachés au service du parquet de cette Cour, suivant les règles et les distinctions établies par les art. 42 et suivants du décret du 6 juillet 1810, et que devant le Tribunal de première instance le même ministère ne peut être rempli que par le procureur du roi et ses substituts.

Telle a été l'intention évidente du législateur, et elle ne pouvait être différente ; car, d'une part, on aurait pu craindre à tort, sans doute, qu'un magistrat aussi élevé que le procureur général, venant porter la parole devant un tribunal de première instance, n'y exerçât une influence peu compatible avec l'impartialité de la justice, et d'au-

tre part, les tribunaux de première instance ne jugeant ordinairement qu'à la charge de l'appel, il
s'en serait suivi, si le procureur général avait été
admis à porter la parole devant ces tribunaux, qu'il
aurait pu remplir successivement les mêmes fonctions, dans la même affaire, devant deux degrés
de juridiction, ce qui serait évidemment contraire
à la hiérarchie judiciaire.

Enfin, comme preuve surabondante, j'ajouterai
que, quand le législateur a voulu que le procureur
général pût porter la parole devant un corps judiciaire autre que la Cour royale, il l'a énoncé d'une
manière expresse comme il l'a fait dans l'article
284 du Code d'instruction criminelle, disposition
qui aurait été complétement inutile si le procureur
général avait été autorisé de plein droit à remplacer
tous ses substituts près les différentes juridictions
de son ressort.

Vainement donc chercherait-on à s'appuyer dans
ce cas encore sur l'art. 45 de la loi du 20 avril
1810. Cet article, comme je l'ai fait remarquer,
se borne à conférer au procureur général une surveillance générale sur l'exercice de l'action publique, mais il ne lui permet pas de faire personnellement les actes qui sont spécialement attribués
à d'autres magistrats.

Du reste, le Code a pris soin de fournir au procureur général les moyens d'exercer utilement
cette surveillance. Ainsi les procureurs du roi sont

tenus, aussitôt que les délits viennent à leur connaissance, d'en donner avis au procureur général,
et d'exécuter ses ordres relativement à tous actes
de police judiciaire (art. 27). Ce magistrat peut
recevoir lui-même les dénonciations et les plaintes,
et les transmettre à ses substituts (art. 275); il
peut leur donner l'ordre de poursuivre (art. 274);
des extraits des jugements correctionnels lui sont
transmis dans les quinze jours qui suivent celui où
ils ont été rendus (art. 128); enfin il a le droit
d'interjeter appel de ces jugements (article 205).

Grâces à ces diverses précautions, le procureur
général est toujours en mesure d'imprimer aux
procédures criminelles, dans toutes leurs phases,
la direction qui lui paraît la meilleure, et d'employer les voies de droit qui lui sont ouvertes pour
faire réformer, s'il y a lieu, les jugements qui lui
paraîtraient présenter soit une mauvaise appréciation des faits, soit une fausse application de la loi;
et c'est, j'en suis convaincu, le seul résultat que
l'art. 45 de la loi du 20 avril 1810 a voulu produire.

Si, comme je n'en doute pas, le procureur général ne peut se déplacer, ni pour aller instruire
dans les cas ordinaires sur un crime flagrant, ni
pour aller porter la parole devant un tribunal correctionnel, il s'ensuit qu'il ne peut non plus confier de pareilles missions aux magistrats attachés à
son parquet; il est certain en effet que l'on ne peut

déléguer que ses propres pouvoirs, et si l'art. 265 du Code d'instruction criminelle permet au procureur général même présent de déléguer ses fonctions à l'un de ses substituts, le même article restreint cette faculté au service de la Cour royale et de la Cour d'assises.

De tout ce qui précède, il faut conclure que si un procureur général, ou un magistrat délégué par lui, se transportait pour exercer, dans les deux cas que je viens d'examiner, des fonctions qui ne lui appartiennent pas, outre la nullité des actes auxquels il aurait participé, il faudrait lui refuser toute indemnité de transport, et, comme je l'ai déjà fait remarquer, c'est sous ce rapport que l'examen des questions dont il s'agit rentrait évidemment dans les limites de mon ouvrage.

RÉHABILITATION.

Article 1er, n° 14, page 10.

Ce numéro autorise le payement, sur les crédits du ministère de la justice, des dépenses qui sont assimilées à celle de l'instruction des procès criminels.

Parmi ces dépenses, il en est une qui se présente rarement, mais dont la nécessité se fait sentir pour lever les obstacles qui pourraient empêcher certains condamnés de prétendre aux bienfaits d'une disposition légale dont ils se seraient rendus dignes par une conduite exemplaire longtemps soutenue.

Je veux parler de la réhabilitation qui détruit toutes les incapacités résultant d'une condamnation, et qui réunit les deux caractères de justice et de grâce, puisqu'elle ne peut être accordée que sur l'avis formel de la Cour royale et par la volonté du souverain.

Cet acte si important, et pour l'acccomplissement duquel le législateur a exigé le concours du pouvoir judiciaire et du pouvoir royal, est la juste récompense du repentir des condamnés, malheureusement trop peu nombreux, qui s'efforcent de réparer leurs crimes et de reprendre leur rang dans la société; il doit donc pouvoir être sollicité

par tous ceux qui en sont dignes, quelle que soit leur
pauvreté, qui souvent ajoute un nouveau prix à
leur retour au bien.

Cependant la réhabilitation a dû être entourée
de formalités qui sont les garanties indispensables
d'une mesure dont l'utilité disparaîtrait si elle
n'était pas le résultat d'une conduite exemplaire
et contre laquelle il ne doit s'élever aucun reproche.

Mais ces formalités, notamment la levée de l'arrêt de condamnation (art. 621 du Code d'instruction criminelle) et l'insertion de la notice de la
demande dans deux journaux (art. 625 du même
Code), occasionnent des frais que le condamné
libéré est quelquefois dans l'impossibilité d'acquitter.

Pendant longtemps il y avait eu ainsi un obstacle
insurmontable à la réhabilitation des condamnés
libérés hors d'état de remplir à leurs frais les conditions imposées par la loi.

Souvent j'avais exprimé l'opinion qu'il était
déplorable qu'une misérable question d'argent ar-
rêtât l'exercice de l'une des plus belles préroga-
tives de la couronne, fît perdre l'exemple si mo-
ralisant d'une réhabilitation justement accordée,
et enfin étouffât dans le cœur des condamnés re-
pentants l'espoir d'une régénération civique, le
plus fort stimulant d'une vie redevenue pure et
sans tache.

Enfin une affaire bien digne du plus haut intérêt fit sentir tout ce qu'avait de fâcheux l'espèce de fin de non recevoir que la force des choses opposait aux condamnés indigents.

Un forçat sorti depuis longtemps du bagne et parvenu à la vieillesse s'était, quoique très-pauvre, fait remarquer par tant d'actes de la charité la plus louable et de l'abnégation personnelle la plus complète, qu'il fut signalé à l'Académie Française comme digne de l'un des prix de vertu fondés par le vénérable de Monthyon et qu'elle distribue annuellement.

L'Académie, touchée de tant de généreuses actions de la part d'un homme placé dans une situation si malheureuse, ne put cependant, à raison de l'infamie de la condamnation qui pesait encore sur lui, lui décerner un prix; mais elle chargea son secrétaire perpétuel d'appeler d'une manière toute spéciale l'intérêt de M. le garde des sceaux sur le condamné qui en était si digne.

Le ministre n'hésita point à provoquer sa prompte réhabilitation, et afin de faciliter l'accomplissement des formalités qui devaient la précéder, il autorisa les magistrats à lever d'office l'arrêt de condamnation et à faire faire aussi d'office les publications ordonnées par le Code, en décidant que les frais de l'expédition de l'arrêt et ceux de la publication seraient acquittés sur les fonds de son ministère.

Cette mesure, si conforme à l'équité et à l'esprit de la loi, honore le ministre qui l'a ordonnée, et je me souviens avec bonheur d'y avoir participé au moins indirectement. Depuis elle a servi de base à la jurisprudence de la chancellerie.

Sans doute elle ne doit être prise que quand elle est indispensable, puisqu'elle tend à grever le trésor public; mais il m'a paru utile de le faire connaître, afin que lorsque le défaut d'argent s'opposera seul à ce qu'un condamné sollicite sa réhabilitation, il puisse s'adresser au ministre, qui, après examen, ne se refusera jamais à lever l'obstacle qui s'opposerait au succès d'une demande d'ailleurs fondée sur de justes motifs.

HONORAIRES DES AVOUÉS.

Article 3, n° 1er, page 15.

Les honoraires des avoués ne doivent jamais entrer en taxe, sauf aux tribunaux, lors de l'évaluation des dommages-intérêts, à avoir tel égard que de raison aux dépenses que les parties auraient été dans le cas de faire à ce sujet. Cette opinion que j'ai exprimée dans mon précédent ouvrage, et qui s'appuyait sur une décision de M. le garde des sceaux, se trouve implicitement corroborée par un arrêt de la Cour de cassation du 21 mai 1836, jugeant que, quand une partie civile a usé du droit qu'elle a de se servir du ministère d'un avoué, la distraction d'une partie des frais au profit de cet avoué est une conséquence de ce droit, et dès lors devient inattaquable. Ainsi la Cour a pensé, comme le ministre, que, quoique les honoraires des avoués ne doivent pas entrer en taxe, les tribunaux peuvent néanmoins prendre en considération, quand il s'agit d'une partie civile ordinaire, l'emploi de ces officiers ministériels.

En ce qui concerne les administrations publiques, la Cour de cassation a persisté dans sa jurisprudence. Elle a, en effet, jugé le 7 avril 1837, à l'égard de l'administration des forêts, comme elle l'avait fait le 31 janvier 1833 à l'égard de l'administration des contributions indirectes, qu'on ne peut mettre à la charge de cette administration les honoraires d'avoués ni les autres dépenses n'ayant pas pour objet la recherche, la poursuite et la punition du délit.

Cette Cour a aussi jugé le même jour, 7 avril 1837, qu'aucune disposition du Code d'instruction criminelle n'imposant aux parties l'obligation d'employer le ministère des avoués, on ne saurait, en se fondant sur l'art. 61 du Code de procédure civile, exiger que la partie qui interjette appel constitue un avoué. Cette formalité est purement facultative, et il est dès lors loisible à l'appelant de la remplir ou non, sans que dans aucun cas il puisse en résulter une nullité.

COMMISSIONS ROGATOIRES.

Article 3, n° 11, page 22.

Ce paragraphe déclare que les dépenses occasionnées par les poursuites intentées devant les tribunaux militaires ou maritimes ne sont pas imputables sur les fonds généraux des frais de justice criminelle. Ces dépenses sont, en effet, acquittées sur les crédits des ministères de la guerre et de la marine.

Mais il est un cas où les agents judiciaires de ces deux départements doivent faire des actes d'information relatifs à des procédures instruites par les tribunaux ordinaires, et il s'est élevé la question de savoir si ces actes peuvent donner lieu à des allocations sur le budget du ministère de la justice.

D'après la loi du 18 prairial an II, lorsque le témoignage des militaires et des citoyens attachés aux armées, ou employés à leur suite, est requis dans des affaires criminelles ou correctionnelles portées devant un tribunal autre que celui de leur garnison, une commission rogatoire doit être adressée à l'accusateur militaire (maintenant le rapporteur près le conseil de guerre) du lieu où se trouvent les personnes qui doivent déposer.

Cet officier reçoit les dépositions, et suivant

l'usage les fait écrire par son greffier. Celui-ci n'a pas de traitement fixe, et comme par suite il faut le payer pour les actes qu'il fait, on lui alloue une somme fixe de 6 francs par chaque commission rogatoire ainsi exécutée quand elle émane de l'autorité militaire.

Mais quand la commission rogatoire a été adressée par les tribunaux ordinaires, et se rattache par conséquent à une affaire dont les frais ne doivent pas être supportés par le ministère de la guerre, on demandait que la même allocation de 6 francs fût payée par le ministère de la justice.

M. le garde des sceaux a dû s'y refuser.

Aux termes de l'art. 63 du décret du 18 juin 1811, il n'est rien dû aux greffiers pour les écritures qu'ils font sous la dictée ou l'inspection des magistrats. Or, le rapporteur agit aux lieu et place du juge d'instruction quand il exécute une commission rogatoire à lui adressée par ce magistrat, et par conséquent le greffier du conseil de guerre qui écrit, sous l'inspection du rapporteur, les dépositions des témoins, se trouve dans le cas prévu par l'article que je viens de citer. Il est donc impossible de lui allouer sur les fonds généraux des frais de justice criminelle une taxe quelconque, à laquelle d'ailleurs le directeur de l'enregistrement serait tenu de refuser son visa, aux termes combinés de l'art. 1er et de l'art. 153, § 2, du décret précité.

On opposait que le greffier du conseil de guerre, s'il n'était pas payé, pourrait refuser de coopérer à l'exécution de la commission rogatoire; mais cette exécution est un devoir légal pour le rapporteur; c'est donc à cet officier à vaincre les obstacles qui pourraient s'opposer à l'accomplissement de ce devoir; et si le greffier refusait sa coopération, ce qui n'est pas probable, puisque cet agent est au choix du rapporteur, cet officier serait tenu soit de choisir un autre greffier, soit d'écrire lui-même les dépositions.

Au surplus, les commissions rogatoires que les juges d'instruction adressent aux rapporteurs évitent des déplacements aux militaires, chose à considérer dans l'intérêt du service, et, en outre, elles économisent les frais de voyage de ces mêmes militaires, frais qui restent à la charge du ministère de la guerre, d'après les art. 3, § 2, et 31 du décret du 18 juin 1811. Sous ce double rapport, le ministère de la guerre est intéressé à l'emploi de ce mode d'instruction; c'est ce que M. le garde des sceaux a fait remarquer à son collègue, en le priant d'examiner s'il ne conviendrait pas d'allouer aux greffiers des conseils de guerre la taxe de 6 francs, aussi bien quand ils coopèrent à une commission rogatoire émanée de la justice ordinaire que quand cette commission a été adressée par la juridiction militaire.

J'ignore la détermination qui a pu être prise à

cet égard; mais ce qui est certain, c'est que, dans aucun cas, ni sous aucun prétexte, les magistrats ne doivent passer en taxe aucune indemnité pour les écritures faites par un greffier de conseil de guerre par suite d'une commission rogatoire.

J'ajouterai que M. le garde des sceaux a recommandé d'user rarement du mode autorisé par la loi du 18 prairial an II. Ce mode n'est indispensable que quand les militaires dont le témoignage est requis se trouvent employés hors du royaume; dans les autres cas, il convient de commettre le juge d'instruction de l'arrondissement où ils sont en garnison. On évite ainsi des difficultés ou des retards dont la justice pourrait avoir à souffrir; et, d'ailleurs, on doit croire que les commissions rogatoires sont ordinairement mieux exécutées par un magistrat qui en a l'habitude que par un officier appelé temporairement à exercer des fonctions judiciaires.

TRIBUNAUX CONSULAIRES.

Article 3, n° 12, page 23.

La loi du 28 mai 1836 règle tout ce qui est relatif à la poursuite et au jugement des contraventions, délits et crimes commis par des Français dans les échelles du Levant et de Barbarie.

L'art. 81 de cette loi porte ce qui suit :

« Les frais de justice faits en exécution de la pré-
» sente loi, tant dans les échelles du Levant et de
» Barbarie qu'en France, et dans lesquels devra
» être comprise l'indemnité due aux capitaines
» pour le passage des prévenus, seront avancés par
» l'État ; les amendes et autres sommes acquises à
» la justice seront versées au trésor public. »

Cet article ne faisant pas connaître sur quels fonds spéciaux ces frais seraient avancés, il restait à examiner si la prohibition portée par le paragraphe cité en tête de cet article permettait de faire en tout ou en partie cette avance sur les crédits du ministère de la justice.

M. le garde des sceaux et M. le ministre des affaires étrangères, après avoir examiné la question, ont reconnu que dans les procédures instruites dans les colonies et dans l'Algérie, les frais restent à la charge des ministères de la marine et de la guerre, parce que les tribunaux et les magistrats qui ont fait ou ordonné les actes causes de ces frais, sont placés sous la direction spéciale de ces ministères, qui ont ainsi les moyens de contrôler utilement les dépenses. En conséquence ils ont décidé qu'on devait laisser à la charge du ministère des affaires étrangères les frais faits devant les tribunaux consulaires, parce que s'agissant de l'application des tarifs des chancelleries, ce ministère pouvait seul opérer une surveillance efficace sur la liquidation de ces frais ordonnancés par ses agents; mais que quant aux procès relatifs à des crimes ou délits commis dans les mêmes échelles et portés devant la Cour royale d'Aix par suite d'appel ou de mise en accusation, les frais de ces procès entrant dans les frais généraux de la justice ordinaire doivent être avancés par les agents de l'administration de l'enregistrement pour le compte du ministère de la justice.

Cette règle, basée sur une distinction qui assure dans tous les cas une surveillance utile et réelle, doit prévenir les difficultés principales que faisait naître l'expression trop générale de la loi. Mais il reste quelques points sur lesquels il peut y avoir encore embarras.

Ainsi, à la suite des procédures qui s'instruisent devant les tribunaux consulaires, on peut se trouver dans la nécessité de faire faire des significations en France, d'y citer des témoins, ou du moins de les faire entendre par voie de commission rogatoire. D'un autre côté, il arrivera plus fréquemment que le procureur général d'Aix aura aussi des témoins à citer dans les échelles, et des notifications à y faire faire.

Si l'on s'en tenait strictement à la règle citée plus haut, dans le premier cas, ce serait le ministère des affaires étrangères qui devrait payer, et, dans le second, le ministère de la justice.

Mais on comprend combien les démarches à faire pour parvenir à ce double payement seraient longues et difficiles. L'état des frais faits en France devrait être renvoyé dans le Levant pour être ordonnancé, et les frais faits à la réquisition du procureur général d'Aix ne pourraient être liquidés qu'en France. Enfin, dans ces deux cas, il y aurait presque impossibilité d'allouer immédiatement aux témoins les indemnités qu'ils doivent cependant recevoir aussitôt après leur comparution.

Pour prévenir de semblables difficultés et les longs retards qu'elles occasionneraient, je crois que ce ne serait pas s'écarter des intentions des deux ministres que de faire avancer tous les frais faits dans les échelles sur les fonds du ministère des affaires étrangères, et tous ceux faits en France sur les fonds du ministère de la justice, sans distinction au sujet de l'état actuel des procédures. Il s'établirait ainsi une sorte de compensation qui empêcherait qu'un des deux ministères fût plus grevé que l'autre. Et d'ailleurs, en définitive, comme d'après la loi c'est l'État qui doit faire l'avance, il importe peu par laquelle de ses caisses cette avance soit opérée.

Je suis d'autant plus disposé à croire que le gouvernement ne s'opposerait pas à ce mode de payement, que c'est ce qui se pratique dans les affaires où cependant il s'agit des intérêts de pays différents. Je veux parler des extraditions. La plupart des conventions faites avec les puissances étrangères pour régler cette matière portent que les frais d'arrestation et de conduite aux frontières des individus extradés resteront respectivement à la charge du pays qui accordera l'extradition.

Quand des pays distincts ont ainsi consenti à supporter des frais dont ils devraient, dans l'ordre ordinaire des choses, être remboursés, je ne vois pas pourquoi deux branches d'un même gouvernement ne s'astreindraient pas à en agir de même afin de rendre plus facile le payement des frais faits dans un intérêt commun.

J'ajouterai que les frais, n'importe où et comment ils ont été faits, devant entrer dans la liquidation générale pour être recouvrés sur la partie condamnée, les tribunaux consulaires, lorsqu'ils renvoient une procédure devant la Cour royale d'Aix, ne doivent jamais négliger d'y joindre une note certifiée indiquant les dépenses faites devant eux, ainsi que la cause et la nature de ces dépenses. Par le même motif, quand des commissions rogatoires adressées par les juges consulaires sont exécutées en France, ou quand des citations ou des significations y sont faites à la requête des mêmes magistrats, il faut toujours joindre aux actes d'exécution l'état des frais que ces actes ont occasionnés, afin que ces frais puissent être compris dans la liquidation générale qui doit se faire lorsque le procès est définitivement jugé.

TRANSPORT DES PRÉVENUS ET ACCUSÉS.

Article 4 , page 24.

Aux termes de cet article, les prévenus et accusés devaient, si ce n'est dans quelques cas exceptionnels, être conduits à pied, par la gendarmerie, de brigade en brigade.

L'humanité et la sûreté publique ayant fait admettre le transport en voiture pour les condamnés, on devait nécessairement prendre une mesure semblable à l'égard des prévenus et accusés, qui, ayant en leur faveur la présomption d'innocence, doivent par conséquent être traités avec plus de ménagement, et à qui il convient d'éviter l'espèce de flétrissure résultant d'un trajet fait sous l'escorte de la gendarmerie, et avec des précautions telles que l'emploi des menottes, dont il fallait si souvent faire usage pour prévenir les évasions.

M. le ministre de l'intérieur, frappé des inconvénients graves que présentait la conduite à pied d'individus, souvent à peine vêtus, et quelquefois privés de chaussure, proposa de faire établir aux frais de son ministère une voiture cellulaire dans chaque département, laquelle serait employée à transférer tous les prisonniers, mais qui serait de préférence destinée aux prévenus et accusés.

M. le garde des sceaux s'empressa d'accepter

cette offre, en reconnaissant que les frais de traction des voitures et les indemnités de l'escorte devraient être payés en totalité ou en partie sur les fonds généraux des frais de justice criminelle, suivant que les voitures seraient entièrement remplies de prévenus ou d'accusés, ou qu'avec quelques individus de cette classe elles contiendraient un ou plusieurs détenus dont la translation serait à la charge des autres administrations. Mais le même ministre ne crut pas pouvoir ordonner de sa propre autorité un changement qui dérogeait aussi manifestement à la règle établie par le décret du 18 juin 1811, et qui en outre exigeait des modifications dans l'emploi des gendarmes et dans le mode à suivre pour les indemniser.

En effet, le service de la gendarmerie, relativement au transport des prisonniers, était généralement gratuit, parce que ces prisonniers devant être conduits de brigade en brigade, les gendarmes n'étaient point tenus de sortir de leur circonscription ordinaire. Il allait en être différemment. Le même gendarme devant escorter la voiture depuis le lieu de départ jusqu'à celui de sa destination, il aurait donc fallu pour chaque voyage, d'après l'art. 11 du décret du 18 juin 1811, un ordre exprès du capitaine commandant la gendarmerie du département, ce qui aurait entravé le service, et de plus on se serait vu forcé de recourir à l'article suivant pour régler, à l'aide de pièces justificatives, le remboursement des dépenses faites pendant le voyage, autre embarras d'autant plus gênant, qu'il se serait renouvelé très-fréquemment. Pour prévenir ces difficultés, il a paru préférable d'accorder aux gendarmes des indemnités fixes dont le taux varie suivant leur grade et suivant le nombre de jours écoulés pendant la mission dont ils sont chargés.

En conséquence, un projet d'ordonnance fut rédigé, et après avoir été soumis au conseil d'État et approuvé par ce conseil, il a été définitivement adopté par le roi le 2 mars 1845, dans les termes suivants :

« Art. 1er. La translation des prévenus et accusés aura lieu à l'avenir par voitures cellulaires. Néanmoins, si les circonstances l'exigeaient, les prévenus et accusés pourront être conduits à pied.

» Art. 2. Lorsque les prévenus et accusés seront transférés par les voitures cellulaires départementales, les mêmes gendarmes pourront être préposés à la garde et à la conduite des détenus pendant tout le trajet.

» Les gendarmes qui serviront d'escorte auront droit, sur les fonds des frais de justice criminelle, à une indemnité spéciale qui est réglée ainsi qu'il suit :

GENDARMES A PIED (PAR JOUR) :

Gendarmes.	40 centimes.
Brigadier.	50
Maréchal-des-logis.	60

GENDARMES A CHEVAL (PAR JOUR) :

Gendarmes. . . . . 50 centimes.
Brigadier. 60
Maréchal-des-logis. 70

» Art. 3. Les art. 4, 11 et 12 du décret du 18 juin 1811 sont abrogés en ce qu'ils ont de contraire aux dispositions qui précèdent. »

L'exécution de cette ordonnance a été l'objet d'une circulaire de M. le garde des sceaux en date du 20 mars 1845.

Je vais en résumer les principales dispositions.

La translation, à pied, des prévenus et accusés, qui était la règle générale, devient l'exception. Cette exception a été formellement maintenue par l'ordonnance, et elle devait l'être ; car, d'une part, les voitures cellulaires ne doivent servir ordinairement qu'aux communications entre les chefs-lieux d'arrondissements et le chef-lieu du département, et souvent elles ne pourront suffire à ce service ; et d'autre part, il est une foule de cas où l'on sera forcé de conserver la translation à pied, notamment quand il s'agira d'individus arrêtés dans leur domicile pour être conduits devant le juge d'instruction, le trajet étant peu considérable, il y a de moins graves inconvénients à le faire à pied. D'ailleurs il serait presque impossible de recourir en pareil cas à l'emploi des voitures cellulaires.

L'art. 3 de l'ordonnance maintient les art. 4, 11 et 12 du décret du 18 juin 1811, en ce qu'ils n'ont pas de contraire aux dispositions de ladite ordonnance. Le but qu'on s'est proposé a été de limiter l'ordonnance aux seuls points qu'elle a voulu changer. Ainsi, toutes les autres dispositions du décret restent en pleine vigueur, et notamment l'art. 7, qui permet aux prévenus et accusés de se faire transporter dans des voitures particulières, à leurs frais. Les nouvelles mesures ayant été adoptées principalement dans l'intérêt des détenus, il était juste de leur conserver la faculté de recourir à un moyen de transport, dispendieux il est vrai, mais préférable, sous les autres rapports, à celui qu'on vient d'établir.

Pour l'exécution de l'ordonnance, une voiture cellulaire à trois places est établie au chef-lieu judiciaire de chaque département. Cette voiture doit être déposée dans un local attenant à la prison ou à proximité de cette prison. Le détenteur ou gardien est désigné par le préfet, qui fixe son choix sur le concierge du palais de justice, le gardien chef de la prison ou le brigadier de la gendarmerie.

Cette voiture est principalement affectée à la translation des prévenus et des accusés; c'est là le service pour lequel elle est établie, elle est donc avant tout autre usage réservée aux besoins du service judiciaire; elle sera employée en général, soit à la translation dans les prisons départementales des accusés des divers arrondissements, soit à la translation d'une prison dans une autre des détenus en état d'arrestation préalable, suivant les exigences de l'instruction ; mais lorsque la voiture demeurera sans emploi, l'administration pourra en user pour le transport des condamnés. Toutefois il est entendu qu'avant d'en disposer l'administration devra s'assurer auprès du procureur du roi que le service judiciaire n'éprouvera aucun préjudice ; elle sera tenue de la laisser à la disposition des magistrats, lorsqu'il y aura lieu de penser que les besoins de la justice en réclameront très-prochainement l'usage, sauf les arrangements qui pourraient faciliter l'action des deux services. Les magistrats doivent se prêter à toutes les mesures qui seront de nature à concilier ce double intérêt, et qui, sans nuire au service judiciaire, peuvent être utiles au service administratif ; ils devront dans les divers rapports qu'établit la nouvelle organisation se maintenir en parfaite harmonie avec les fonctionnaires de l'administration.

Les réquisitions des magistrats doivent être adressées directement et sans aucun intermédiaire au détenteur de la voiture. Si les trois places ne doivent pas être à la fois occupées par des prévenus ou accusés, le préfet ou le sous-préfet devra en être informé, afin que les places vides puissent, s'il y a lieu, être utilisées pour la translation d'un ou de plusieurs condamnés : c'est l'autorité qui re-

quiert la voiture qui doit requérir en même temps
la force armée pour l'accompagner. Un seul gendarme doit habituellement suffire pour la garde
et la conduite des prisonniers.

L'entrepreneur des grandes voitures cellulaires
affectées au transport dans les bagnes et les maisons centrales des condamnés à plus d'un an d'emprisonnement, étant tenu par son marché de recevoir dans ses voitures, quand elles ne sont pas
entièrement pleines, d'autres prisonniers pour les
transporter dans les maisons d'arrêt et de justice,
il faut dans l'intérêt du trésor employer de préférence ce moyen, qui ne donne lieu à aucuns frais,
toutes les fois que les circonstances le permettront
et que l'occasion s'en présentera.

Quand la voiture départementale ne transférera
que des prévenus ou des accusés, la dépense sera
exclusivement supportée par le ministère de la
justice, et les formes de payement précédemment
suivies resteront les mêmes; seulement les réquisitions, au lieu d'exprimer la demande d'une voiture
à un collier, énonceront celle d'un cheval de trait
pour être attelé à la voiture cellulaire; ce cheval
est fourni par l'administration des convois militaires dont les préposés ne présenteront leurs mémoires qu'après le service fait. Dans les cas extraordinaires, et lorsque l'intérêt du service exige que
le transport soit fait avec une grande célérité, on
peut requérir l'emploi des chevaux de poste; les

frais devant alors être payés à chaque relais, on devra faire une avance au gendarme, conformément à l'art. 12 du décret du 18 juin 1811. Le tarif des prix à payer aux entrepreneurs des convois militaires ou aux maîtres de poste se trouve dans une circulaire de M. le ministre de l'intérieur, en date du 3 août 1844, dont on a transmis des exemplaires à tous les parquets, en même temps que la circulaire du 20 mars 1845.

Lorsque les voitures transportent simultanément des prévenus ou accusés et des condamnés, l'avance de tous les frais est faite par l'administration, qui produit ultérieurement au ministère de la justice le décompte des sommes qui doivent lui être remboursées.

L'agent de la force publique chargé d'escorter la voiture cellulaire doit être porteur d'un état nominatif des prisonniers transférés; cet état devant servir de pièce justificative pour le règlement et le payement de la dépense, il est nécessaire de veiller à ce qu'il soit exactement dressé et à ce que la qualité de prévenu ou d'accusé de chaque prisonnier transféré, et la nature de la prévention ou de l'accusation soient toujours mentionnées.

A cette circulaire s'est trouvée jointe celle M. le ministre de l'intérieur du 3 août 1844, dont j'ai parlé plus haut; elle contient les mêmes recommandations pour l'emploi des voitures cellulaires; il est donc impossible qu'il s'élève à cet égard aucune

controverse entre les autorités judiciaire et administrative.

Mais des difficultés d'un autre genre, suites presque inévitables d'un service nouveau, n'ont pas
tardé à surgir, et ont prouvé la sagesse des réserves
faites par l'ordonnance.

1° Il a été généralement reconnu qu'une seule
voiture pour le service d'un département entier était
évidemment insuffisante, surtout à l'approche de
l'ouverture des assises, lorsque les divers arrondissements ont habituellement des accusés à transférer
au chef-lieu judiciaire. En pareil cas, faut-il envoyer
successivement la voiture dans chaque arrondissement? Oui, si on a encore assez de temps devant
soi pour que le retard ne préjudicie pas au service
judiciaire; non, si on s'exposait ainsi à ajourner
le jugement des procès criminels; il faut, dans ce
dernier cas et à défaut de la voiture cellulaire,
employer le mode de translation précédemment
en usage, c'est-à-dire la conduite des détenus, soit
à pied, soit dans les charrettes des convois militaires, si les circonstances l'exigent.

2° Il existe des communes dans lesquelles le service des convois militaires n'est pas établi: il faut
alors, pour obtenir le cheval ou les chevaux nécessaires, s'adresser à l'autorité municipale, laquelle,
d'après le dernier paragraphe de l'art. 6 du décret
du 18 juin 1811, doit les procurer par les moyens
ordinaires et aux prix les plus modérés.

3º L'indemnité des gendarmes est fixée par jour; doit-on entendre par ces mots un jour entier ou vingt-quatre heures? Evidemment la fraction de jour doit être comptée comme un jour entier. Il est juste d'indemniser les gendarmes pendant toute la durée de leur mission, parce que tant que dure leur absence de leur résidence habituelle ils sont exposés à faire les dépenses extraordinaires auxquelles on a voulu pourvoir; d'ailleurs, si on ne les payait que pour une journée entière, ils pourraient ralentir la marche de la voiture et il en résulterait un préjudice pour le service sans économie réalisable.

D'autres réclamations se sont élevées sur le service des voitures cellulaires; les unes étaient relatives à la construction et à la pesanteur des voitures, et aux difficultés matérielles que leur emploi a fait naître dans quelques localités; les autres avaient pour objet le mode même de service de ces voitures.

M. le garde des sceaux, après s'être concerté avec M. le ministre de l'intérieur, a reconnu, comme son collègue, que dans certaines localités les entrepreneurs des convois militaires ne pouvaient, comme ils y sont tenus par leur traité, conduire la voiture cellulaire avec un seul cheval.

En conséquence, une nouvelle circulaire du 20 août 1845 a décidé qu'afin d'assurer le service, il y avait lieu d'autoriser les entrepreneurs, dans les cas exceptionnels où la traction de la voiture, à raison du mauvais état des routes, ou de la rapidité des rampes, excéderait les forces d'un seul cheval, à ajouter un cheval de renfort. Les préfets ont été en même temps invités, par une instruction de M. le ministre de l'intérieur, dont des exemplaires ont été joints à la circulaire de M. le garde des sceaux, à provoquer les mesures nécessaires pour établir plusieurs voitures dans chaque département, et pour substituer des voitures à quatre roues aux voitures actuelles dans les localités où celles-ci offrent quelques dangers ou plus de difficultés à la traction.

Il résulte de la nouvelle décision du ministre que les magistrats restent seuls chargés d'apprécier les cas où il y a lieu d'autoriser l'emploi d'un cheval de renfort. Si donc ils ne reconnaissaient pas cette nécessité, et que néanmoins les entrepreneurs des convois militaires refusassent de faire le service avec un seul cheval, il faudrait, d'après l'art. 39 du cahier des charges, pourvoir au transport de la voiture par voie de réquisition ou de marché d'urgence aux risques et périls de l'entrepreneur.

L'appréciation des magistrats doit encore porter sur un autre point. Il est possible, il doit même arriver souvent, que la nécessité d'un second cheval ne se fasse sentir que pendant une partie du trajet; alors je ne mets pas en doute que, par une juste interprétation de la décision du ministre, on ne doive accorder le cheval de renfort que pour la traversée de l'étape où se trouve l'obstacle auquel il faut pourvoir.

La circulaire du 20 août 1845 règle encore les points suivants relatifs au service même des voitures ·

1° Les réquisitions faites au détenteur des voitures, par les procureurs du roi des arrondissements, doivent lui être remises par l'intermédiaire du procureur du roi du chef-lieu judiciaire du département. Ce dernier magistrat se trouvant ainsi seul chargé de requérir l'emploi de la voiture, cet emploi, sous son unique impulsion, est nécessairement réglée de manière à satisfaire à des réquisitions plus nombreuses.

2° La voiture cellulaire doit franchir les limites du département dans lequel elle est placée, lorsqu'il s'agit de conduire des prévenus devant la Cour ou le tribunal d'appel siégeant dans un département voisin. En effet, si la voiture devait s'arrêter aux limites du département, il serait nécessaire que celle du département voisin concourût au même transport, et cet emploi simultané donnerait lieu à des inconvénients. La longueur du transport ne peut d'ailleurs soulever aucune difficulté, puisque les entrepreneurs doivent être payés par étape.

3° Lorsque le trajet se prolonge pendant une journée entière, ou, ce qui doit être très-rare,

plusieurs journées, et qu'il y a lieu de pourvoir à
la nourriture des accusés, il faut, dans les lieux où
il n'existe pas de prison, s'adresser aux maires,
qui doivent, conformément au § 3 de l'art. 10 du
décret du 18 juin 1811, faire la fourniture des
aliments; cette dépense leur est remboursée
comme frais généraux de justice.

Tel est l'ensemble des mesures concertées entre
les ministères de la justice et de l'intérieur pour
établir dans chaque département le service des
voitures cellulaires. Ce service, substitué au transport à pied, qui ne coûtait rien, occasionnera une
dépense assez considérable à l'État; mais c'était là
une considération qui ne pouvait s'opposer à l'a-
doption d'une mesure réclamée depuis longtemps,
et que l'humanité et la justice rendaient également
nécessaire. Tant qu'il n'y aura qu'une voiture par
département, on sera bien souvent encore forcé de
recourir à l'ancien mode de transport. Mais les
magistrats, en se concertant à l'avance sur l'emploi
de la voiture, pourront rendre cet emploi plus
fréquent; et en même temps, afin de diminuer la
dépense, ils auront à veiller à ce que le trajet ne
se fasse, autant que possible, que quand il y aura
lieu de transférer des prévenus ou accusés en nombre
suffisant pour remplir la voiture. En agissant ainsi,
ils opéreront une économie certaine, puisque de
la manière dont le service est monté il n'en coûtera
pas plus pour trois détenus que pour un seul.

MORTS ACCIDENTELLES.

Article 16, page 39.

Dans mon commentaire sur cet article, j'avais fait connaître qu'on devait s'abstenir soigneusement de requérir le ministère des gens de l'art pour faire la visite des personnes mortes accidentellement, à moins qu'il n'y eût présomption ou suspicion de crime.

Depuis, ce point a été l'objet de sérieuses controverses, fondées principalement sur la rédaction peu claire de l'art. 81 du Code civil, et sur cette considération que si la visite prescrite par cet article n'était pas payée sur les fonds du ministère de la justice, elle resterait à la charge des communes, ce qui pourrait souvent empêcher qu'elle ne fût faite.

Je crois donc utile de faire connaître avec quelques développements les motifs qui ont porté le ministère de la justice à maintenir l'usage suivi constamment depuis la promulgation du décret du 18 juin 1811.

L'art. 81 du Code civil porte :

« Lorsqu'il y aura des signes ou indices de mort
» violente, ou d'autres circonstances qui donneront
» lieu de le soupçonner, on ne pourra faire l'inhu-
» mation qu'après qu'un officier de police, assisté
» d'un docteur en médecine ou en chirurgie, aura

» dressé procès-verbal de l'état du cadavre et des
» circonstances y relatives, ainsi que des renseigne-
» ments qu'il aura pu recueillir sur les prénoms,
» noms, âge, profession, lieu de naissance et do-
» micile de la personne décédée. »

Ainsi, toutes les fois qu'il y a mort violente ou seulement présomption d'une telle mort, il faut que le cadavre soit visité avant qu'on puisse procéder à l'inhumation. La sûreté publique exigeait évidemment qu'il en fût ainsi, et au point de vue de l'intérêt général il serait à désirer que, dans tous les cas, la visite fût faite par les soins de l'autorité judiciaire. D'abord on serait plus certain du soin avec lequel on y procéderait, et en second lieu, quand bien même la cause de la mort ne serait pas douteuse, notamment quand elle serait due à un sui-cide, la justice pourrait cependant, au moyen de ses propres investigations, acquérir la connaissance de faits qui seraient de nature à motiver des poursuites. En un mot, la mort violente d'un citoyen, même quand elle est accidentelle, est un événement grave, propre à exciter vivement la sollicitude de la jus-tice, et au sujet duquel il serait utile et convenable qu'elle pût toujours intervenir.

Mais tant que le décret du 18 juin 1811 n'aura pas été modifié, il est impossible de mettre à la charge du ministère de la justice une dépense de vérification qui ne se rattacherait pas à une pré-somption de crime ou de délit. C'est ce qui résulte de l'art. 3, § 12 de ce décret, qui interdit de la manière la plus formelle de comprendre parmi les frais de justice les dépenses qui n'ont pas pour objet la recherche, la poursuite et la punition des crimes, délits et contraventions. Il est donc indispensable qu'il y ait au moins soupçon de l'existence d'un fait punissable, pour que la dépense occasionnée par la vérification de ce fait puisse être imputée sur les fonds généraux des frais de justice criminelle. Or, si d'après l'art. 81 du Code civil la cause de toute mort violente doit être constatée, comme une telle mort n'est souvent que la suite d'un accident ou de la volonté d'un individu qui s'est lui-même privé de la vie, ce qui ne constitue ni crime ni délit, il est certain que la visite en pareil cas n'est qu'une mesure de police administrative, dont les frais doivent rester à la charge de l'administration. Il faut donc, pour que la dépense devienne judiciaire, que les circonstances qui ont précédé, accompagné ou suivi la mort, donnent lieu de penser qu'elle doit être attribuée directement ou indirectement à une action criminelle.

On objectait que le paragraphe précité réserve les exceptions énoncées dans le titre 2 du même décret, et l'on faisait remarquer que l'art. 121, compris dans ce titre, autorise les frais faits sur la poursuite d'office du ministère public dans plusieurs cas prévus par le Code civil, et notamment par l'art. 81; mais il est facile d'apercevoir que les poursuites dont il s'agit ici sont celles que le ministère public peut exercer d'office pour la répression des contraventions aux dispositions des articles du Code civil qu'il énumère, et qu'elles n'ont aucun rapport avec l'accomplissement des formalités qui concernent exclusivement l'administration et dont l'omission seule peut donner ouverture à l'action publique. C'est toujours dans ce sens que cette disposition a été entendue et appliquée. D'ailleurs ces mots : *Poursuite d'office* dont elle se sert, prouvent suffisamment qu'on n'a entendu rien préjuger sur le mode de constatation des morts violentes, lesquelles ne peuvent autoriser de poursuites qu'autant, je le répète, qu'il y a lieu de croire ou au moins de supposer qu'elles doivent être attribuées à un crime ou à un délit.

On argumentait encore de l'art. 44 du Code d'instruction criminelle qui autorise l'intervention du procureur du roi quand il s'agit d'une mort violente, ou d'une mort dont la cause est inconnue ou suspecte ; mais cet article fait partie des dispositions du Code où sont réglés les droits et les devoirs du ministère public dans le cas de flagrant délit, cas où il y a nécessairement présomption de crime ou de délit. Il était donc impossible de s'étayer de cet article pour autoriser le payement d'une dépense se rapportant même à une mort violente, si du reste on n'avait aucun motif de supposer qu'elle fût le résultat d'un fait incriminable.

Enfin, on citait un arrêt rendu par la section civile de la Cour de cassation, le 19 juin 1816, portant annulation d'un jugement qui mettait à la charge d'un maire les frais de la visite ordonnée par ce maire au sujet d'une mort violente.

Sans aucun doute ce jugement devait être cassé. A quelque titre que le maire eût ordonné cette visite, il ne pouvait être personnellement tenu de la dépense qui en résultait; mais je crois que la Cour en jugeant que cette dépense était imputable sur les fonds généraux des frais de justice criminelle, est allée trop loin, car ce n'est pas ce qu'elle avait à décider. Et d'ailleurs, si, comme cela résulte d'une note mise en tête de l'arrêt, il s'agissait d'une mort purement accidentelle, évidemment la Cour, en assimilant l'action du maire à celle du procureur du roi au cas de flagrant délit, se serait trompée, puisque, comme je l'ai fait remarquer plus haut, ces expressions mêmes : *Flagrant délit*, ne sauraient s'appliquer au cas où il n'y a aucune apparence de criminalité. Au surplus, cette circonstance de mort purement accidentelle ne résulte que d'une note qui n'a rien d'authentique, et comme l'arrêt ne s'explique pas à cet égard, et que tous les textes qu'il cite sont relatifs à des poursuites criminelles qui présupposent toujours une inculpation, il y a tout lieu de croire qu'aux yeux de la Cour il s'agissait d'une mort dont la cause pouvait donner ouverture à l'action publique.

Quoi qu'il en soit et quelle que ait été l'intention de la Cour, un arrêt isolé et rendu d'ailleurs par une section étrangère aux matières criminelles, ne saurait prévaloir sur les dispositions si précises du règlement du 18 juin 1811, ni par conséquent autoriser le ministre de la justice à imputer sur les fonds généraux des frais de justice criminelle une dépense qui n'aurait rien de judiciaire, puisqu'elle se rattacherait à un fait non susceptible d'être porté devant les tribunaux.

C'est en se fondant sur ces diverses considérations que M. le garde des sceaux a fait connaître, tant à M. le ministre de l'intérieur et à M. le préfet de police, qu'aux magistrats qui l'avaient consulté, qu'il devait maintenir l'usage suivi depuis la promulgation du décret du 18 juin 1811, et persévérer dans les instructions données par ses prédécesseurs et par lui, et qui se résument ainsi :

Dans le cas de mort violente, pour peu que la cause en soit douteuse et qu'il puisse résulter de ce doute une présomption même vague de crime ou de délit, le fait doit être vérifié judiciairement, et quel que soit le résultat de cette vérification, la dépense qu'elle a causée doit être acquittée comme frais de justice. Mais il en est autrement quand il s'agit d'une mort, même violente, qui ne constitue évidemment ni crime ni délit. Alors la visite n'est point faite dans l'intérêt de la justice, puisqu'elle n'a pas pour objet de fournir l'élément d'une information judiciaire; c'est une mesure de police administrative dont la dépense doit être supportée par l'administration, et qu'on ne saurait imputer sur les crédits du ministère de la justice.

Le ministre a éprouvé le regret que les termes explicites du règlement le forçassent à recommander ainsi aux magistrats une abstention qui, dans certaines circonstances, peut avoir des inconvénients; et pour prévenir autant que possible ces inconvénients, il a recommandé vivement aux procureurs du roi de ne rien négliger pour être informés sur-le-champ de toutes les morts violentes et des circonstances qui les ont accompagnées, et de ne point hésiter, toutes les fois que quelques doutes s'élèveraient sur leurs causes, à les faire vérifier judiciairement. La vigilance des parquets sur ce point important peut seule concilier les intérêts de la justice avec la nécessité de ne point accroître encore les dépenses judiciaires déjà si considérables.

Je n'ai pas besoin d'ajouter que si les visites relatives aux morts violentes ne doivent être payées sur les fonds généraux des frais de justice criminelle que quand il y a présomption de crime ou de délit, à plus forte raison doit-il en être de même pour les indemnités de transport des magistrats, puisqu'ils ne peuvent réclamer ces indemnités que dans les cas prévus par le Code, c'est-à-dire quand il y a lieu de procéder à une information. Cepen-

dant, il arrive quelquefois que les juges de paix
opèrent de pareils transports, et il importe de les
éclairer à cet égard, afin qu'ils évitent des déplacements toujours fatigants et qui les entraîneraient
à des dépenses qu'on ne pourrait rembourser.

EXPERTS.

Article 22, page 49.

J'ai précédemment fait remarquer combien il était fâcheux que tous les experts, en ce qui concerne les opérations que la justice criminelle réclame d'eux, soient traités de la même manière, tandis que ces opérations tantôt exigent toutes les ressources de la science, et dans d'autres cas se bornent à un travail purement manuel.

Depuis, ce grave inconvénient s'est fait vivement sentir. Un procès qui a beaucoup occupé l'attention publique se jugeait loin de Paris; dans le cours des débats on sentit la nécessité de requérir l'assistance d'habiles chimistes habitant la capitale; ceux-ci, suivant la recommandation qui leur avait été faite, partirent en poste, se livrèrent aux investigations les plus délicates, et parvinrent à opérer une complète manifestation de la vérité. Le président des assises leur alloua des frais de voyage, de séjour, de vacations, enfin tout ce que les termes du règlement permettaient d'accorder. Néanmoins la somme touchée par les experts était loin de couvrir les dépenses forcément faites pour obtempérer aux réquisitions qu'ils avaient reçues. Ainsi, sans compter leurs fatigues et une perte de temps toujours si préjudiciable, ces experts, si l'on

s'était renfermé dans les limites du règlement, auraient eu encore à payer de leur bourse une partie
des frais de voyage.

Après un mûr examen, M. le garde des sceaux
reconnut qu'il ne pouvait en être ainsi, et que si
les experts ne devaient prétendre à aucune indemnité pour avoir été détournés de leurs occupations habituelles, il était au moins de toute justice
qu'ils fussent intégralement remboursés de leurs
dépenses réelles.

En conséquence, sur le vu des mémoires de ces
diverses dépenses, mémoires dûment acquittés, il
leur fut alloué, en vertu de l'art. 136 du décret du
18 juin 1811, la somme nécessaire pour compléter,
en y ajoutant les taxes qu'ils avaient déjà touchées,
le montant total de leurs déboursés.

Je n'hésite pas à penser que, dans de pareilles
circonstances, la même marche devrait être suivie ;
mais, outre qu'elle ne remédie pas complétement
au mal que j'ai signalé, elle ne peut évidemment
être adoptée que dans des cas très-rares, et ne
fait que plus vivement désirer qu'au moyen d'une
modification au règlement, il soit enfin permis
d'établir une équitable différence entre le savant
qui se livre à des analyses délicates et difficiles
et le simple artisan appelé à faire un acte de son
métier.

Quoique les indemnités accordées aux experts
soient, en général, peu en rapport avec l'impor-

tance de leurs travaux, surtout quand il s'agit d'opérations chimiques, cependant on les leur a contestées en partie.

Ainsi, l'on prétendait, 1° qu'un expert, quand il est appelé loin de sa résidence, et qu'il est forcé de rester plusieurs jours dans la ville où il opère, ne peut cumuler avec les vacations de jour et de nuit qui lui sont allouées l'indemnité de séjour; 2° que quand il touche un traitement quelconque à raison d'un service public, il ne peut prétendre ni à l'indemnité de vacation, ni à celle de séjour, et qu'on ne doit lui allouer que l'indemnité de transport.

Ces deux opinions me paraissent également mal fondées.

Au premier aperçu on serait porté à croire que l'expert ne devrait pas toucher simultanément les vacations et les indemnités de séjour forcé, puisque les unes et les autres ont le même objet, celui de couvrir les dépenses et la perte de temps de l'expert. Mais il ne faut pas perdre de vue que l'indemnité de séjour n'est due à l'expert que quand il opère dans un lieu autre que celui de sa résidence, ce qui entraîne nécessairement un surcroît de dépenses; et que comme dans le lieu où il réside habituellement il aurait reçu des vacations, il est juste, quand il opère ailleurs, d'ajouter au prix des vacations l'indemnité de séjour pour le couvrir de la dépense extraordinaire qu'il fait hors de son domicile. En un mot, les vacations payent le temps employé par l'expert aux opérations dont il est chargé, dans quelque lieu que ces opérations se fassent; l'indemnité de séjour couvre ses frais de nourriture et de logement dans une ville où il est étranger. Ces deux taxes, dans la circonstance dont il s'agit, doivent donc être simultanément allouées.

Quant à la question de savoir si l'expert qui touche un traitement à raison d'un service public peut réclamer les indemnités de vacations et de séjour, on s'appuyait, pour soutenir la négative, sur l'art. 32 du décret du 18 juin 1811, disposant que les témoins salariés à raison d'un service public n'ont droit qu'à l'indemnité de transport. Cette règle est fondée sur ce que le fonctionnaire devant jouir, pendant son absence, d'un traitement pour un service public qu'il ne fait pas, ne doit pas être payé, en outre, pour sa comparution comme témoin, qui est aussi l'accomplissement d'un service public. Or, la même considération s'oppose, disait-on, à ce que l'expert fonctionnaire public soit doublement payé pour deux services qu'il ne peut faire à la fois.

Il faut d'abord faire remarquer que les témoins accomplissent un devoir forcé, auquel est attachée une sanction pénale; les experts, au contraire, en obtempérant aux réquisitions qu'ils reçoivent, agissent volontairement; nul moyen coërcitif ne peut être employé envers eux. Premier motif pour ne pas les astreindre à la règle rigoureuse établie pour les témoins, car alors souvent ils refuseraient leur ministère au grand préjudice de la justice. D'ailleurs, et ce second motif est péremptoire, il a fallu une disposition expresse du règlement pour priver des indemnités, autres que celle du transport, les témoins qui exercent des fonctions salariées ; et comme rien de semblable n'a été établi à l'égard des experts, il ne paraît pas douteux que ceux-ci peuvent réclamer toutes les indemnités que le règlement leur alloue, qu'ils soient ou non pourvus d'emplois à raison desquels ils touchent un traitement. C'est, au surplus, ce que M. le garde des sceaux a formellement reconnu par une décision du 3 juillet 1824.

Je ne connais qu'une exception à cette règle. Très-souvent les tribunaux s'adressent à l'administration des monnaies pour faire examiner des monnaies qu'on suppose contrefaites, et des bijoux que l'on croit revêtus de faux poinçons ; cette administration, chargée de la fabrication des monnaies et de l'apposition des poinçons, a seule à sa disposition les moyens de comparaison et de vérification nécessaires pour s'assurer d'une manière certaine si les objets argués de faux, qui lui sont soumis, doivent ou non motiver des poursuites. C'est moins une expertise judiciaire qu'on lui demande qu'une constatation de faits qui rentre dans

le cercle de ses occupations habituelles ; et quand
elle charge ses agents salariés de procéder à des
opérations de ce genre, dans ses propres labora-
toires, ceux-ci emploient à ce travail le temps
qu'ils auraient autrement occupé pour le service
de l'administration ; ils ne font donc que ce qu'ils
sont payés pour faire, et, sous ce rapport, les vacations que les magistrats leur alloueraient feraient
double emploi avec le traitement fixe qu'ils reçoivent. C'est d'après ce motif, et après mûr
examen, que M. le garde des sceaux a décidé,
avec l'adhésion de M. le ministre des finances, que
les essayeurs des monnaies, quand ils sont chargés
de la vérification de monnaies ou de bijoux argués de faux, et qu'ils y procèdent sans déplacement, n'ont droit à aucune indemnité sur les fonds
généraux des frais de justice criminelle.

Mais quand c'est le graveur général des monnaies qui est chargé de la vérification, ce fonctionnaire n'ayant pas de traitement fixe et n'étant
payé qu'à raison de ses travaux, on a pensé que la
même raison n'existait pas à son égard, et qu'il
devait recevoir les indemnités fixées par le règlement d'après le nombre de vacations pendant lesquelles il aurait été réellement employé.

Au surplus, il n'est pas inutile de faire remarquer que la règle dont je viens de parler ne doit
s'appliquer aux agents salariés de l'administration
des monnaies que quand les travaux qu'on ré-

clame d'eux peuvent être faits dans l'intérieur des hôtels des monnaies, et sous l'inspection de l'administration. Lorsque ensuite ils sont appelés devant les tribunaux, soit pour procéder à de nouvelles opérations, soit pour donner des renseignements ou des explications sur celles dont ils ont été précédemment chargés, ils rentrent dans la catégorie des experts ou des témoins ordinaires, et doivent être rétribués suivant les règles et les distinctions établies par le règlement du 18 juin 1811 ; et le cas échéant, je crois qu'on pourrait suivre à leur égard la marche que j'ai indiquée plus haut pour les chimistes appelés d'urgence loin de leur domicile pour y fournir de nouvelles lumières à la justice.

TÉMOINS.

Article 26, page 61.

Ce chapitre règle les indemnités auxquelles peuvent prétendre les témoins cités à comparaître soit devant les juges d'instruction, soit devant les tribunaux de répression. Ces indemnités forment la partie la plus considérable de la masse annuelle des frais de justice. Les magistrats doivent s'efforcer de diminuer cette dépense par tous les moyens conciliables avec la bonne administration de la justice, et je vais indiquer ici quelques règles dont l'observation peut faire atteindre un but si désirable.

Ainsi, comme l'a recommandé la circulaire de M. le garde des sceaux, du 16 août 1842, le choix des témoins, qui est nécessairement abandonné à la prudence des magistrats, doit être fait avec la plus grande attention, non-seulement afin d'économiser les frais, mais encore plus pour débarrasser l'information de redites qui la chargeraient sans l'éclairer, et pour imprimer à la marche des procès la célérité qui en assure le succès. J'ajouterai qu'il ne faut citer que les témoins qui problablement faciliteront la manifestation de la vérité, et que même parmi ceux-ci il faut éviter d'en appeler un trop grand nombre, surtout lorsqu'il y a lieu de croire que leurs dépositions seraient identiques.

C'est en prenant à l'avance, comme le prescrit la circulaire précitée, des renseignements précis auprès des officiers de police judiciaire sur les personnes qui peuvent avoir eu une connaissance directe ou indirecte des faits incriminés, ainsi que des circonstances qui les ont accompagnés, qu'on parvient presque toujours à n'appeler que des témoins véritablement utiles. Ce préalable doit donc être ordinairement rempli, soit qu'il s'agisse d'instruire, soit qu'il y ait lieu de saisir le tribunal par une citation directe.

D'ailleurs les communications fréquentes qui s'établissent ainsi entre les magistrats et leurs auxiliaires, les mettent à même de mieux apprécier l'intelligence de ceux-ci et le degré de confiance qu'ils peuvent accorder à chacun d'eux. Ils connaissent bientôt les officiers auxquels il convient préférablement de s'adresser, et ils évitent des hésitations toujours fâcheuses et quelquefois irréparables.

C'est surtout dans les procès renvoyés devant les Cours d'assises que la plus grande circonspection est indispensable pour concilier l'économie de la dépense avec les graves intérêts soumis aux débats de ces Cours. La plupart des témoins doivent, en effet, faire un voyage pour aller déposer au chef-lieu judiciaire du département, en sorte que très-souvent ils sont en droit de cumuler les indemnités de transport et de séjour, et par suite les frais s'élèvent à des sommes très-considérables.

Rien ne doit donc être négligé pour n'appeler devant les Cours d'assises que les témoins qui sont véritablement nécessaires.

L'un des meilleurs moyens est de rédiger avec un soin attentif la liste de ceux que le ministère public se propose de faire citer. Le Code d'instruction criminelle est resté muet sur le mode suivant lequel cette liste doit être formée. Aussi ce mode n'est pas uniforme. Dans la plupart des ressorts, la liste est toujours faite au parquet de la Cour royale; dans d'autres, ce soin est généralement abandonné au procureur du roi près chaque Cour d'assises. Ce dernier mode me paraît présenter beaucoup d'inconvénients : les affaires, à l'exception de celles qui ont été instruites dans l'arrondissement du procureur du roi près la Cour d'assises, sont entièrement inconnues à ce magistrat; il en reçoit souvent un grand nombre à la fois, le temps presse, et dans l'impossibilité de se livrer simultanément à l'examen approfondi de toutes les procédures, il porte sur la liste, de peur d'omissions fâcheuses, la plupart, si ce n'est la totalité, des témoins entendus dans l'instruction, sans avoir pu vérifier la valeur probable de leurs dépositions; de là une foule de témoignages inutiles qui prolongent les débats sans aucun résultat avantageux.

Je crois donc que, sauf de rares exceptions, c'est au parquet du procureur général que la liste des témoins doit être formée. Ce travail doit être ordinairement confié au membre du parquet qui a requis la mise en accusation, et qui a dû par conséquent étudier la procédure dans tous ses détails; mais quel que soit le magistrat qui forme la liste des témoins, il importe qu'il se concerte avec le président des assises, lequel, examinant presque toujours les dossiers pendant qu'ils sont déposés au greffe de la Cour royale, apprécie, avec le soin que réclame la haute mission qu'il va remplir, l'utilité de reproduire devant le jury, en les restreignant, les dépositions reçues pendant l'instruction. Le concours de ces deux magistrats est la plus sûre garantie qu'aucun témoin utile ne sera omis, et qu'on n'appellera que ceux dont la déposition est nécessaire.

Il y a cependant encore une précaution en usage dans quelques ressorts et qui, je crois, devrait être étendue à tous : elle consiste à faire joindre, par chaque procureur du roi quand il transmet une procédure pour être soumise à la chambre d'accusation, la liste des témoins qu'il croit utile d'appeler aux débats. Le travail de ce magistrat, qui a dirigé l'instruction, prépare et rend bien plus facile celui qui est fait au parquet de la Cour royale. Le second n'est en quelque sorte que le contrôle du premier, et la liste définitive, qui est le résultat des communs efforts des trois personnes les mieux en position de reconnaître les nécessités du procès, ne doit généralement rien laisser à désirer. Depuis longtemps mon opinion était arrêtée sur l'avantage de ce mode de la formation de la liste des témoins. Cependant le magistrat qui doit soutenir l'accusation devant la Cour d'assises ayant un intérêt incontestable à ne provoquer que des dépositions concluantes, on hésitait à adresser des instructions officielles à cet égard. Enfin l'impossibilité fréquente où le procureur du roi se trouve d'étudier à fond les procédures avant d'arrêter le choix des témoins, a déterminé M. le garde des sceaux, dans la circulaire du 26 décembre 1845, à indiquer comme préférable la formation des listes pendant que les dossiers se trouvent au greffe de la Cour royale. Toutefois le ministre termine ses observations à cet égard par le paragraphe suivant, qui laisse entièrement libre la détermination du procureur général :

« Je sais combien le choix des témoins est délicat et difficile : en vous faisant connaître la manière de composer la liste qui me semble présenter le moins d'inconvénient, mon intention n'est pas de tracer une règle absolue ; c'est par la connaissance de ce qui se passe dans votre ressort que vous devez vous déterminer à adopter le mode qui vous paraîtra le plus convenable. »

Mais pour que la liste des témoins soit faite avec toute l'attention que son importance exige, même au chef-lieu de la Cour royale, il faut avoir du temps ; et malheureusement la correspondance des procureurs généraux et des présidents d'assises ne l'atteste que trop, quand l'époque de l'ouverture des assises approche, les juges d'instruction se hâtent de mettre en état les affaires dont ils sont chargés ; ces affaires arrivent ensemble et en grand nombre devant la chambre d'accusation, qui s'en occupe promptement afin de ne pas retarder de trois mois le jugement des procès. Par le même motif, on s'empresse au parquet de rédiger les actes d'accusation, et la précipitation de ce travail, qui doit s'accomplir dans un très-court délai, ne permet pas toujours d'apporter au choix des témoins tout le soin qu'il exige.

Aussi est-ce en partie pour obvier à ce grave inconvénient que M. le garde des sceaux, dans sa circulaire du 16 août 1842, a fait recommander de nouveau aux procureurs du roi et aux juges d'instruction d'activer, autant qu'il dépend d'eux, la marche des informations criminelles et l'envoi des procédures à la chambre d'accusation. J'ajouterai qu'il faut surtout s'efforcer de rendre cet envoi successif, afin de donner le temps de pouvoir mieux apprécier les procédures et de remplir avec plus de maturité toutes les formalités qui précèdent le jugement. En effet, et c'est la même circulaire qui le fait remarquer, en terminant aussi promptement que possible les informations préliminaires, et en les transmettant à une époque encore éloignée de l'ouverture des assises, on évite de faire transférer tardivement les accusés dans la maison de justice. Ces translations tardives ne sauraient être évitées avec trop de soin, car elles entraînent souvent des renvois à une autre session ou forcent les accusés à renoncer au droit de se pourvoir en nullité contre l'arrêt de mise en accusation.

Ce sont là de graves inconvénients qui ont appelé à bon droit toute la sollicitude de M. le garde des sceaux: la hâte avec laquelle, dans d'excellentes intentions, on se presse de mettre les affaires en état de passer à la Cour d'assises, pourrait bien avoir encore un résultat plus fâcheux, celui de mettre en accusation des individus qu'on aurait peut-être dû se borner à traduire en police correctionnelle.

En effet, depuis 1831, le nombre des accusations est resté à peu près le même, malgré les modifications apportées en 1832 au Code pénal, qui ont enlevé à plusieurs faits le caractère de crime; ne pourrait-on pas attribuer, au moins en partie, ce défaut de diminution à ce que les chambres d'accusation ayant trop d'affaires à examiner dans un court délai, admettraient quelquefois des circonstances aggravantes peu solidement établies, et qui disparaissant aux débats ne laisseraient que de simples délits à juger? Je ne puis exprimer qu'un doute à cet égard, mais comme il est partagé par beaucoup de magistrats que j'ai consultés, il me semble qu'il doit être pris en sérieuse considération ; la promptitude dans la marche de la justice est certainement l'une des conditions de son efficacité, mais elle doit être subordonnée à l'appréciation sérieuse du caractère que présentent les faits. C'est dans cette appréciation qu'une sage réserve est véritablement indispensable ; car il est certain que porter devant les Cours d'assises des affaires peu graves qu'on aurait pu renvoyer devant la juridiction correctionnelle, ce serait fatiguer inutilement les jurés et les disposer à une indulgence funeste quand elle n'est pas justifiée, occasionner aux témoins de longs et préjudiciables déplacements, et enfin augmenter sans nécessité la masse des frais de justice.

Pour prévenir un pareil inconvénient, on a établi dans plusieurs Cours royales l'usage de faire participer chaque année aux travaux de la chambre d'accusation au moins un des conseillers qui président habituellement les assises ; ces magistrats ont une grande habitude des débats des Cours d'assises, ils reconnaissent plus facilement les parties faibles des accusations ; à l'aide de l'expérience qu'ils ont acquise, ils portent une nouvelle lumière dans la discussion, et quand la première instruction n'établit pas suffisamment l'existence des circonstances aggravantes, ils parviennent soit à les faire écarter, soit à faire ordonner une information supplémentaire. Dans l'un ou l'autre cas, la détermination de la chambre a pour résultat de ne saisir la Cour d'assises que des affaires qui doivent, dans l'intérêt de la justice, lui être déférées.

Il serait à désirer que cet usage, qui a produit d'excellents effets partout où il est établi, devînt une règle générale.

S'il importe beaucoup de n'appeler que les témoins dont les dépositions paraissent nécessaires, et de ne porter aux Cours d'assises que les affaires dans lesquelles les faits présentent d'une manière certaine le caractère de crime, il n'est pas moins indispensable de ne négliger aucune précaution pour que les témoins cités puissent être entendus le jour même pour lequel ils sont convoqués, afin d'éviter les indemnités de séjour qui viennent encore augmenter les taxes qu'on doit leur allouer.

Le meilleur moyen d'atteindre ce but, c'est d'apporter un soin réfléchi à la formation du rôle de la Cour d'assises, c'est-à-dire à la fixation du jour où chaque affaire doit être appelée.

Le Code d'instruction criminelle ne contient aucune prescription précise à cet égard; mais comme les articles 271 et 272 de ce Code chargent le procureur général de mettre en état de recevoir jugement toutes les affaires qui doivent être portées aux assises, il n'est pas douteux que ce ne soit ce magistrat qui doive former le rôle de ces affaires. C'est ce que porte la circulaire précitée du 16 août 1842. A l'appui de cette décision, je citerai les articles 2 de la loi du 8 avril 1831 et 5 de la loi du 9 septembre 1835, qui, dans les cas spéciaux qu'ils prévoient, confient au président d'assises l'indication du jour où l'affaire doit être jugée. Or, si le droit de fixer à l'avance le jour où chaque accusation doit être portée à l'audience avait appartenu d'une manière générale au président, il aurait été inutile de le lui attribuer dans certains cas par des dispositions particulières.

D'ailleurs le procureur général qui doit faire citer les témoins peut seul, en prenant en considération l'éloignement et les difficultés de la route, calculer quand on pourra être sûr qu'ils se présenteront; et sous ce rapport encore, la fixation du jour de l'audience devrait lui appartenir de plein droit, quand bien même la loi serait restée muette sur ce point.

Au surplus, je n'ai jusqu'ici parlé que du procureur général, parce que c'est en son nom que toutes les accusations sont portées, quelle que soit la Cour d'assises qui doive en connaître : mais je pense que ce magistrat ne doit s'occuper personnellement de la formation du rôle que pour la Cour d'assises qui siége au sein même de la Cour royale; dans les autres Cours il doit être remplacé pour cette partie de ses fonctions, comme pour le soutien des accusations, par le procureur du roi près chaque Cour d'assises. C'est en effet ce magistrat qui peut mieux calculer l'ordre utile dans lequel viendront les affaires, et déterminer ainsi le jour auquel chacune doit être fixée.

Mais que ce soit le procureur général ou le procureur du roi qui forme le rôle, il ne doit jamais négliger de se concerter pour ce travail avec le président des assises; la circulaire du 16 août 1842 le recommande formellement, en faisant remarquer que le président ayant pris une connaissance approfondie des procédures, personne ne peut mieux apprécier la durée probable des débats; en sorte qu'avec son concours on est presque certain d'éviter les renvois à une autre audience, qui occasionnent de nouvelles taxes de comparution ou de séjour aux témoins, et, ce qui est pire encore, des renvois à une autre session qui retardent le cours de la justice et forcent à recommencer une dépense déjà faite. Ces renvois à une autre session sont l'une des causes qui peuvent contribuer le plus à augmenter les frais. Voici comment s'exprime à ce sujet la circulaire de M. le garde des sceaux, du 26 décembre 1845 : « Vous comprenez combien est regrettable une mesure qui a le double inconvénient d'obliger à recommencer une dépense déjà faite, et, ce qui est plus fâcheux encore, de prolonger la détention des accusés. Je suis certain que vous ne négligerez rien pour que les témoins, assignés en temps utile, soient présents à l'audience où les débats doivent s'ouvrir, et pour qu'aucun renvoi ne soit prononcé sans des motifs graves et légitimes. »

Je crois devoir, en terminant ces observations générales sur les moyens de réduire autant que possible les dépenses que les témoins occasionnent à l'état, rappeler une autre recommandation de la circulaire précitée, du 16 août 1842, qui s'applique à toutes les juridictions, et qui, si elle était ponctuellement suivie, amènerait, je n'en doute pas, une forte réduction dans les frais de justice.

Voici en quels termes la circulaire s'exprime :

« La comparution en justice pour déposer est un
» devoir public dont aucun citoyen ne peut s'af-
» franchir ; mais, comme l'accomplissement de ce
» devoir peut entraîner des dépenses que les té-
» moins seraient hors d'état d'acquitter ; que, dans
» d'autres circonstances, il peut leur causer un vé-
» ritable préjudice, la loi a décidé que des indem-
» nités de comparution, de transport et de séjour,
» leur seraient accordées dans les cas qu'elle dé-
» termine, et *lorsqu'ils les réclameront* (art. 82 du
» Code d'instruction criminelle, et art. 26 du dé-
» cret du 18 juin 1811).

» La dernière disposition que je viens de citer
» n'est pas toujours exactement observée. Je suis
» informé que dans quelques siéges les taxes sont
» faites à l'avance, et qu'on en offre le payement
» aux témoins sans attendre qu'ils le réclament ; cet
» abus met à la charge du trésor une dépense qu'il
» ne devrait pas supporter ; je vous recommande

» de prendre les mesures nécessaires pour le faire
» cesser partout où il pourra exister. »

J'ai lieu de croire que cette recommandation si
formelle et si forte en ce qu'elle s'appuie sur le
texte même de la loi, n'est pas suivie comme elle
devrait l'être. Je sais combien il est difficile au magistrat qui tient l'audience de s'occuper particulièrement de la taxe des témoins et de savoir au juste
ceux qui la réclament ; mais il ne faut pas oublier
qu'il s'agit ici de l'accomplissement d'un devoir
impérieux. Nul témoin n'a droit à une indemnité
quelle qu'elle soit s'il n'en fait spontanément la demande, et cette demande ne peut être régulièrement adressée qu'au juge même qui est chargé par
la loi de taxer les témoins. Les magistrats doivent
donc, non signer en masse les taxes qui leur sont
présentées, soit par les greffiers, soit par les huissiers, mais n'allouer que celles qui ont été spécialement réclamées sans aucune provocation de leur
part ou de la part des officiers ministériels. Agir
autrement, c'est non seulement, comme le dit la
circulaire, mettre à la charge de l'état une dépense
qu'il ne devrait pas supporter ; mais en outre, et
c'est ce qui ne doit jamais être mis en oubli, on lèse
ainsi les intérêts privés, puisqu'en définitive lorsque les parties sont condamnées aux frais on les
contraint, quand on alloue des indemnités non réclamées, à payer des sommes plus fortes que celles
qu'elles devaient supporter.

J'ajouterai que l'abandon aux huissiers du soin de délivrer des taxes signées sans examen est une source d'abus criants; il n'arrive que trop souvent que les témoins dans une position de fortune qui leur permet de se passer de la taxe, ne la réclament pas; elle n'en est pas moins dressée; on la leur fait signer comme pure formalité, et ce sont les huissiers qui profitent du montant. L'abus, à ma connaissance, est encore allé plus loin : un greffier de Cour d'assises dressait les taxes, les soumettait à l'approbation du président, puis les touchait à son profit, après les avoir revêtues du faux acquit des témoins auxquels elles étaient censées allouées.

Cet indigne fonctionnaire a été condamné à une peine infamante; mais ni le trésor ni les parties n'ont été indemnisés des pertes que leur avait causées son honteux trafic.

M. le garde des sceaux a tellement à cœur de faire prévaloir un mode plus régulier de taxer les témoins et d'arrêter un usage qui est une véritable source d'abus, qu'il a renouvelé ses recommandations à cet égard, dans la circulaire du 26 décembre 1845, en chargeant MM. les procureurs généraux de se faire rendre compte souvent de ce qui se passe à ce sujet dans chaque tribunal de leurs ressorts respectifs, et de tenir la main à ce que les indemnités des témoins ne soient accordées que dans les cas et sous la condition rappelés tant dans

le Code d'instruction criminelle que dans le règlement du 18 juin 1811.

Au surplus, quand les témoins dûment cités réclament spontanément taxe, j'ai fait connaître dans
mon Commentaire (page 63) qu'on ne pouvait la
refuser sous différents prétextes que j'ai indiqués.

Un arrêt de la Cour de cassation, du 29 avril
1837, est venu corroborer mon opinion à cet égard
et les diverses décisions de M. le garde des sceaux
que j'ai citées.

Cet arrêt a en effet jugé que si le tribunal trouve
dans les aveux du prévenu ou dans d'autres circonstances la preuve du délit, il n'est pas tenu
d'entendre les témoins cités par le ministère public; mais que ces témoins, quoique n'ayant pas
déposé, n'en doivent pas moins être taxés lorsqu'ils le demandent, et que ces taxes et les frais de
citation doivent être compris dans la liquidation
des dépens et mis à la charge du condamné.

La taxe est due même aux témoins qui compa-
raissent sur un simple avertissement, bien entendu
lorsqu'ils la réclament. A la page 75 de mon Commentaire j'avais cité une décision dans ce sens de
M. le garde des sceaux pour les témoins entendus
devant les tribunaux de simple police, et j'avais
émis l'opinion qu'il devait en être de même pour
les témoins appelés par le juge d'instruction et le
procureur du roi, quand ces magistrats se transportent pour informer sur le lieu du délit. Cette

opinion a été adoptée par M. le garde des sceaux, le 11 mars 1837 ; il lui a même donné de l'extension en déclarant qu'elle devait servir de règle quand les juges de paix procèdent, soit en cas de flagrant délit, soit par délégation du juge d'instruction, soit enfin en exécution d'une commission rogatoire. Dans ces diverses circonstances la voie de l'avertissement doit être préférée lorsqu'on peut l'employer, parce qu'en évitant les frais de citation, elle diminue la dépense.

TÉMOINS MILITAIRES.

Article 31, page 70.

D'après cet article, les militaires en activité de service qui sont appelés en témoignage devant les tribunaux ordinaires ne peuvent recevoir, sur les fonds généraux des frais de justice criminelle, d'autre indemnité que celle de *séjour forcé*. J'ai expliqué, dans mon précédent commentaire, qu'on ne devait entendre par cette expression que le séjour forcé fait par les militaires dans la ville même où ils sont entendus comme témoins.

J'ai dit en outre que les dispositions de l'art. 31 s'appliquaient aussi bien aux marins qu'aux militaires de l'armée de terre, et que par conséquent c'était suivant ces mêmes dispositions que devaient être payés les agents des chiourmes appelés à déposer devant les tribunaux, attendu que ces agents ont été assimilés aux troupes de marine par un règlement du 16 juin 1820. Depuis, cette qualité a été contestée aux gardes chiourmes ; mais une ordonnance du roi du 16 mai 1833, et un arrêt de la Cour de cassation très-développé, rendu le 21 juin suivant, leur ont formellement reconnu la position et les droits des autres agents militaires de la marine. Il ne peut donc plus s'élever aucun doute sur le règlement des indemnités qu'ils doivent recevoir comme témoins.

Les différentes taxes que les témoins marins devaient toucher sur deux caisses distinctes, les unes pour les frais de route, les autres pour les frais de séjour forcé, avaient, dans la pratique, fait naître quelques irrégularités. Quand un témoin marin avait reçu l'indemnité de séjour, l'autorité maritime refusait à tort de lui payer ses frais de voyage pour le retour, et il arrivait souvent que les magistrats, afin de ne pas priver les marins de ces frais de retour, qui leur étaient indispensables, s'abstenaient de leur allouer l'indemnité de séjour forcé à laquelle ils avaient droit.

Un autre embarras résultait de ce que pendant longtemps on avait douté si ces expressions de l'article : *Militaire en activité de service*, comprenaient les officiers de santé et autres agents civils de la marine.

Il a été mis un terme à ces difficultés par une décision de M. le ministre de la marine, en date du 31 mai 1841, qui se trouve relatée dans une circulaire de M. le garde des sceaux du 9 juillet suivant.

Cette décision porte : Tout déplacement par mandement de justice pouvant être considéré comme l'effet d'un ordre de service, il convient de décider que, conformément au principe posé par les art. 3 (§ 2) et 31 du décret du 18 juin 1811, tous les officiers militaires ou civils des différents corps de la marine, officiers de santé, marins, soldats et autres agents quelconques du ministère de la marine, appelés en témoignage devant les Cours d'assises et les tribunaux civils, en matière criminelle ou correctionnelle, seront payés de leurs frais de route et de séjour par les soins et à la charge de ce département, suivant les règles et tarifs en vigueur pour son propre service.

Ainsi, il est certain maintenant que les marins lorsqu'ils sont au service de l'État ne peuvent plus réclamer aucune indemnité, à quelque titre que ce soit, sur les fonds généraux des frais de justice criminelle pour leur comparution comme témoins devant les tribunaux ordinaires.

Une seule exception subsiste : c'est pour le cas où les nécessités d'une procédure criminelle forceraient à faire venir très-promptement les témoins marins ou militaires dans le lieu où ils doivent déposer. Les frais extraordinaires de diligence ou de poste qu'ils auraient faits pour obtempérer en temps utile à la citation qu'ils auraient reçue, devraient leur être alloués conformément à l'art. 136 du règlement, et à la charge d'en rendre compte immédiatement à M. le garde des sceaux. Mais les magistrats doivent s'efforcer de rendre très-rare ce surcroît de dépense, en faisant, quand il y a possibilité, assigner les témoins marins et militaires assez à l'avance pour qu'ils puissent employer les moyens ordinaires de transport.

La règle établie par M. le ministre de la marine

me paraît excellente. Elle simplifie les formes ; elle assure aux marins les justes indemnités auxquelles ils ont droit de prétendre, sans les forcer de recourir à diverses autorités pour les obtenir. Et si elle tend à augmenter légèrement les dépenses du ministère de la marine, elle décharge d'autant les crédits du ministère de la justice. Or, il importe peu que des frais nécessaires pour le service public soient acquittés par l'une ou par l'autre de deux caisses également publiques.

Il serait, je crois, bien à désirer que M. le ministre de la guerre adoptât une détermination semblable. L'uniformité en pareille matière est l'un des plus sûrs garants de la régularité du service.

JURÉS.

Article 35, page 77.

D'après cet article, les jurés peuvent demander l'indemnité de voyage quand ils ont été obligés de se transporter à plus de deux kilomètres de leur résidence actuelle.

Ces mots : *Résidence actuelle*, ont fait naître la question de savoir si le juré absent de son département peut faire régler son indemnité à partir, non du lieu où il demeure habituellement, mais de celui où il se trouve quand il apprend sa convocation.

En règle générale, on ne doit remplir les fonctions de juré que dans le département où l'on habite ; c'est ce qui résulte textuellement de l'art. 2 de la loi du 2 mai 1827. Aussi M. le garde des sceaux, dans une circulaire du 30 juin 1827, a-t-il recommandé, en ce qui concerne les jurés qui ont leur domicile politique dans un département et leur domicile réel dans un autre, de ne porter ces jurés que sur la liste de service du département où ils résident.

Les convocations des jurés ne doivent donc être faites que dans les limites du département qu'ils habitent, et ce qui le prouve surabondamment, c'est que, aux termes de l'art. 389 du Code d'instruction criminelle, c'est le préfet qui est chargé de convoquer les jurés, et que l'autorité de cet administrateur ne s'étend pas au delà de son département.

Je pense donc que le sens de ces mots : *Résidence actuelle*, doit être restreint à la résidence dans le département où siége la Cour d'assises aux travaux de laquelle le juré doit participer, et que c'est seulement à partir de cette résidence où a été donnée la citation qu'on doit calculer l'indemnité de transport qu'on peut allouer au juré.

Cependant, je sais que dans quelques occasions, où les jurés étaient momentanément absents de leur département et étaient revenus exprès pour assister à la Cour d'assises, on a calculé l'indemnité qui leur revenait à partir du lieu situé dans un autre département où ils se trouvaient quand on leur avait envoyé la citation donnée à leur résidence habituelle. Je pense que dans ces circonstances le magistrat taxateur avait excédé ses pouvoirs et méconnu le véritable sens du règlement. S'il en était autrement, l'indemnité pour le retour devant être égale à celle qui a été allouée pour l'arrivée, il en résulterait que cette indemnité serait calculée de manière à couvrir les dépenses d'un voyage qui peut-être ne se réaliserait pas, et dans tous les cas servirait à payer ce voyage, dont la cause ne se trouverait pas dans l'accomplissement d'un service public, mais dans une nécessité d'affaire ou de plaisir, ce qui est trop contraire à toutes les règles de comptabilité pour pouvoir être admis.

Je ne connais qu'un cas, qui doit se présenter rarement, où l'indemnité devrait peut-être se calculer d'un lieu situé hors du département où siége la Cour d'assises. La liste de service du jury dure une année entière; il peut arriver que pendant le cours de cette année un juré transporte sa résidence dans un autre département. Si le nom de ce juré sort de l'urne, il faut nécessairement le convoquer, et comme alors la citation lui est donnée au lieu même où est établi son nouveau domicile, il me paraît juste de lui payer l'indemnité à raison de la distance réelle de ce lieu à la ville où siége la Cour d'assises.

Mais, hors ce cas, je crois que les indemnités réclamées à raison d'un séjour momentané dans un autre département doivent être refusées, et que si elles étaient accordées, elles devraient donner lieu à un rôle de restitution.

Au surplus, cette interprétation de l'art. 35 du décret du 18 juin 1811 ne peut faire naître aucune réclamation fondée. En effet, de deux choses l'une, ou le juré cité à son domicile habituel s'y trouve encore, et il ne peut imputer qu'à lui-même les dépenses extraordinaires que son éloignement ultérieur lui occasionne, ou il est déjà parti quand la citation est remise à son domicile, et alors il peut adresser ses excuses à la Cour d'assises, excuses que cette Cour refusera d'autant moins d'admettre, quand elle aura constaté que le voyage a en effet précédé la convocation, qu'un juré est toujours facilement remplacé, à la différence des témoins dont la déposition ne peut pas être suppléée, et que par conséquent il faut faire venir à tout prix.

JUGEMENTS DE SIMPLE POLICE.

Article 43, page 92.

Dans mon précédent commentaire, j'avais émis l'opinion, qu'afin d'éviter les frais de signification des jugements de simple police, il convenait de donner avis des condamnations aux individus qu'elles concernaient, pour qu'ils pussent les exécuter s'ils n'avaient pas l'intention d'en poursuivre la réformation, sans qu'on fût forcé de lever expédition des jugements et de les notifier, ce qui entraînait des frais très-souvent plus considérables que ceux qui avaient précédé le jugement.

Ce mode de procéder fut trouvé utile, et des fonctionnaires des ministères de la justice et des finances reçurent la mission de se concerter pour l'établir en règle, de manière à ne léser ni les droits de la justice, ni ceux du trésor, et en accordant aux greffiers une juste rétribution.

Leur conférence eut pour résultat d'établir des dispositions qui ont été portées à la connaissance des tribunaux et de l'administration par la circulaire de M. le garde des sceaux, du 15 décembre 1833, et par l'instruction de M. le directeur général de l'enregistrement du 27 du même mois.

Voici ces dispositions :

1° Les greffiers des tribunaux de simple police

doivent dresser un relevé sommaire des jugements susceptibles d'opposition ou d'appel, et le transmettre dans la huitaine de la date de ces jugements au receveur de l'enregistrement du canton;

2° Ce relevé, conforme au modèle joint aux instructions ci-dessus rappelées, doit contenir autant d'articles qu'il y a eu d'affaires jugées, et indiquer pour chacune la nature de la contravention, les noms et prénoms des condamnés, leur demeure et le montant de l'amende et des frais ;

3° Il est alloué aux greffiers, conformément à l'art. 49 du décret du 18 juin 1811, 10 centimes par article, c'est-à-dire par affaire jugée, quel que soit le nombre des condamnés. Cette indemnité sera acquittée par les receveurs de l'enregistrement sur les fonds du budget du ministère de la justice et suivant les formes prescrites pour le payement des frais de justice ;

4° Le receveur de l'enregistrement, à la réception du relevé, donnera avis à tous les individus qui y sont portés, des condamnations par eux encourues, avec invitation de venir en acquitter le montant à son bureau ;

5° A l'expiration du délai accordé aux condamnés pour prendre une détermination et la faire connaître, le receveur renvoie le relevé, soit au juge de paix qui a rendu les jugements, soit au commissaire de police exerçant les fonctions du ministère public, en ayant soin d'indiquer les condamnés qui ont payé, et de faire connaître à l'égard des autres les renseignements qu'il a recueillis sur leur solvabilité.

La circulaire de M. le garde des sceaux se termine par la recommandation aux juges de paix de tenir la main à ce que les greffiers dressent les relevés de jugements avec l'exactitude nécessaire pour les rendre utiles, et de veiller, conformément à l'ordonnance du 17 juillet 1825, à ce que les greffiers ne réclament l'indemnité de 10 centimes que dans les limites fixées par la circulaire, c'est-à-dire à raison seulement de chaque affaire portée au relevé, et quel que soit le nombre des condamnés.

L'exécution de cette circulaire ne tarda pas à faire apercevoir des difficultés qu'elle n'avait pas prévues.

On reconnut que souvent les condamnés n'ayant pas leur domicile dans le canton où ils avaient été jugés, le receveur de l'enregistrement de ce canton ne pouvait sans inconvénient être chargé de leur adresser l'avertissement prescrit par la circulaire, puisque ce serait les astreindre à venir se libérer d'une amende très-faible à des bureaux souvent fort éloignés de leur résidence, ce qui les exposerait à des frais qu'on avait voulu éviter.

Le relevé n'indiquait pas le lieu où la contravention avait été commise ; l'administration de l'enregistrement ne pouvait savoir à quelles communes devait être attribué le montant des amendes recouvrées.

Enfin le renvoi du relevé au juge de paix ou au commissaire de police ne permettait pas aux employés supérieurs de l'enregistrement de s'assurer, par les rapprochements d'usage, si les amendes et frais recouvrés avaient été exactement portés en recette.

Pour remédier à ces inconvénients, M. le garde des sceaux, après s'être concerté avec M. le ministre des finances, a fait une nouvelle circulaire, à la date du 20 septembre 1834, portant :

1° Que les greffiers des tribunaux de simple police ne doivent comprendre dans un même état que les condamnés domiciliés dans le même canton, de sorte qu'un état distinct sera fourni pour chaque canton ;

2° Qu'il sera ajouté au modèle du relevé, transmis aux tribunaux, une colonne indiquant la commune sur le territoire de laquelle la contravention a été commise ;

3° Que les receveurs de l'enregistrement conserveront dans leurs bureaux les relevés qui leur sont transmis par les greffiers, à la charge toutefois de faire un état des jugements qui n'auraient pas été exécutés volontairement par les condamnés sur premier avertissement, et de l'adresser, dans le délai prescrit par le numéro 5 de la première circulaire, soit au juge de paix qui aura rendu les jugements, soit au commissaire de police remplissant les fonctions du ministère public.

Depuis l'époque où cette seconde circulaire a été adressée, je n'ai point appris que rien soit venu entraver l'accomplissement d'une mesure qui, tout en ménageant les intérêts des condamnés, a épargné au trésor des frais de signification qui, la plupart du temps, restaient à sa charge à raison de l'insolvabilité des personnes sur lesquelles ils auraient dû être recouvrés.

EXTRAITS DE JUGEMENTS.

Article 44, page 100.

Les divers cas où le coût des extraits de jugement doit être alloué aux greffiers et imputé sur les fonds généraux des frais de justice criminelle ont été rappelés par M. le garde des sceaux dans la circulaire du 6 décembre 1840, laquelle a résumé les précédentes instructions sur le même objet. Quelques-unes de ces instructions sont postérieures à mon premier Commentaire ; je crois devoir en conséquence les indiquer ici, en faisant connaître les motifs sur lesquels elles ont été basées.

D'après l'article 274 du Code pénal, les individus qui ont été trouvés mendiant dans un lieu pour lequel il existe un établissement organisé afin d'obvier à la mendicité, doivent être conduits à l'expiration de leur peine dans cet établissement.

Il importe donc que l'autorité administrative soit instruite des condamnations de ce genre, afin d'exécuter la dernière disposition de cet article. Mais le mode à suivre à cet égard n'ayant été tracé ni par la loi, ni par les règlements, il importait de le déterminer de manière à ne point occcasionner une nouvelle dépense, mais en rendant la communication assez prompte pour être efficace.

Dans quelques arrondissements on transmettait au préfet un extrait levé à ce seul effet aussitôt que le jugement était devenu définitif. Ce moyen le plus simple avait le grave inconvénient de mettre à la charge du ministère de la justice des frais qu'il ne devait pas supporter.

L'envoi dans les dépôts de mendicité est une mesure de police administrative, ordonnée par la loi et non par le jugement; elle ne fait pas partie de la peine, puisqu'elle ne doit recevoir son exécution qu'à l'expiration de cette peine. En un mot, l'administration n'est pas plus en droit d'exiger gratuitement un extrait du jugement pour exécuter la dernière disposition de l'art. 274 du Code pénal que pour l'exercice de la surveillance. Dans ces deux cas, il s'agit d'une attribution de police et de sûreté qui n'a rien de judiciaire, quoique basée sur un jugement, et le ministère de la justice n'a évidemment rien à payer à ce sujet.

Cependant, je le répète, il faut que le préfet soit instruit du jugement, et qu'il le soit très-promptement; car la peine étant généralement d'une courte durée, quand, ainsi qu'il arrive souvent, les circonstances atténuantes sont admises, le retard dans la communication pourrait mettre l'autorité administrative dans l'impossibilité d'agir.

On aurait pu charger le procureur du roi de donner par lettre avis du jugement; mais une mesure aussi rigoureuse que celle qui prive un individu de sa liberté ne peut être prise que sur le vu d'un acte authentique. On a donc dû renoncer à ce moyen, et la remise d'un extrait du jugement au préfet paraissant indispensable, on a pensé qu'on pouvait, afin de ne point accroître les frais, transmettre à cet administrateur soit l'extrait qui a servi à l'écrou du condamné, lequel extrait, lorsque la condamnation a pour cause la mendicité, devient inutile au receveur de l'enregistrement qui n'a rien à recouvrer, soit l'extrait qui, aux termes de l'art. 198 du Code d'instruction criminelle, doit être adressé au procureur général; bien entendu, dans ce dernier cas, que le procureur général ferait lui-même l'envoi, parce qu'il ne doit jamais être privé du moyen de contrôle que lui assure l'article précité.

L'emploi de l'un ou de l'autre de ces moyens a été autorisé par M. le garde des sceaux, qui en a laissé le choix à la prudence des magistrats, mais en ajoutant que, soit qu'ils en usassent ou non, il n'y avait jamais lieu d'autoriser la levée spéciale d'un extrait de jugement à la charge du ministère de la justice.

Il est un autre point sur lequel la solution a été différente quoique, au premier aperçu, il présente beaucoup d'analogie avec celui dont je viens de parler.

La loi du 21 mars 1832 sur le recrutement de l'armée a donné à plusieurs faits le caractère de délits et en a attribué la connaissance aux tribunaux de police correctionnelle.

La même loi charge les préfets, quand les jugements sont rendus, de l'exécution de plusieurs mesures qui sont la suite nécessaire de ces jugements.

Ainsi, ils sont tenus (art. 11) d'inscrire en tête de la liste du tirage les jeunes soldats omis qui ont été condamnés pour fraudes ou manœuvres relatives à cette omission ;

Ils doivent (art. 28) libérer les jeunes soldats acquittés de la prévention de mutilation volontaire ;

Enfin, quand l'acte de remplacement ou de substitution est annulé par le jugement, ils doivent (art. 43) prendre les mesures nécessaires pour l'appel et la mise en route du remplacé ou du substitué.

Il importe donc que les préfets connaissent bien tous les jugements en matière de recrutement, et il paraît indispensable qu'ils en reçoivent des copies ou au moins des extraits.

Mais ici s'élevait encore la question de savoir par qui la dépense devait être acquittée.

On faisait remarquer que quand arrive le moment où il est nécessaire que les préfets aient le jugement, l'affaire est judiciairement terminée ; que la levée et le payement des extraits ne sont donc plus des actes relatifs à l'exercice de la justice ; qu'enfin ces extraits n'avaient d'autre objet que de faciliter des opérations purement administratives ; et sous tous ces rapports, on concluait à ce que les salaires des greffiers pour les extraits dont il s'agit ne devaient pas être mis à la charge du ministère de la justice.

Mais, d'un autre côté, il fallait bien reconnaître qu'il s'agissait d'un des plus grands intérêts de l'état, celui de la bonne composition de l'armée, intérêt qui déjà avait porté le ministre de la justice à faire délivrer sur les fonds de son département, au ministre de la guerre, des extraits de tous les jugements rendus contre les militaires en activité de service ; que d'ailleurs les opérations que les préfets doivent faire par suite des jugements en matière de recrutement ne sont, à proprement parler et dans la plupart des cas, que le complément de l'exécution de ces jugements.

En conséquence, se fondant sur ces considérations, véritablement d'ordre public, M. le garde des sceaux, par une circulaire du 9 octobre 1834, rappelée dans le § 14 de la circulaire du 6 décembre 1840, a fait recommander à MM. les procureurs du roi de transmettre respectivement aux préfets de leurs départements des extraits de chaque jugement rendu en matière de recrutement aussitôt qu'il sera devenu définitif.

Il va sans dire que quand il y a eu appel, la même règle doit être suivie par le ministère public près le tribunal du chef-lieu judiciaire ou près la Cour royale.

Les art. 4 et 5 de la loi du 28 juin 1833 ont déterminé les conditions à remplir pour exercer la profession d'instituteur primaire. L'art. 6 a fixé les pénalités applicables pour infraction aux deux précédents articles.

En outre, l'article 6 autorise à traduire devant le tribunal civil pour être, s'il y a lieu, interdit temporairement ou perpétuellement de sa profession, tout instituteur primaire dont l'inconduite ou l'immoralité aura été reconnue.

M. le ministre de l'instruction publique en sa qualité de grand maître de l'Université, et afin d'exercer la haute surveillance que la loi lui confie sur le corps enseignant, a besoin de connaître tous les jugements rendus dans les circonstances dont je viens de parler.

En conséquence, par une circulaire du 15 février 1834, reproduite dans la circulaire du 6 décembre 1840, § 13, n° 5, M. le garde des sceaux a recommandé qu'on lui transmît, pour les adresser à son collègue, des extraits de ces jugements quand ils ont acquis force de chose jugée.

L'usage a donné de l'extension à cette utile mesure, on transmet ordinairement à M. le garde des sceaux non-seulement les jugements basés sur la loi du 28 juin 1833, mais tous ceux qui atteignent les instituteurs à raison de tout autre délit

Je crois que cet usage, quoiqu'il n'ait pas été formellement autorisé, doit continuer de subsister; L'instruction primaire est d'une telle importance qu'elle doit n'être confiée qu'à des hommes purs de toute tache et véritablement intègres. Il importe donc que l'autorité supérieure soit informée de toutes les fautes, quelle qu'en soit la nature, que les instituteurs peuvent commettre.

Le nombre considérable des extraits délivrés par les greffiers, qui a encore été accru par les nouvelles instructions citées plus haut, rend plus que jamais nécessaire la circonspection et la surveillance des magistrats; ils doivent avoir toujours présente à l'esprit cette recommandation que M. le garde des sceaux a consignée dans le § 10 de sa circulaire du 16 août 1842 :

« Les extraits d'arrêts ou de jugements ne don- » nent lieu qu'à un droit fixe qui est peu considé- » rable; mais leur multiplicité porte à une somme » totale assez élevée la dépense annuelle que leur » délivrance nécessite. Il faut donc ne demander et » ne passer en taxe que les extraits dont la déli- » vrance est prescrite ou autorisée par les instruc- » tions émanées de mon ministère, et en res- » treindre le nombre pour chaque affaire dans les » limites des besoins du service. »

Au § 8 de mes observations sur l'art. 44 du décret du 18 juin 1811, j'ai fait connaître qu'il devait être tenu, au greffe de chaque tribunal cor-

rectionnel, un registre destiné à recevoir la déclaration d'appel, et qu'un extrait de cette déclaration devait être délivré par le greffier pour être
transmis avec la procédure au tribunal supérieur.

Je n'avais pas parlé du tribunal de simple police,
parce que les appels y sont plus rares et que d'ailleurs la même règle me paraissait devoir être observée pour les deux juridictions ; cependant j'ai
appris que quelques difficultés s'étaient élevées à
ce sujet ; je les crois peu fondées.

M. le garde des sceaux en autorisant les greffiers
de police correctionnelle, par analogie avec les dispositions de l'art. 417 du Code d'instruction criminelle, à tenir un registre des appels et à en délivrer des extraits, a voulu que l'existence de
l'appel formé dans les délais utiles ne fût jamais
mise en doute. Il y a évidemment le même intérêt à conserver la preuve certaine des déclarations d'appel en matière de simple police, et par
suite j'ai la conviction que les greffiers des tribunaux
de simple police sont à l'abri de tout blâme en
consignant sur un registre particulier les déclarations de ce genre qu'ils ont régulièrement reçues,
et à en délivrer de simples extraits pour être joints
à la procédure lorsqu'elle est transmise au tribunal
correctionnel.

Mais la déclaration au greffe n'est pas le seul
mode suivant lequel on peut manifester l'intention
d'appeler d'un jugement de simple police. La Cour

de cassation, en jugeant, le 7 décembre 1833, que ce mode tracé pour les appels de police correctionnelle par l'art 203 du Code pouvait être suivi pour les appels de simple police, a en même temps décidé que l'art. 174, en se bornant à régler le délai de l'appel des jugements de simple police et comment il sera suivi et jugé, a laissé aux parties la faculté de l'interjeter à leur choix, soit par une déclaration au greffe, comme je viens de le dire, soit par exploit signifié au ministère public.

Cette expression, le ministère public, était générale et laissait douter si elle devait s'appliquer exclusivement au ministère public près le tribunal de simple police ou simultanément aux personnes revêtues de cette magistrature, tant près le tribunal de simple police que près le tribunal de police correctionnelle.

En règle générale, c'est au ministère public près le tribunal dont le jugement est attaqué que doit être signifiée la déclaration d'appel ; toutefois, comme le ministère public est indivisible, comme les officiers qui l'exercent devant les tribunaux de simple police sont les délégués ou les substituts du procureur du roi du ressort, de même que celui-ci est substitut du procureur général, la Cour de cassation a jugé, par un autre arrêt du 19 septembre 1834, que l'appel d'un jugement de simple police peut être utilement et légalement signifié au procureur du roi près le tribunal qui en est saisi, puisque ce magistrat est chargé par la loi de défendre sur cet appel.

Une autre question naissait de la rédaction de l'art. 174 du Code d'instruction criminelle portant que l'appel des jugements de simple police sera suivi et jugé dans la même forme que les appels des sentences des juges de paix.

D'après ces termes, quelques tribunaux avaient pensé, en se fondant sur l'art. 61 du Code de procédure civile, qu'il fallait aussi bien quand il s'agit d'appel contre un jugement de simple police que quand cette voie de recours porte sur une sentence du juge de paix que l'exploit contint constitution d'avoué. Imposer une pareille obligation n'a pu entrer dans les intentions du législateur, qui partout s'est efforcé de diminuer autant que possible les frais dans les affaires de simple police. D'ailleurs il faut remarquer que l'art. 174 se trouve modifié par l'art. 176, portant que les règles établies pour le jugement des affaires de simple police sont communes, notamment en ce qui concerne la forme, aux appels interjetés dans ces affaires. De là, la Cour de cassation a tiré la conséquence très-juste que les appelants des jugements de simple police ne sont pas plus tenus de constituer avoué sur l'appel qu'en première instance, attendu qu'en matière de répression le ministère des avoués n'est pas exigé, même lorsqu'on prend des conclusions à fins civiles, et que les prévenus peuvent eux-mêmes librement se défendre (arrêt de cassation du 11 octobre 1834, rendu sur un réquisitoire présenté en vertu de l'art. 441 du Code d'instruction criminelle par ordre de M. le garde des sceaux).

Aux termes de l'art. 203 du Code d'instruction criminelle, la déclaration d'appel doit être faite au greffe du tribunal qui a rendu le jugement. L'exécution de cet article est facile quand le condamné est en liberté ; mais quand il est détenu, est-il nécessaire de l'extraire de la prison pour le conduire au greffe afin qu'il y fasse personnellement sa déclaration ? Quelques magistrats l'avaient pensé, et en conséquence ils donnaient à un huissier la mission de conduire le condamné au greffe, et allouaient à l'officier ministériel, qui devait nécessairement être rétribué, le salaire fixé par l'art. 71, n° 6, du décret du 18 juin 1811 pour l'extraction des prisonniers, leur conduite devant le juge et la réintégration dans la prison.

J'ai fait connaître ailleurs que cette disposition ne doit pas être étendue à un cas autre que celui qu'elle prévoit ; c'était donc à tort qu'on en avait fait l'application, lorsqu'il ne s'agissait que d'une déclaration d'appel. M. le garde des sceaux a fait cesser cet abus aussitôt qu'il lui a été connu : il a en même temps rappelé que la loi n'exige pas la présence au greffe de l'appelant ; la déclaration de celui-ci peut être valablement faite soit par un mandataire spécial, soit par l'avoué du condamné (arrêt de la Cour de cassation du 17 août 1823), soit même par exploit d'huissier.

J'ajouterai qu'il y aurait souvent des inconvénients graves à extraire les condamnés de la prison pour les conduire au greffe ; ce serait leur fournir un moyen d'évasion ; et quand il s'agirait d'hommes dangereux, il faudrait requérir l'assistance de la gendarmerie et la détourner ainsi de son service habituel, déjà si considérable.

Au surplus si l'appelant ne pouvait employer aucun des modes indiqués par M. le garde des sceaux, je pense qu'il suffirait que le greffier fût averti de l'intention d'appeler pour qu'il se transportât au greffe et y reçût la déclaration du condamné. C'est ce qui se pratique habituellement pour la réception des pourvois en cassation des condamnés à des peines afflictives et infamantes, et aucun motif ne s'oppose à ce qu'il en soit de même pour les cas très-rares où le détenu n'aurait pas d'autres moyens de manifester authentiquement son intention d'attaquer par la voie de l'appel le jugement rendu contre lui.

FORÊTS DE LA COURONNE.

Article 49, page 131.

Aux termes du titre 4 du Code forestier, toutes les dispositions de ce Code sont également applicables aux bois et forêts de l'état et de la couronne, quoique placés sous des administrations distinctes.

Il s'ensuit que, d'après les art. 188 et 189 de l'ordonnance du 1er août 1827, les greffiers des Cours et tribunaux doivent remettre aussi bien aux agents forestiers de la couronne qu'à ceux de l'état, dans le délai de trois jours après celui où ils ont été prononcés, les extraits des jugements par défaut, et, dans les dix jours, les extraits des jugements contradictoires rendus à la requête respective de ces agents.

M. l'intendant général de la liste civile n'ayant pas trouvé dans ces envois des moyens suffisants pour contrôler utilement les demandes de remboursement de frais qui lui sont adressés, a manifesté le désir que les greffiers fussent tenus en outre d'envoyer chaque trimestre aux inspecteurs forestiers de la couronne, dans leur circonscription respective, un relevé de tous les jugements contradictoires intéressant la conservation des bois et forêts confiés à leur surveillance.

Après avoir formellement stipulé que ce relevé
serait payé aux greffiers à raison de dix centimes
par article, conformément à l'art. 49 du décret du
18 juin 1811, et que cette indemnité resterait,
dans tous les cas, à la charge de la liste civile,
M. le garde des sceaux a prescrit l'envoi du relevé
dont il s'agit par une circulaire du 7 février 1837,
qui n'a dû être adressée qu'aux procureurs généraux d'Amiens, Orléans et Paris, seuls ressorts où
se trouvent des bois ou forêts appartenant à la
couronne.

COPIES GRATUITES AUX ACCUSÉS.

Article 55, page 145.

La Cour de cassation, par un arrêt du 27 avril 1827, avait implicitement jugé que les procès-verbaux ou rapports des officiers de santé et experts rentraient dans la catégorie des pièces dont il doit être donné copie gratuite aux accusés, conformément à l'art. 305 du Code d'instruction criminelle; mais qu'il ne pouvait résulter un moyen de nullité de la non délivrance de cette copie si l'accusé ni son défenseur ne l'avaient réclamée avant ou pendant les débats.

Cet arrêt ne contenait pas une règle explicite; il paraissait du reste donner de l'extension à l'art. 305 du Code d'instruction criminelle, qui ne parle que des procès-verbaux constatant le délit et des déclarations écrites des témoins; cependant comme il était favorable à la défense, et comme attendre l'ouverture des débats pour faire faire des copies sur la demande de l'accusé était s'exposer à entraver le cours de la justice, M. le garde des sceaux, par une circulaire du 13 novembre 1827 citée dans mon précédent ouvrage, décida d'une manière générale qu'il serait dorénavant donné copie gratuite aux accusés des rapports d'experts et de médecins,

chirurgiens et officiers de santé, dans les affaires
où leur ministère avait été requis.

Depuis, la Cour de cassation a jugé, le 4 août
1843, que les rapports d'experts ne sont pas du
nombre des pièces dont la copie est due aux accusés; que les conseils ont droit d'en prendre communication, et que quand cette communication a
été faite le vœu de la loi se trouve suffisamment
rempli.

Dans cet état de la jurisprudence, la circulaire
précitée doit-elle continuer à recevoir son exécution? Je n'hésite pas à le croire; dans beaucoup
d'affaires criminelles, les rapports d'experts sont
souvent les pièces les plus importantes; ils servent
de base à la discussion; et quand les accusés sont
hors d'état de s'en procurer la copie à leurs frais,
il serait peu convenable de forcer les défenseurs à
soutenir les débats à l'aide de simples notes qu'ils
auraient prises sur ces rapports, tandis qu'ils seraient entiers dans les mains du ministère public.

Cependant il y a des affaires, notamment celles
de comptabilité, où les rapports sont démesuré-
ment longs, et où, par conséquent, leur copie deviendrait très-dispendieuse sans être d'une nécessité absolue pour la défense. En pareil cas, je pense
qu'en se fondant sur l'article précité on pourrait
se refuser à délivrer des copies au moins entières
de ces rapports, sauf à suppléer à la délivrance de
ces copies : 1° par la communication au greffe, con-

formément à l'art. 302 du Code d'instruction criminelle, et 2° par la communication ultérieure de
ces mêmes pièces, en tout état de cause et même
pendant la durée des débats.

En un mot, il est positivement reconnu, d'après
le dernier arrêt de la Cour de cassation, que les
accusés ne peuvent exiger la copie gratuite des
rapports d'experts; mais je crois que cette copie
doit leur être délivrée toutes les fois qu'elle paraît
indispensable à la défense et que les accusés n'ont
pas le moyen de se la procurer autrement.

Je pense également qu'il y a lieu de délivrer gratuitement aux accusés, quand les besoins de leur
défense semblent l'exiger, copie des procès-verbaux
constatant la confrontation de ces accusés avec les
témoins. Les dires de ces derniers se trouvant dans
ces procès-verbaux et étant le complément de leurs
dépositions, il est conforme au texte, ou au moins
à l'esprit de l'art. 305 du Code d'instruction criminelle, d'en donner copie aux accusés; et comme
ces déclarations de témoins seraient très-souvent
incompréhensibles si on ne les rapprochait pas
des questions faites aux accusés pendant la confrontation et des réponses de ceux-ci, je ne mets
pas en doute que quand on autorise la délivrance
dont je viens de parler, elle doit porter sur l'ensemble du procès-verbal de confrontation.

La Cour de cassation a constamment jugé que
les dispositions de l'art. 305 du Code d'nsitruction

criminelle ne sont pas prescrites à peine de nullité,
et que, par conséquent, la non délivrance de la
copie dont parle cet article ne pouvait fournir un
moyen de cassation, à moins que les accusés ou
leurs défenseurs n'aient fait la demande de la copie
qui leur est due avant ou pendant les débats. Un
arrêt de la même Cour, en date du 8 février 1844,
a expliqué cette distinction qui ne résultait pas des
termes mêmes de l'art. 305 précité; elle est fondée
sur l'art. 408 du même Code, d'après lequel on
peut prononcer l'annulation d'un arrêt, quand il a
été omis ou refusé de statuer sur une demande de
l'accusé tendant à user d'une faculté ou d'un droit
accordé par la loi, bien que la peine de nullité ne
soit pas textuellement attachée à l'absence de la
formalité dont l'exécution a été demandée. Or, l'art.
305 crée bien certainement un droit en faveur de
l'accusé : lorsque l'exercice de ce droit a été demandé et refusé, il y a donc lieu à l'annulation de
l'arrêt, quoique la disposition sur laquelle ce droit
est fondé ne soit pas prescrite à peine de nullité;
mais cette annulation, comme je l'ai déjà dit, ne
peut être prononcée que quand il y a eu demande
formelle des copies de pièces. Hors ce cas, l'art. 408
devient évidemment inapplicable.

On peut puiser, dans ce nouvel arrêt de la Cour
de cassation, un motif déterminant de continuer à
se conformer à la circulaire du 13 novembre 1827;
car il résulte de cet arrêt qu'on ne pourrait, sans

s'exposer à une nullité, refuser un rapport d'expert, si la demande en était faite avant ou pendant les débats; or, attendre un pareil moment pour faire une copie, ce serait souvent donner lieu à des retards qui pourraient mettre dans la nécessité de renvoyer l'affaire à une autre session, ou au moins de la faire juger à un jour plus éloigné que celui auquel elle avait été précédemment fixée.

PIÈCES DE PROCÉDURE.

Article 56, page 151.

Cet article ne s'applique qu'aux affaires correctionnelles et de simple police, et ne saurait, dans aucun cas, être étendu aux affaires criminelles proprement dites. Dans ces affaires, la loi a réglé quand, comment, et à qui il peut être délivré des copies de pièces, et hors les cas qu'elle prévoit, il n'est permis ni au ministère public, ni même aux tribunaux d'autoriser ou d'ordonner cette délivrance.

Un tribunal, pour le besoin d'un procès civil, avait autorisé l'une des parties à se faire délivrer expédition des procès-verbaux d'information dressés dans une affaire criminelle terminée par une ordonnance de non lieu. Le jugement portant cette autorisation fut déféré par M. le garde des sceaux à la Cour de cassation.

M. le procureur général Dupin développa avec une grande force les moyens de cassation dans un réquisitoire dont je crois devoir transcrire le passage suivant, qui résume les principes en cette matière.

« Les procédures criminelles, tant qu'il n'y a
» pas eu encore arrêt de mise en accusation, sont
» essentiellement secrètes. La faculté de se faire
» délivrer expédition des pièces d'une telle procé-

» dure ne peut être considérée comme étant de
» droit commun. Elle n'existe au contraire, même
» à l'égard des parties, que lorsqu'elle leur est con-
» férée par une disposition formelle de la loi. Or,
» l'art. 302 du Code d'instruction criminelle ne
» permet la communication des pièces, même au
» défenseur de l'accusé, qu'après l'interrogatoire
» de ce dernier par le président de la Cour d'assi-
» ses, et par conséquent lorsqu'il y a eu arrêt de
» mise en accusation; d'où la conséquence que,
» s'il n'est pas intervenu de mise en accusation,
» comme dans l'espèce actuelle, n'y ayant pas de
» communication possible, même à l'égard des ac-
» cusés et de leurs conseils, il ne doit point y en
» avoir à plus forte raison à l'égard des tierces
» personnes étrangères à l'instruction.

» Le secret des procédures criminelles, tant qu'il
» n'y a pas eu de mise en accusation, est prescrit à
» la fois dans l'intérêt de l'action publique et dans
» celui des parties qui ont pu être l'objet de préven-
» tions non justifiées. Le pouvoir que s'est arrogé
» le tribunal de.... est de nature à compromettre
» l'un et l'autre intérêt. Un pareil pouvoir aurait
» pour effet de contraindre la juridiction crimi-
» nelle à livrer aux tribunaux civils les actes d'in-
» formations qui sont encore pendantes, ou qui,
» n'étant suspendues que par une ordonnance de
» non lieu, peuvent être reprises postérieurement.
» Ces actes d'information se trouveraient ainsi livrés

» à une publicité prématurée, soumis à une con-
» troverse, à des débats, à des formes et à des juges
» étrangers à l'affaire criminelle qu'ils concernent.
» Enfin, plus tard, en cas de mise en accusation,
» ils n'arriveraient devant les tribunaux correc-
» tionnels ou devant les Cours d'assises qu'après
» avoir subi une discussion et un préjugé préalables
» de la part de juges incompétents sur l'affaire cri-
» minelle. »

Il était impossible de mieux préciser les dispositions de la loi et de mieux indiquer les motifs de
ces dispositions. Aussi la Cour de cassation, section
civile, adoptant complétement la doctrine de ce
remarquable réquisitoire, a-t-elle, par arrêt du 17
juin 1834, annulé, dans l'intérêt de la loi, le jugement attaqué.

Un autre réquisitoire du même magistrat a fait
consacrer de nouveau le droit accordé par l'art. 56
du décret du 18 juin 1811 au procureur général,
de refuser la délivrance des expéditions ou copies
des pièces des procès correctionnels et de simple
police autres que la plainte, la dénonciation, les ordonnances et les jugements définitifs.

Le jugement déféré à la Cour de cassation avait
ordonné, malgré le refus du procureur général,
qu'il fût délivré aux parties copie des réquisitions
du ministère public dans un procès correctionnel
suivi d'acquittement. Les juges s'étaient fondés à
cet égard sur ce que ces réquisitions devaient être

assimilées à la plainte ou à la dénonciation dont elles tiennent lieu dans beaucoup de cas.

M. le procureur général Dupin a réfuté ce motif dans ces termes :

« Le jugement attaqué a interprété ce mot *plainte*
» dans un sens général, et l'a appliqué même aux
» réquisitions du ministère public.

» Mais il résulte évidemment du rapprochement
» de ces deux mots : *plainte* et *dénonciation*, du sens
» tout spécial qui leur est donné par le Code d'ins-
» truction criminelle, des dispositions des art. 30,
» 31, 63 et suivants, consacrés entièrement à dé-
» terminer les règles de ces actes, que ces dénomi-
» nations, dans le langage du droit criminel, ne sont
» nullement applicables au ministère public.

» Le ministère public reçoit les plaintes et les dé-
» nonciations, mais il ne les fait pas. Les réquisi-
» toires qu'il dresse ont un tout autre caractère.

» Le motif qui a dû faire attribuer à la partie
» poursuivie le droit de demander expédition de
» la plainte et de la dénonciation, c'est qu'elle peut
» prétendre que ces actes sont calomnieux, et que
» si cette prétention est fondée elle a droit à des
» dommages-intérêts. Il est donc juste, si elle le de-
» mande, qu'on lui délivre expédition des actes
» nécessaires à l'exercice de l'action qui lui est ou-
» verte par la loi; mais ce motif ne trouve aucune
» application aux réquisitoires du ministère public,
» qui rentrent dans la classe des pièces de la procé-

» dure dont le même article 56 ne permet l'expé-
» dition aux parties qu'avec l'autorisation expresse
» du procureur général. »

La Cour de cassation, reconnaissant combien
était fondée cette judicieuse distinction entre les
plaintes et dénonciations et les réquisitions du ministère public, faisant droit au réquisitoire et en
adoptant les motifs, prononça, par arrêt du 24
août 1833, l'annulation du jugement qui lui était
déféré.

Un autre arrêt de la Cour de cassation du 14
mai 1835, et par conséquent postérieur à ceux que
je viens de citer, semble, sur quelques points, contenir une doctrine peu en rapport avec celle que
ces arrêts ont consacrée.

Un individu condamné en première instance
avait interjeté appel; il demanda communication
du dossier. Cette communication lui fut refusée.
Alors il s'adressa au tribunal d'appel, et ce tribunal ordonna que la communication aurait lieu au
greffe.

Le procureur du roi se pourvut contre ce jugement; mais son pourvoi fut rejeté par l'arrêt dont
je viens de parler, et qui se fonde principalement
sur ce que la communication des pièces, sur lesquelles peut s'appuyer la prévention, est nécessaire
au prévenu pour que sa défense soit libre et complète; que cette communication est donc de droit
naturel, et qu'il ne peut dès lors dépendre du mi-

nistère public de la refuser ou de l'accorder à son gré. Que les art. 302 et 305 du Code d'instruction criminelle font de cette communication un droit de tout accusé, et qu'il n'a pu entrer dans l'intention du législateur de refuser aux prévenus traduits devant le tribunal de police correctionnelle un moyen de défense aussi nécessaire, et qu'aucune disposition ne règle à leur égard autrement que ne le font les articles précités pour les individus traduits devant les Cours d'assises.

On reconnaît dans cet arrêt le soin avec lequel la Cour de cassation veille à ce que la défense soit toujours aussi libre que complète. Mais si son arrêt devait être considéré comme absolu et comme s'appliquant à toutes les phases de la procédure correctionnelle, ainsi que quelques expressions pourraient le faire penser, je crois que cet arrêt aurait dépassé le louable but qu'il se proposait et aurait méconnu la volonté du législateur.

En matière correctionnelle, la véritable instruction est celle qui se fait à l'audience ; souvent même il n'y en a pas d'autre, puisque l'art. 182 du Code d'instruction criminelle donne le droit de citation directe au ministère public et aux parties. De là une grande différence entre les affaires correctionnelles et les affaires criminelles qui doivent être rapportées à la chambre du conseil, puis à la chambre d'accusation, et qui par conséquent donnent nécessairement lieu à une procédure écrite; cette dif-

férence justifierait à elle seule les dispositions des
art. 302 et 305 du Code d'instruction criminelle,
quand bien même il ne s'agirait pas dans les affaires criminelles d'intérêts bien autrement graves, et
qui par cela même exigeaient des mesures toutes
spéciales. Aussi ces dispositions sont-elles textuellement restreintes aux procès criminels, et pour les
étendre aux procès correctionnels il ne suffit pas
que rien dans la loi ne le défende ; il faudrait, au
contraire, qu'un texte le permît positivement. Or,
il n'existe pas de disposition à cet effet. Le législateur n'a prescrit la communication des procédures
qu'aux seuls accusés. Si une semblable communication lui avait paru nécessaire en ce qui concerne
les prévenus, il l'aurait également ordonnée. Il ne
l'a pas fait, et il faut en conclure qu'il n'a pas voulu
que les dispositions spéciales des art. 302 et 305
devinssent une règle générale.

Mais en supposant même, comme semble l'établir l'arrêt précité, qu'on puisse, en matière correctionnelle, se prévaloir de ces articles, il faudrait
au moins ne pas aller plus loin qu'eux. Ils n'ordon-
nent la communication qu'après la mise en accusation, c'est-à-dire après que la chambre du conseil
a statué. On ne pourrait donc tout au plus commu-
niquer la procédure correctionnelle qu'après qu'elle
aurait été soumise à cette chambre et que cette
procédure serait prête à être portée à l'audience
publique , car jusque-là le caractère des faits n'est

point établi d'une manière certaine, et la chambre du conseil peut apercevoir des circonstances propres à les faire considérer comme des crimes. Dans le cas même où une ordonnance de la chambre du conseil est intervenue, la communication présente des inconvénients, car il arrive souvent que le tribunal correctionnel apprécie autrement que cette chambre les faits qui lui sont soumis, et ordonne un supplément d'information, lequel peut changer la nature de l'affaire et la rendre criminelle. Dans ce cas, la communication ne devant légalement avoir lieu qu'après la mise en accusation, celle qui aurait été faite constituerait une violation manifeste des articles cités.

Je crois donc que l'arrêt dont je m'occupe ne doit pas être considéré comme autorisant, en tout état de cause, la communication des procédures. Il faut, malgré les termes généraux qu'il contient, restreindre son autorité au cas spécial sur lequel la Cour avait à statuer. Il s'agissait, en effet, d'une affaire qui avait déjà reçu jugement et qui était portée devant le tribunal d'appel. Tous les renseignements fournis par l'instruction écrite avaient été révélés en audience publique. La communication ne présentait plus aucun des inconvénients qu'elle aurait eus à une époque antérieure du procès. Elle avait un intérêt réel pour le prévenu, qui pouvait mieux ainsi relever ses griefs d'appel, notamment par la lecture des notes du greffier qui lui rappelaient la substance des témoignages reçus, et lui permettaient de recourir à d'autres témoignages pour combattre ceux-ci.

Restreint à ce seul cas, celui de l'appel, je pense donc que la règle établie par l'arrêt précité est juste et convenable; mais hors ce cas, il faut, suivant moi, s'abstenir de faire une communication souvent dangereuse et non autorisée par la loi, et s'en tenir aux principes si sages développés dans les deux réquisitoires de M. le procureur général Dupin, que j'ai cités plus haut.

PRESTATION DE SERMENT.

Article 63, page 162.

Les greffiers ne peuvent exiger aucun salaire pour la rédaction des procès-verbaux constatant la prestation de serment des agents du gouvernement, ni pour la mention de cette prestation qu'ils doivent faire au bas ou en marge des commissions de ces agents. Cependant, si des copies séparées de ces procès-verbaux leur étaient demandées, soit par les agents eux-mêmes, soit par toute autre personne, ils seraient fondés à réclamer des droits d'expédition. Ces droits leur sont dus, en effet, toutes les fois qu'ils délivrent copie des pièces ou actes dont les minutes sont déposées dans leurs greffes.

La prestation de serment est une des formalités qui s'accomplissent le plus fréquemment. En général, elle ne donne pas lieu à des dépenses judiciaires proprement dites, puisqu'elle n'est soumise qu'à un droit d'enregistrement. Cependant, comme l'omission, ou même l'irrégularité de cette formalité, fait naître des nullités, et par conséquent occasionne des frais en pure perte, je pense qu'il rentre dans l'objet de cet ouvrage de rappeler les règles y relatives, que je n'ai trouvées nulle part complétement réunies.

La nécessité du serment a été reconnue sous l'ancienne législation comme sous la législation actuelle. C'est un préalable indispensable que tout fonctionnaire public doit remplir avant de commencer l'exercice de ses fonctions. La prestation de serment, comme l'a dit le chancelier d'Aguesseau, est *une prise de possession solennelle où la puissance publique achève de former le caractère de l'homme public*. L'omission du serment est non-seulement une cause de nullité pour les actes de l'agent qui n'a pas rempli cette formalité, mais de plus elle constitue un délit prévu et puni par l'art. 196 du Code pénal.

Il y a deux espèces de serment : l'un général, par lequel celui qui le prête s'engage non-seulement à se conformer aux lois, mais en outre jure obéissance au roi, et se lie ainsi au gouvernement qui lui confie une partie de son autorité.

C'est ce serment qui a été exigé de tous les fonctionnaires publics par la loi du 31 août 1830, laquelle loi n'a fait que confirmer, avec les modifications que les temps avaient rendues nécessaires, les dispositions de plusieurs lois précédentes, et notamment de celle du 21 nivôse an VIII.

Ce serment essentiellement politique ne concerne que les personnes qui exercent une autorité quelconque, et par conséquent ne saurait être exigé de celles qui ne sont assermentées que pour assurer la sincérité de leurs déclarations ou des opérations dont elles sont chargées. Ainsi, les témoins, les experts, les médecins appelés pour éclairer la justice ne doivent prêter que les serments spéciaux déterminés par les dispositions légales qui leur sont relatives.

Mais outre le serment général ou politique que doivent prêter les fonctionnaires publics, plusieurs classes de ces fonctionnaires sont astreintes à prêter un serment particulier, exclusivement relatif au service qui leur est confié. La nécessité pour ces agents de la prestation des deux serments est une conséquence naturelle de leur position, et a d'ailleurs été reconnue par la loi citée du 31 août 1830, qui autorise le double serment lorsqu'une loi l'a prescrit.

Depuis la promulgation de cette loi, une simple ordonnance peut-elle prescrire un serment supplétif non contraire au serment politique, mais qui rappelle d'une manière plus particulière des devoirs spéciaux aux agents que ce serment supplétif concernerait.

L'affirmative de cette question pouvait être soutenue par de très-forts arguments. Cependant, l'ordonnance du 26 octobre 1835 ayant astreint les gendarmes à ajouter au serment politique une promesse relative à leurs devoirs particuliers, plusieurs tribunaux éprouvèrent d'honorables scrupules à recevoir ce serment ainsi augmenté, et qu'ils considéraient comme contraire à la loi du

31 août 1830. Le gouvernement aurait pu faire porter la question devant la Cour de cassation, mais il n'usa pas de ce droit, et soumit un projet de loi aux Chambres. Ce projet y fut examiné et adopté ; il a été promulgué comme loi le 21 juin 1836.

Mais avant de prêter le serment exigé par cette loi, les gendarmes doivent, aux termes de l'art. 4 de l'ordonnance royale du 26 octobre 1835, produire une expédition de leur acte de naissance. Cette expédition est délivrée par le greffier du tribunal dans le ressort duquel est située la commune où chaque gendarme est né. La demande de cette expédition doit être accompagnée d'un bon sur la poste équivalent aux droits d'expédition (sur papier libre) et de légalisation. L'avance de cette dépense est faite par le trésorier de la légion de gendarmerie, et portée au compte individuel de l'intéressé (circulaire de M. le ministre de la guerre du 21 septembre 1837). Les expéditions d'actes de naissance délivrées dans les cas prévus par l'ordonnance du 26 octobre précitée, soit à des gendarmes tenus de prêter un nouveau serment, soit à des militaires qui désirent passer dans l'arme de la gendarmerie, sont affranchies du timbre, pourvu toutefois qu'il y soit fait mention de leur destination (décision de M. le ministre des finances du 8 mars 1836, fondée sur l'art. 16 de la loi du 13 brumaire an VII).

Il a été arrêté de plus, entre MM. les ministres de la justice et de la guerre, que quand la demande d'une expédition de l'acte de naissance serait formée par un gendarme, elle devrait être adressée par celui-ci directement au greffier du tribunal; mais que quand ce serait le conseil d'administration du corps qui ferait la demande, elle pourrait être adressée au procureur du roi.

Lorsque le gendarme a été admis au serment, le greffier doit en faire mention sur la commission même de ce militaire. Il n'a qu'à remplir et à signer un cadre préparé à cet effet sur cette commission. La mention est gratuite, conformément au principe établi en l'art. 12, titre XIII de la loi du 22 août 1791 (circulaire précitée de M. le ministre de la guerre).

Parmi les agents tenus à prêter outre le serment politique, un serment spécial, je citerai les employés des postes et les gardes-champêtres.

Aux termes de l'art. 2 de la loi du 29 août 1790, les employés des postes doivent prêter serment, devant les juges ordinaires des lieux, de garder et observer fidèlement la foi due au secret des lettres, et de dénoncer aux tribunaux toutes les contraventions qui parviendront à leur connaissance.

Les expressions *les juges ordinaires des lieux*, dont se sert la loi que je viens de citer, désignent suffisamment le tribunal de première instance comme devant recevoir le serment spécial des employés des postes. Il est généralement reconnu que ce sont ces tribunaux, quand il n'existe aucune disposition qui s'y oppose, qui doivent recevoir le serment politique prescrit par la loi du 31 août 1830. Il en résulte que les employés des postes doivent prêter simultanément les deux serments auxquels ils sont astreints, devant le tribunal de première instance du lieu où ils sont appelés à exercer leurs fonctions.

Le serment de garder et observer fidèlement la foi due au secret des léttres a quelquefois servi de motif aux employés des postes pour refuser de remettre à la justice des lettres qu'elle réclamait comme nécessaires à l'instruction criminelle.

Ce scrupule était évidemment mal fondé; mais comme il peut se reproduire, et qu'il serait une entrave à la marche des procédures, je vais faire connaître les raisons péremptoires qui le détruisent.

Que les employés ne doivent jamais violer le secret des correspondances dont ils sont chargés, c'est un principe incontestable qu'il faudrait respecter, quand bien même, d'une part, ces employés ne seraient pas astreints par un serment particulier à s'y conformer, et que, d'autre part, l'art. 187 du Code pénal n'aurait pas fait de sa violation un délit qu'il punit sévèrement.

Mais les employés des postes qui ne font qu'obtempérer à une ordonnance judiciaire, en livrant les correspondances dont ils sont dépositaires, se rendent-ils coupables de ce délit? La négative n'est pas douteuse.

Les art. 87 et 88 du Code d'instruction criminelle autorisent le juge d'instruction à saisir, en tous lieux, *les papiers* et autres objets qu'il juge utiles à la manifestation de la vérité. Ces dispositions, par la généralité de leurs termes, comprennent aussi bien les lettres confiées à la poste que les autres papiers. D'ailleurs, ces lettres mêmes peuvent constituer le corps du délit; mais la règle étant générale, il n'est pas nécessaire que cette circonstance se rencontre pour que les lettres soient saisies; il suffit que le juge ait des raisons sérieuses de croire qu'elles peuvent contenir des indices propres, comme le dit la loi, à amener la manifestation de la vérité.

Il est donc certain que les employés des postes ne peuvent refuser de remettre les lettres dont la recherche et la saisie sont ordonnées par une ordonnance du juge. Ces employés n'ont au surplus aucun intérêt à opposer un pareil refus; leur responsabilité se trouve couverte par l'ordonnance dont copie certifiée doit rester entre leurs mains. Une ordonnance de justice non attaquée est sans contredit l'un des actes auxquels les citoyens, quels qu'ils soient, doivent obéissance; et quand les employés des postes obtempèrent à un pareil acte, ils sont certainement protégés contre toute poursuite. Le principe posé dans l'art. 190 du Code pénal lève tous les doutes à cet égard.

Il paraît, du reste, qu'un avis du conseil d'état, comité des finances, émis en 1829, a reconnu qu'en ce qui concerne les lettres adressées à des individus en état de prévention, le Code d'instruction criminelle autorisant la saisie des papiers d'un prévenu, même hors de son domicile, sans en excepter les bureaux de poste, les agents de cette administration ne peuvent ni résister aux injonctions des magistrats, ni craindre de compromettre leur responsabilité en y déférant ; mais qu'à l'égard des lettres adressées à des tiers non accusés ou prévenus, les pouvoirs des magistrats ne peuvent s'étendre qu'à la saisie de celles de ces lettres qui, ayant été soustraites criminellement, constitueraient le corps du délit.

Ainsi, il ne peut plus s'élever de difficulté en ce qui concerne la saisie des lettres adressées à des prévenus, ni, par une conséquence naturelle, de celles que ces prévenus auraient écrites.

Mais la restriction relative aux lettres adressées à des tiers, et que les magistrats jugent nécessaires à la manifestation de la vérité, est-elle fondée? Je ne le crois pas ; et mon opinion à cet égard a été partagée par tous les magistrats que j'ai consultés, et par les ministres qui se sont succédé au ministère de la justice.

En effet, l'art. 87 du Code d'instruction criminelle se sert de la dénomination générale *papiers*, sans distinguer ceux qui appartiennent au prévenu ou à des tiers. L'art. 88 dispose d'une manière aussi générale, que la recherche peut être opérée dans les lieux autres que le domicile du prévenu ; les bureaux de la poste ne sont donc pas plus à l'abri des investigations de la justice, en ce qui concerne les lettres adressées à des tiers, que pour celles qui sont adressées aux prévenus. Et il y aurait véritablement une bizarrerie inexplicable, et qu'on ne peut supposer, si le législateur avait autorisé une recherche dans le domicile et parmi les papiers d'un individu ni prévenu ni accusé, sans l'autoriser à plus forte raison dans un dépôt public comme l'est un bureau de poste.

Il faut conclure de tout ceci, que le juge d'instruction, dans le cours ordinaire des informations, et le procureur du roi, agissant en cas de flagrant délit, conformément à l'art. 35 du Code d'instruction criminelle, peuvent rende ordonnance pour rechercher et se faire remettre les lettres déposées dans les bureaux de poste, toutes les fois qu'ils jugent ces lettres nécessaires à la manifestation de la vérité, et quelles que soient les personnes auxquelles ces lettres sont adressées.

Je n'ai pas besoin d'ajouter que les magistrats doivent user de la plus grande circonspection à cet égard. Il faut des motifs très-sérieux pour interrompre ainsi le cours des correspondances ; mais quand ces motifs existent, je n'hésite pas à penser que les magistrats eux-mêmes compromettraient gravement leur responsabilité et les intérêts si précieux de la justice, s'ils n'employaient pas, au besoin, les moyens que la loi met à leur disposition pour surmonter les résistances qu'on voudrait leur opposer.

Au surplus, les lettres adressées à des tiers ne doivent, autant que possible, être ouvertes qu'en présence de ceux-ci ; et si elles ne renferment rien qui paraisse utile à la procédure, il faut sur le-champ les rendre à la personne à qui elles appartiennent, en évitant avec le plus grand soin de donner aucune publicité à ce qu'elles contiennent.

L'art. 5 de la loi du 28 septembre — 6 octobre 1791, porte :

« Les gardes-champêtres... seront reçus par le
» juge de paix ; il leur fera prêter serment de veil-
» ler à la conservation de toutes les propriétés qui
» sont sous la foi publique, et de toutes celles dont
» la garde leur est confiée par l'acte de leur nomi-
» nation. »

Les gardes-champêtres sont fonctionnaires publics ; ils ont le caractère d'officiers de police judiciaire (art. 9 et 16 du Code d'instruction criminelle). Ils doivent donc prêter, outre le serment spécial dont je viens de parler, le serment politique prescrit par la loi du 31 août 1830.

La Cour de cassation a jugé, par arrêt du 10 juin 1843, que la prestation formelle des deux serments peut seule assurer l'efficacité légale des procès-verbaux des gardes-champêtres, puisque l'inaccomplissement de l'un d'eux suffit pour empêcher ces gardes d'acquérir le complément du caractère essentiel de leurs fonctions, et pour vicier leurs actes d'une nullité radicale.

Ce même arrêt a en outre jugé que c'est devant le tribunal de première instance de l'arrondissement dans lequel ils sont établis que les gardes-champêtres doivent prêter le serment politique dont l'art. 1er de la loi du 31 août 1830 contient la formule ; et il ajoute que cette loi ayant sans doute implicitement abrogé la disposition qui les obligeait à prêter devant le juge de paix le serment spécial qui leur est également imposé, il s'ensuit que le tribunal de première instance est compétent pour recevoir en même temps les deux serments.

Cet arrêt a tracé une règle qui était bien nécessaire ; car il résulte de la correspondance qu'il a fait naître, que jusque-là le mode de prestation de serment des gardes-champêtres était loin de présenter de l'uniformité.

Quelques-uns de ces gardes n'avaient prêté que l'un des serments ; d'autres les avaient prêtés tous deux, mais séparément : le serment spécial devant le juge de paix, et le serment politique tantôt devant le tribunal de première instance, tantôt devant le maire de leur commune.

Ce qu'il importait était que les deux serments fussent prêtés; quant au point de savoir s'ils devaient nécessairement, et dans tous les cas, être reçus par le tribunal de première instance, comme la Cour de cassation l'a jugé, la solution avait moins d'intérêt et présentait plus de difficulté.

Si, en effet, il est d'usage que le serment politique exigé par la loi du 31 août 1830 soit prêté devant le tribunal de première instance, il est cependant à remarquer que cette loi ne contient aucune disposition à cet égard; elle prévoit même un cas, celui du serment des officiers de terre et de mer, où évidemment on ne peut recourir à l'intervention des tribunaux de première instance; d'où l'on peut conclure que le vœu de cette loi est rempli quand le serment qu'elle prescrit est prêté devant une autorité déjà investie du droit de recevoir un autre serment; et comme le juge de paix a été revêtu de ce pouvoir par la loi de 1791, en ce qui concerne les gardes-champêtres, il paraît hors de doute qu'il peut, sans illégalité, recevoir les deux serments que ces gardes doivent prêter.

Aussi y a-t-il tout lieu de croire que la Cour de cassation, en admettant la compétence des tribunaux de première instance pour recevoir ces deux serments, a voulu seulement éviter aux gardes-champêtres la nécessité de comparaître devant des juridictions distinctes pour l'accomplissement de deux formalités également nécessaires à la validité de leurs actes, et qui par conséquent doivent toujours précéder leur entrée en fonctions.

C'est d'après ces motifs que M. le garde des sceaux, consulté par plusieurs magistrats sur les difficultés que l'arrêt de la Cour de cassation avait fait naître, a émis l'avis :

1° Que les gardes-champêtres nommés à l'avenir devront prêter les deux serments qui leur sont imposés devant le tribunal de première instance, afin de se conformer à la jurisprudence de la Cour de cassation, et afin de donner plus de solennité à cette importante formalité ;

2° Que les gardes-champêtres en fonctions, qui n'ont prêté que le serment prescrit par la loi de 1791, doivent, dans le plus court délai, prêter celui qui est prescrit par la loi de 1830 ; mais que ce second serment peut, sans illégalité, être reçu par le juge de paix devant lequel le premier a été reçu ;

3° Qu'aucune loi n'attribuant aux maires le droit de recevoir ni l'un ni l'autre des serments que doivent prêter les gardes-champêtres, le serment politique prêté par ceux-ci seulement devant le maire de leur commune ne peut être considéré comme valable, et doit par conséquent être renouvelé devant l'autorité compétente ;

4° Enfin, que toutes les règles de solution dont

il vient d'être parlé s'appliquent aussi bien aux
gardes-champêtres des particuliers qu'aux gardes-
champêtres des communes , puisque les uns et les
autres sont également officiers de police judiciaire,
et que c'est surtout à raison de cette qualité qu'ils
sont tenus de prêter le serment politique.

Ces règles sont certainement les seules qui pouvaient concilier la jurisprudence de la Cour de cassation avec le vœu de la loi et les convenances du
service. Cependant elles ne sont pas généralement
suivies. Quelques tribunaux, en présence du texte
qui attribue aux juges de paix le droit de recevoir
le serment spécial des gardes-champêtres, se sont
déclarés incompétents pour recevoir ce serment, et
n'ont admis les gardes-champêtres à prêter devant
eux que le serment politique.

En pareil cas, je crois que la seule chose qu'il
convienne de faire, c'est de renvoyer les gardes devant le juge de paix de leur canton pour y compléter la formalité de leur double serment.

Cependant, je ne dois pas laisser ignorer que
postérieurement aux instructions de M. le garde
des sceaux, que je viens de rappeler, la Cour de
cassation, sections criminelle et civile, a jugé de
nouveau à diverses reprises que le double serment
des gardes-champêtres ne peut être valablement
reçu que par le tribunal de première instance, ce
qui n'a pas empêché quelques tribunaux de continuer à refuser d'exercer un droit qu'aucun texte

légal ne leur accorde explicitement. De là de fâcheux conflits, qui ne pourront cesser que par une loi interprétative de la loi du 31 août 1830.

La loi n'a pas déterminé d'une manière précise l'autorité qui doit recevoir le serment des agents chargés de constater les contraventions en matière de grande voirie, et notamment des agents des ponts-et-chaussées.

Le seul texte que je connaisse est celui de l'art. 2 de la loi du 29 floréal an x, portant : « Les contraventions seront constatées concurremment par les maires ou adjoints, les ingénieurs des ponts-et-chaussées, leurs conducteurs, les agents de la navigation, les commissaires de police et par la gendarmerie. A cet effet, ceux des fonctionnaires publics ci-dessus désignés qui n'ont pas prêté serment en justice, le prêteront devant le préfet. »

La rédaction de cette dernière disposition est peu claire. Elle semble ne statuer que sur l'état de choses qui existait au moment où la loi a été promulguée. Mais je crois que son véritable sens était que tous ceux des agents désignés qui n'avaient pas encore prêté serment en justice, le prêteraient devant le préfet.

Maintenant, tous les fonctionnaires publics devant, avant d'entrer en fonctions, prêter le serment prescrit par la loi du 31 août 1830, cette disposition est devenue inutile, si ce n'est en ce qu'elle décide implicitement qu'un seul serment suffit.

Ainsi, quand il a été prêté devant l'autorité judiciaire, il ne doit pas être renouvelé devant l'autorité administrative.

C'est devant cette dernière autorité que les commissaires de police, les maires et adjoints prêtent serment. L'art. 2 de la loi du 5 juin 1792 et l'art. 5 de l'arrêté du 19 floréal an VIII, ne laissent aucun doute à cet égard. Cependant ces fonctionnaires sont tous officiers de police judiciaire; ils participent même, sous un autre rapport, plus directement à l'administration proprement dite de la justice, les maires comme présidents du tribunal de simple police (art. 166 du Code d'instruction criminelle), et plus souvent, ainsi que les adjoints et les commissaires de police, comme exerçant le ministère public près la même juridiction (art. 144 et 167 du Code précité). Il n'est donc pas indispensable, comme la Cour de cassation l'a jugé à l'égard des gardes-champêtres, qu'un agent, par cela seul qu'il est officier de police judiciaire, soit tenu de prêter serment devant le tribunal de première instance. L'argument qu'on peut tirer de là contre la jurisprudence de cette Cour est d'autant plus fort, qu'il s'agit, pour les commissaires de police, les maires et les adjoints, du seul serment politique, sans adjonction d'un serment spécial.

Je pense, quoique aucune loi ne le dise, que c'est aussi devant l'autorité administrative que les ingénieurs des ponts-et-chaussées doivent remplir cette formalité ; mais quant aux agents inférieurs de la même administration, ainsi qu'aux autres agents désignés dans la loi précitée, il me semble que leurs procès-verbaux donnant souvent lieu à des poursuites devant les tribunaux de répression, c'est le tribunal de première instance qui doit recevoir leur serment. L'usage est, du reste, conforme à cette opinion.

J'ai dit plus haut que les gardes-champêtres des particuliers devaient être en tout assimilés aux gardes-champêtres des communes en ce qui concerne la formalité du serment. Les uns et les autres sont également officiers de police judiciaire ; c'est ce qui résulte de la relation des art. 16 et 20 du Code d'instruction criminelle.

Quant aux gardes forestiers des particuliers, aucun doute ne peut s'élever sur la juridiction qui doit recevoir leur serment. L'art. 15 de la loi du 15 floréal an XI attribue formellement la réception de ce serment au tribunal de première instance. Il doit être prêté à l'audience de la chambre que tient le président (art. 65 du décret du 30 mars 1808), et comme ce magistrat tient habituellement l'audience civile, c'est à cette audience que la formalité dont il s'agit est généralement remplie.

De là la question de savoir si le ministère d'un avoué doit être requis pour la présentation des gardes particuliers qui demandent à être assermentés. Un arrêt de la Cour de cassation, du 20 septembre

1823, a non-seulement décidé la négative, mais aussi jugé que les gardes des particuliers n'étant astreints au serment que pour assurer le caractère de la vérité à leurs procès-verbaux, qui font foi jusqu'à la preuve contraire, ils ne pouvaient être valablement admis à prêter ce serment que sur la présentation du ministère public, sous la surveillance duquel ils sont placés.

L'obligation d'être présentés au serment par le ministère public me paraît s'étendre à tous les agents qui sont astreints à remplir cette formalité à raison des fonctions publiques qui leur sont confiées. En effet, les avoués ne pouvant se présenter que dans un intérêt civil, leur ministère ne serait pas suffisant pour l'accomplissement d'une formalité qui se rattache à l'ordre public. On doit donc éviter l'intervention de ces officiers ministériels, qui occasionnerait des frais inutiles. C'est ce qui a été formellement reconnu pour les préposés des contributions indirectes par l'art. 20 de l'arrêté du 1er germinal an XIII.

Le même article dispose que ces préposés peuvent prêter le serment qui leur est imposé devant le juge de paix, ou le tribunal civil de l'arrondissement dans lequel ils exercent; et un arrêt de la Cour de cassation, du 28 février 1829, a jugé, quant aux préposés des contributions indirectes, qu'ils ne doivent pas renouveler leur serment quand ils changent de résidence. Il suffit, en pareil cas, qu'ils fassent enregistrer l'acte de leur prestation de serment au greffe du tribunal dans le ressort duquel ils sont appelés. C'est ce qui a été également prescrit pour les préposés des douanes par l'art. 13, titre 13, de la loi du 22 août 1791, et par l'art. 65 de la loi du 21 avril 1818, et, pour les agents et préposés de l'administration des forêts, par l'art. 5 du Code forestier.

Cette règle est générale et doit, par conséquent, être appliquée à tous les agents de l'administration publique, soit qu'ils changent de résidence, soit qu'ils remplacent momentanément un de leurs collègues dans un autre arrondissement, soit, enfin, qu'ils aient mission d'exercer leurs fonctions dans plusieurs arrondissements à la fois.

Cette opinion a été exprimée par M. le garde des sceaux au sujet des vérificateurs des poids et mesures. La même règle a été tracée pour les préposés de l'octroi par l'ordonnance du 9 décembre 1834.

Aucun magistrat ne peut entrer en fonctions avant d'avoir prêté serment. C'est une règle générale posée par le titre 7 de la loi du 24 août 1790. Ce serment est maintenant celui qui a été prescrit par la loi du 31 août 1830.

Il est prêté, par les juges de paix et leurs suppléants, devant le tribunal civil de leur arrondissement ; par les membres du tribunal de première instance, y compris les juges suppléants et les officiers du ministère public, devant la Cour royale du ressort ; par les membres des Cours royales, devant ces cours. Il n'y a d'exception qu'à l'égard du premier président et du procureur général, qui sont admis à l'honneur de prêter serment entre les mains du roi. Cette exception pourrait, à la rigueur, être fondée sur l'ordonnance du 3 mars 1815; mais comme, d'une part, cette ordonnance ne statuait pas d'une manière générale, et comme, d'autre part, elle n'a pas reçu d'exécution dans ses autres parties, je pense, comme M. le garde des sceaux l'a dit dans sa circulaire du 27 octobre 1829, que c'est par suite d'un usage et non d'une règle que les chefs des Cours royales prêtent serment devant le roi. Aussi la même circulaire exprime-t-elle l'opinion que si ces magistrats sont transférés d'un siége dans un autre, et si un nouveau serment semble nécessaire, ils peuvent le prêter devant la Cour au sein de laquelle le roi les appelle à siéger.

La question que la circulaire laissait indécise, celle de la nécessité d'un nouveau serment, a été jugée négativement par arrêt de la Cour de cassation du 21 juillet 1832.

Quant aux magistrats autres que les premiers présidents et les procureurs généraux, qui changent de résidence sans changer de qualité, la même circulaire recommande de leur faire prêter un nouveau serment, quoique nulle disposition ne les y oblige, attendu qu'il est plus sage de s'astreindre à une mesure qui, si elle est inutile, n'entraîne qu'une formalité surabondante, et dont l'omission pourrait être une cause de nullité.

Cette recommandation a été suivie, et il est d'usage que les magistrats qui passent en la même qualité à un autre siége y renouvellent leur serment. Cet usage devient une obligation indispensable pour ceux qui sont appelés à d'autres fonctions que celles qu'ils exerçaient précédemment et qui en sont tout à fait indépendantes. Quant aux nouvelles fonctions dont ils peuvent être investis, à raison du caractère dont ils sont revêtus, notamment quand un simple juge est nommé juge d'instruction, un nouveau serment n'est pas nécessaire, attendu que celui qui a déjà été prêté embrasse indistinctement toutes les fonctions inhérentes à la qualité du magistrat qui a rempli cette formalité, même celles pour l'exercice desquelles il faut un choix ou une délégation. C'est ce que la Cour de cassation a jugé par un arrêt du 6 mai 1829, inséré dans le Recueil Sirey, année 1829, page 432.

La même décision s'applique avec encore plus de force aux conseillers qui sont chargés de présider les assises. Ces magistrats n'exercent qu'une mission temporaire qui ne peut leur être confiée qu'à raison même de leur qualité de membres de la Cour royale; la présidence des assises rentre dans le cercle de leur service habituel et par conséquent n'exige pas la prestation d'un nouveau serment.

Les avocats, avant d'entrer au barreau, doivent prêter le serment spécial dont la formule se trouve dans l'article 38 de l'ordonnance royale du 20 novembre 1822. Ceux qui sont présents lors de la rentrée annuelle des cours, renouvellent ce serment (art. 35 du décret du 6 juillet 1810); mais comme ils ne sont pas fonctionnaires publics, on ne peut les astreindre à prêter en outre le serment déterminé par la loi du 31 août 1830. Ce dernier serment ne devient obligatoire pour eux que quand ils sont appelés à siéger dans les tribunaux à défaut de juges et de juges suppléants (Circulaire de M. le garde des sceaux du 5 janvier 1831); en pareil cas ils sont investis d'une partie de la puissance publique, et doivent par conséquent être assujettis aux mêmes formalités que les magistrats dont ils partagent les travaux. Toutefois je pense que ce serment ne doit pas être renouvelé chaque fois que l'avocat qui l'a prêté monte sur le siége; il conserve sa force et ne devrait être prêté de nouveau que si l'avocat changeait de résidence et de juridiction.

Quant aux notaires, avoués, huissiers et autres officiers ministériels, ils doivent prêter serment avant d'entrer en fonctions. Comme d'une part ils sont institués par le roi et sont qualifiés du titre de fonctionnaires publics, par l'art. 1er de la loi du 25 ventôse an XI et par l'art. 91 de la loi du 28 avril 1816, et comme d'autre part, aucune formule spéciale de serment ne leur a été imposée, c'est évidemment le serment prescrit par la loi du 31 août 1830 qu'ils sont tenus de prêter.

D'où il résulte que quand les avoués, à défaut de juge ou d'avocat, sont appelés à faire partie d'un tribunal, se trouvant déjà dûment assermentés, ils ne sont pas obligés, comme les avocats, à remplir cette formalité.

HUISSIERS.

Chapitre 6, page 165.

Les salaires des huissiers s'élèvent annuellement à plus de 1,300,000 francs. Ces officiers sont en effet employés dans toutes les phases des procédures; leurs actes sont très-nombreux; et comme M. le garde des sceaux le fait remarquer dans sa circulaire du 16 août 1842, de graves abus ne tarderaient pas à s'introduire dans le règlement des frais qu'ils occasionnent, si les magistrats, par une vigilance qui ne doit jamais se ralentir, ne s'efforçaient pas de les prévenir.

La même circulaire prescrit aux huissiers de rédiger leurs mémoires par ordre de dates, et d'indiquer les affaires auxquelles chaque article est relatif, en désignant succinctement la nature et les circonstances des crimes, délits et contraventions qui ont motivé leurs diligences. La circulaire ajoute que la même indication devant se trouver sur le registre tenu au parquet, conformément à l'art. 83 du décret du 18 juin 1811, il suffit de faire avec soin la comparaison de chaque article de dépense, pour être certain qu'il est réellement dû, que le montant n'est pas exagéré, et que, par conséquent, il doit être alloué.

Malgré cette recommandation implicite de tenir

avec soin le registre dont parle la circulaire, recommandation précédemment faite par diverses instructions dont j'ai fait mention dans mon premier ouvrage, j'ai quelques raisons de croire que, dans beaucoup de parquets, ce registre est tenu d'une manière incomplète ou même n'existe pas.

Cependant seul il peut fournir le moyen facile de contrôler les mémoires des huissiers. Sans ce registre, le contrôle des magistrats ne saurait s'exercer qu'en examinant les dossiers des nombreuses procédures dans lesquelles les huissiers ont instrumenté. Or, un pareil examen est presque impossible, ou du moins entraînerait un long et minutieux travail qui nuirait aux occupations déjà si considérables du ministère public.

Cependant, il faut bien que les magistrats vérifient la sincérité des réclamations des huissiers, avant de requérir que leurs mémoires soient rendus exécutoires. Autrement, ils encourraient la responsabilité dont parle l'art. 141 du décret du 18 juin 1811, et ils s'exposeraient à ce que des rôles de restitution fussent dressés contre eux conformément à l'art. 172 du même décret. Cette mesure si fâcheuse pourrait être prise lors même que leur religion aurait été trompée par les huissiers. Ils ne doivent donc négliger aucun moyen de s'éclairer à cet égard, et le plus sûr est, comme je l'ai déjà dit, la tenue exacte et régulière du registre, si impérieusement prescrit par le décret du 18 juin 1811.

Les magistrats qui, jusqu'à présent, peuvent avoir omis d'ouvrir ce registre doivent, dans leur propre intérêt, mais bien plus encore dans l'intérêt public, réparer promptement cette grave irrégularité. Ils auront ainsi la facilité de surveiller bien plus efficacement les dépenses causées par les salaires des huissiers, et ils acquerront la certitude si nécessaire que chacun des articles qu'ils admettront à la taxe sera réellement dû et n'excédera pas le taux des actes tel qu'il est fixé par le tarif.

M. le garde des sceaux, par sa circulaire du 26 décembre 1845, a recommandé de nouveau la plus stricte surveillance en ce qui concerne les salaires des huissiers, dont le montant s'accroît chaque année. Voici les propres termes de cette circulaire : « On ne saurait soumettre les mémoires de ces officiers ministériels à un trop minutieux examen, afin d'en retrancher toutes les allocations qui ne sont pas suffisamment justifiées, et surtout d'éviter les doubles emplois. Par exemple, quand il s'agit de transport opéré d'après les ordres du ministère public, il ne faut rien négliger pour s'assurer si, le même jour, l'huissier ne s'est pas rendu dans la même commune, à la requête soit des parties civiles, soit des administrations publiques. En pareil cas, la taxe qui n'a pour objet que d'indemniser l'huissier de ses dépenses de voyage ne doit lui être allouée qu'une fois, quels que soient le nombre et la nature des exploits qu'il a faits. »

J'ajouterai que cette vérification sera toujours facile, notamment quand il s'agit de diligences faites à la requête des administrations publiques, attendu que les préposés de ces administrations ne se refuseront jamais à fournir à cet égard des renseignements qui doivent servir les intérêts particuliers de leurs administrations respectives aussi bien que ceux de l'état.

La disposition absolue de l'art. 35 du décret du 14 juin 1813 a fait naître la question de savoir si la règle rappelée dans la circulaire de M. le garde des sceaux ne devait pas s'étendre au cas où un huissier aurait fait simultanément le même jour, dans la même commune, des diligences en matière criminelle et en matière civile. Cette question a été résolue négativement par les motifs suivants :

1° L'art. 35 précité, comme plusieurs autres articles du même paragraphe, notamment les art. 29, 30, 31, 32 et 33, paraît devoir être restreint aux matières criminelles;

2° L'indemnité en matière civile est beaucoup plus forte que celle qui est allouée en matière criminelle. Évidemment ce serait la fixation la plus considérable qui devrait être prise pour base de la répartition des frais entre les deux parties qui auraient employé l'huissier, et il en résulterait que l'économie sur les frais du procès criminel serait à peine appréciable;

3° Enfin, il serait bien difficile de constater les

voyages faits par les huissiers dans des intérêts distincts, quand les procédures qui auraient donné lieu à ces voyages seraient d'une nature différente..

Cependant il est un cas où j'estime que l'huissier qui a instrumenté en même temps en matière civile et en matière criminelle, ne doit recevoir qu'une seule indemnité de transport, c'est celui où il a agi à la requête d'une seule et même partie ; il ne peut alors réclamer que l'indemnité la plus forte.

A l'occasion de la surveillance active qu'on doit exercer pour éviter que les huissiers réclament de doubles frais de transport, on a demandé si le procureur du roi, afin d'assurer cette surveillance, peut exiger que les huissiers résidant dans des communes éloignées du chef-lieu de l'arrondissement apportent au parquet leur répertoire ? M. le garde des sceaux a reconnu que ce droit n'est pas douteux, et qu'il est la suite du droit de contrôler les mémoires que les huissiers produisent, contrôle qui doit être exercé par tous les moyens possibles, dans l'intérêt du trésor et des parties.

Certainement les huissiers ne sauraient légitimement se soustraire à l'obligation de soumettre leur répertoire aux magistrats du ministère public, mais j'estime que ces magistrats doivent user de ce droit avec une grande circonspection, et surtout éviter de faire venir les huissiers au chef-lieu uniquement à cet effet. Il convient en général de ne pas obliger sans nécessité positive et réelle ces officiers à des déplacements toujours coûteux, et qui ont en outre le grave inconvénient de les détourner de leurs occupations.

RÉSIDENCE DES HUISSIERS.

Article 66, page 171.

Cet article est ainsi conçu :

« Les Cours royales pourront fixer le lieu de la
» résidence de tous les huissiers de leur ressort, et
» la changer sur la réquisition de notre procureur
» général. »

L'art. 16 du décret du 14 juin 1813 porte : « Les
» huissiers ordinaires seront tenus, sous la même
» peine (le remplacement), de garder la résidence
» qui leur aura été assignée par le tribunal de pre-
» mière instance. »

D'après cette nouvelle disposition, la résidence
des huissiers doit être maintenant fixée par les tribunaux de première instance. Aucun doute ne peut
s'élever à cet égard.

Mais le décret de 1813 n'ayant point parlé du
changement de la résidence antérieurement fixée,
la Cour royale a-t-elle conservé sur ce point le
droit que lui conférait le décret de 1811 ? Subsi-
diairement, peut-elle connaître par appel de la décision des juges de première instance, la réformer
et maintenir ou changer l'ancienne résidence ?

Ces deux questions n'étaient pas sans difficulté,
en ce qu'elles ne pouvaient être résolues que par

induction. Aussi ont-elles occupé sérieusement les tribunaux , et il a fallu recourir à l'autorité de la Cour de cassation pour les trancher.

Le décret de 1811 ayant expressément accordé à la Cour royale le droit de changer la résidence des huissiers, il aurait été certainement préférable que le décret de 1813, en attribuant la fixation aux tribunaux de première instance, les eût aussi investis du droit de la changer. Mais nonobstant son silence à cet égard , on ne peut douter que l'intention des auteurs du décret de 1813 n'ait été d'abroger complétement l'art. 66 du décret de 1811. En effet, ce décret, art. 69, ordonnait la rédaction d'un règlement ultérieur sur l'organisation, la résidence et le service des huissiers, et par cela même indiquait suffisamment que ses dispositions relatives aux mêmes objets n'étaient que provisoires et ne devaient avoir d'autorité que jusqu'à la promulgation du nouveau règlement. Ce règlement a été fait; c'est le décret du 14 juin 1813; il contient un paragraphe particulier, intitulé : *De la résidence des huissiers.* C'est donc dans ce paragraphe, qui a implicitement abrogé les dispositions antérieures, qu'il faut chercher tout ce qui est relatif à la résidence des huissiers, aussi bien pour la fixation que pour le changement de cette résidence; or, comme le droit de changer la résidence tient par sa nature au droit de la fixer et s'identifie avec lui , il est certain que les tribunaux de première instance, investis du premier de ces droits, doivent par cela même exercer le second.

Les décisions que les tribunaux prennent à ce sujet ne sont pas soumises à l'appel. Les Cours royales statuaient souverainement sur la résidence des huissiers : cette attribution a été transportée d'une manière également souveraine aux tribunaux de première instance ; en un mot la législation n'a admis en cette matière qu'un seul degré d'autorité. Par le décret de 1811, les Cours royales formaient ce degré ; par le décret de 1813, ce sont maintenant les tribunaux de première instance. D'ailleurs la fixation de la résidence des huissiers n'est point une question contentieuse à laquelle les principes du droit commun sur l'appel soient applicables ; cette fixation constitue seulement un acte d'administration judiciaire, fondé sur les besoins du service et l'intérêt des justiciables, besoins et intérêts que les tribunaux de première instance plus rapprochés des localités peuvent mieux apprécier que les Cours royales. Ces tribunaux doivent donc user dans sa plénitude et sans contrôle de la délégation spéciale qui leur a été faite.

Ces principes ont été établis de la manière la plus positive par un arrêt de la Cour de cassation, du 4 février 1834, rendu sur le réquisitoire conforme de M. le procureur général Dupin.

Il résulte implicitement des art. 17, 18 et 19, du

décret du 14 juin 1813, qu'il y aura au moins un huissier par canton, et qu'il devra, autant que faire se pourra, résider au chef-lieu ; la raison seule suffirait pour établir cette règle quand bien même le décret ne l'aurait pas posée. Il est indispensable que les juges de paix et les parties aient près d'eux un officier public au ministère duquel il faut forcément recourir pour l'introduction des instances et pour la plupart des actes de procédure. C'est surtout en matière criminelle que ce besoin se manifeste impérieusement; on ne saurait admettre qu'un juge de paix ayant à instruire, soit dans le cas de flagrant délit, soit dans le cas de délégation du juge d'instruction, fût forcé de suspendre son enquête pour appeler l'huissier d'un canton voisin et le charger de la citation des témoins qu'il doit entendre; on comprend combien un tel état de choses serait contraire à la bonne administration de la justice, en ce qu'il pourrait permettre aux prévenus soit de fuir, soit de circonvenir les témoins, soit enfin de faire disparaître ces preuves fugitives qu'on ne peut ordinairement recueillir qu'au moment où le crime vient d'être découvert, et qui échappent presque toujours aux investigations ultérieures. D'ailleurs, sous un autre rapport, l'appel de l'huissier d'un autre canton présente encore le grave inconvénient d'augmenter les frais de justice au détriment de l'état, des parties poursuivantes et des condamnés solvables qui en définitive doivent supporter les dépenses que leur procès a occasionnées. Il est juste en effet qu'un huissier qu'on requiert d'instrumenter dans un autre canton que celui de sa résidence reçoive l'indemnité de transport pour le nombre de kilomètres qu'il a parcourus, en allant et revenant; cette indemnité du reste est difficile à régler, attendu que le tableau formé en exécution de l'art. 93 du décret du 18 juin 1811, ne fait connaître que les distances de chaque commune au chef-lieu de canton, au chef-lieu d'arrondissement, au chef-lieu de département, et ne fournit par conséquent aucun moyen d'évaluer d'une manière certaine la distance entre deux chefs-lieux de canton.

Les motifs les plus puissants exigent donc qu'il y ait au moins un huissier par canton. Cependant il n'en est pas partout ainsi : quelques cantons renferment un petit nombre de communes et une population très-faible, et les tribunaux dans le ressort desquels ces cantons sont situés, se fondant sur ce que les huissiers qu'on y enverrait n'y seraient pas suffisamment occupés pour pourvoir honorablement à leur subsistance, ont pris des arrêtés portant qu'il ne serait pas établi d'huissiers dans ces cantons, et que le service y serait fait par les huissiers des cantons limitrophes.

Sans doute il faut, autant que possible, consulter l'avantage des huissiers lorsqu'il s'agit de fixer leur résidence; mais ces ménagements ne doivent pas aller jusqu'à compromettre le service, ou au moins à en accroître les dépenses. Je n'hésite donc pas à penser que les arrêtés dont je viens de parler, évidemment contraires à l'intention du législateur, sont de mauvaises mesures qui tendent jusqu'à un certain point à entraver le cours régulier de la justice. Cependant nulle voie n'est ouverte pour les faire réformer, puisque, ainsi que je l'ai dit plus haut, les tribunaux de première instance statuent souverainement en cette matière.

Il faut donc examiner une difficulté qui naît de ce fâcheux état de choses : les tribunaux en décidant qu'il n'y aura pas d'huissiers dans tels cantons, déterminent toujours quels sont les huissiers qui iront y instrumenter. Ces huissiers sont ils autorisés par cette délégation à agir valablement dans un autre canton que celui de leur résidence? L'affirmative n'est pas douteuse; elle résulte positivement, dans le cas dont il s'agit, du § 2 de l'art. 28 du décret du 14 juin 1813; mais, d'un autre côté, l'art. 1er de la loi du 5 pluviôse an XIII, et les dispositions subséquentes exigent la délivrance d'un mandement exprès pour faire sortir les huissiers de leur canton; et ce mandement exprès peut seul d'ailleurs autoriser les huissiers à réclamer les indemnités extraordinaires de transport qui leur sont dues quand ils instrumentent hors de leurs limites habituelles.

Or, l'huissier qui va ordinairement instrumenter dans un canton voisin ne peut pas remplir cette condition ; d'une part, la délégation générale des tribunaux ne peut tenir lieu du mandement exprès ; et d'autre part, ce mandement doit être délivré spécialement pour chaque affaire où la nécessité s'en fait sentir ; enfin les magistrats des tribunaux de première instance ont seuls le droit de le donner. De sorte que le juge de paix qui appelle pour son service l'huissier d'un autre canton est sans pouvoir pour lui faire allouer la juste indemnité que son transport devrait lui procurer.

C'est certainement encore un nouveau motif pour faire revenir les tribunaux qui ont refusé de placer des huissiers dans tous les cantons, sur une détermination qui a de telles conséquences.

Un moyen se présente pour remédier à cet état de choses. Les huissiers sont institués plus encore dans l'intérêt du service que seuls ils peuvent faire, que dans leur propre intérêt. Dès lors, quand il serait reconnu d'une manière incontestable que le nombre des affaires qui naissent habituellement dans un canton est trop restreint pour procurer à l'huissier qui y serait fixé à demeure des émoluments suffisants, ne pourrait-on pas exiger des autres huissiers de l'arrondissement qu'ils y allassent successivement fixer leur résidence pendant un temps que le tribunal déterminerait ? On ne peut méconnaître que ces huissiers éprouveraient ainsi un certain préjudice ; mais ce préjudice partagé entre tous deviendrait peu sensible pour chacun, et, dans tous les cas, comme le service doit se faire avant tout, et comme pour être régulièrement fait il exige impérieusement la présence d'un huissier dans chaque canton, il me semble qu'il faudrait employer le moyen que je viens d'indiquer, s'il n'en existait pas d'autres, d'assurer la marche régulière de la justice.

Toutefois, je ne me dissimule pas les difficultés qui peuvent s'opposer à l'adoption d'une pareille détermination. Ces difficultés sont de telle nature que les tribunaux pourront bien reculer devant elles. Je pense donc que tant qu'il n'aura pas été pourvu au défaut d'huissiers dans certains cantons, en ce qui concerne les diligences faites à la requête du procureur du roi, ce magistrat ne doit pas hésiter à employer le moyen autorisé par la circulaire du 23 septembre 1812, dont j'ai parlé à la page 234 de mon précédent ouvrage. Ce moyen consiste à charger les huissiers du chef-lieu judiciaire de tous les actes de leur ministère dans les différents cantons de l'arrondissement, à la charge par ces huissiers de ne réclamer que le montant des salaires qui seraient dus aux huissiers qui résideraient dans les cantons où ils iraient instrumenter. Les huissiers du chef-lieu trouvent à cet arrangement un avantage certain, en ce qu'il accroît les diligences dont ils sont chargés, et le service est ainsi assuré. Aussi M. le garde des sceaux

a-t-il spécialement recommandé cet usage, notamment pour les cantons dépourvus, momentanément ou définitivement, des huissiers qui y sont
nécessaires.

SIGNIFICATION DES ARRÊTS ET JUGEMENTS.

Article 70, page 174.

Cet article autorise la signification des jugements sur les minutes qui doivent, à cet effet, être confiées par les greffiers aux huissiers, sous le récépissé de ceux-ci, et à la charge par eux de réintégrer ces minutes dans les vingt-quatre heures qui suivent la signification.

Ce mode économique a été souvent recommandé par les ministres qui se sont succédé au département de la justice.

Dans les derniers temps, on y a substitué un autre procédé, qui présente le même avantage et qui n'a pas l'inconvénient de déplacer les minutes et de les exposer à une perte souvent irréparable.

Voici comment s'explique, à cet égard, la circulaire de M. le garde des sceaux du 16 août 1842, paragraphe 8 :

« L'art. 70 du même règlement (18 juin 1811) autorise la signification sur la minute des jugements dont il n'a pas été délivré d'expédition. Ce mode de procéder, très-économique, doit être employé toutes les fois qu'on peut le faire sans inconvénient. Quelques greffiers manifestent de la répugnance à confier momentanément leurs minutes aux huissiers ; ils craignent de compromettre leur responsabilité, qui est cependant toujours couverte par le récépissé qu'ils sont en droit d'exiger. On peut les rassurer en adoptant un usage qui s'est établi dans beaucoup de tribunaux. Cet usage est d'admettre les huissiers au greffe pour y faire la copie des jugements sans déplacement des minutes. Il en résulte un double avantage : celui de mieux assurer la conservation des minutes, et celui d'étendre la faculté de signifier les jugements sans lever d'expédition, au cas même où la partie à laquelle la signification doit être faite résiderait très loin du chef-lieu judiciaire. Je recommande l'adoption générale de cet usage, et je compte sur la fermeté des magistrats pour vaincre les résistances mal fondées qu'elle pourrait éprouver. »

Il est superflu de faire observer que cette règle, quelque générale qu'elle paraisse, ne peut être observée que quand les significations doivent être faites par les huissiers résidents dans les villes où siége le tribunal. Évidemment quand ces mêmes significations sont confiées à des huissiers de canton, on ne peut exiger que ceux-ci se transportent à leurs frais au greffe pour y faire les copies des jugements, et si ce transport devait leur être payé, cette dépense absorberait et au delà l'économie sur le coût des expéditions qu'on se serait dispensé de lever. Mais cette difficulté doit se présenter rarement, attendu que presque partout ce sont les huissiers audienciers qui, en vertu de l'autorisation donnée par le ministre de la justice, sont exclusivement chargés des exploits faits dans tout l'arrondissement à la requête du ministère public, sous la condition de ne réclamer que les frais et honoraires qui auraient été payés aux huissiers des cantons respectifs où les diligences doivent se faire.

Quoi qu'il en soit, l'usage de laisser prendre au greffe par les huissiers copie des jugements qu'ils ont à signifier s'est généralement établi dans les tribunaux correctionnels. M. le garde des sceaux l'a reconnu par sa circulaire nouvelle du 26 décembre 1845. Mais il s'est plaint en même temps de ce que cet usage n'avait pas encore été introduit dans les tribunaux de simple police. « C'est là cependant, dit avec raison la circulaire, que cette mesure peut avoir le plus d'utilité. A la différence des jugements correctionnels, qui ne doivent être signifiés que quand ils ont été rendus par défaut (art. 203 du Code d'instruction criminelle), tous les jugements de simple police sujets à l'appel, même les jugements contradictoires, sont soumis à cette formalité (art. 174 du même Code). Il importe dès lors de diminuer autant que possible les frais qu'elle occasionne. Comme la copie faite par l'huissier sur la minute du jugement dispense de lever une expédition, toute autre manière de procéder doit être interdite. »

C'est surtout à MM. les juges de paix, chargés, par l'ordonnance royale du 17 juillet 1825, de sur-

veiller les écritures faites et les honoraires réclamés par leurs greffiers respectifs, à tenir la main à
l'exécution exacte de cette règle salutaire. Mais les
magistrats du ministère public, sur les réquisitions
desquels les mémoires des greffiers peuvent seulement être rendus exécutoires, doivent veiller avec
le plus grand soin à ce qu on n'y porte le coût d'aucune expédition dont la levée pouvait être évitée
en se conformant à la règle dont il s'agit.

ORIGINAUX.

Article 71, n° 1er, page 176.

C'est une règle constante et certaine que quand le même acte doit être notifié à plusieurs individus, il ne faut jamais passer en taxe qu'un seul original, et autant de copies qu'il y a de personnes comprises dans la notification.

Cependant, par suite de l'examen des procédures criminelles fait soit à la Cour de cassation, soit à la chancellerie, on a assez fréquemment remarqué que quand une accusation porte sur plusieurs individus, on faisait pour chacun de ces individus, auxquels on signifiait la liste des jurés, un exploit particulier, et par conséquent autant d'originaux qu'il y avait d'accusés. C'est une grave irrégularité qui augmente les frais sans utilité, et qui par conséquent ne doit pas être tolérée par les magistrats.

Mais s'il ne faut faire qu'un seul original, copie de la liste des jurés doit non-seulement être remise à chacun des accusés, mais il est en outre indispensable que cette remise soit dûment constatée. Autrement, quand l'affaire viendrait devant la Cour de cassation, cette cour avant de statuer se verrait forcée de faire vérifier sur les lieux si la notification a été réellement et complétement faite, et dans

le cas où cette preuve ne pourrait pas se faire, il
s'ensuivrait nécessairement l'annulation de toute
la procédure à partir de la grave omission remar-
quée dans le dossier.

Des notes que j'ai entre les mains prouvent que
ce cas se présente plus souvent qu'on ne devrait
s'y attendre. Les huissiers chargés de la signification de la liste des jurés emploient à cet effet des
modèles imprimés et préparés pour les affaires les
plus nombreuses, c'est-à-dire celles qui ne comprennent qu'un seul accusé, et quand il y en a
plusieurs, ils négligent de faire à leur modèle les
changements nécessaires pour constater la remise
respective à tous les accusés. Alors la Cour de cassation est obligée d'agir comme je l'ai dit plus
haut; d'où résulte d'abord une grande perte de
temps, et quelquefois, ce qui est bien plus fâcheux,
une annulation fondée sur l'absence d'une formalité essentielle, qui a souvent été accomplie, mais
dont on ne peut fournir la preuve.

Les magistrats des Cours d'assises ne sauraient
donc surveiller avec trop de soin l'original de la
signification de la liste des jurés, afin de s'assurer
que cet original constate d'une manière non équi-
voque que chaque accusé a reçu copie de cette
liste au jour indiqué par l'article précité du Code
d'instruction criminelle.

Il est inutile d'ajouter que tout ce que je viens
de dire à l'égard de la liste des jurés s'applique

également à la liste des témoins cités à la requête du ministère public. Pour cette liste il ne faut aussi, dans chaque affaire, qu'un seul exploit, mais il doit contenir la preuve que la notification a été faite à tous les accusés, conformément à l'art. 315 du Code d'instruction criminelle.

Parmi les actes qui ne doivent pas être notifiés, j'ai indiqué dans mon précédent ouvrage les arrêts de la Cour de cassation qui intéressent les détenus. Il suffit que le greffier donne lecture de ces arrêts aux individus qu'ils concernent, en remplissant les autres formalités prescrites par le deuxième paragraphe de l'art. 418 du Code d'instruction criminelle.

Cette règle, qui a été étendue du cas où il faut faire connaître le pourvoi à celui où il s'agit d'informer de son résultat, a été établie tout à fait dans l'intérêt de l'individu que le pourvoi concerne. Elle est généralement suivie et doit, je crois, être maintenue, quoique son observation ne soit pas obligatoire.

Il résulte, en effet, de deux arrêts de la Cour de cassation du 21 mars 1833 et du 31 mai 1834, que les arrêts de rejet ne doivent pas être notifiés même quand le pourvoi était dirigé contre un arrêt de mise en accusation, attendu, porte l'arrêt avec toute raison, que le demandeur se trouve suffisamment averti de ce rejet par la fixation du jour déterminé pour sa comparution devant la Cour d'assises, et par les formalités préalables à cette comparution.

Mais il ne doit pas en être de même quand la Cour de cassation statue sur une demande en règlement de juges. L'arrêt qui ordonne un *soit communiqué* doit être notifié (art. 531 du Code d'instruction criminelle); il en est de même pour l'arrêt rendu ou après un *soit communiqué,* ou sur une opposition (art. 538). Sans doute, quand la personne à laquelle la notification doit être faite se trouve détenue, on pourrait penser que la lecture dont parle l'art. 418, qui, dans le cas prévu par cet article, tient lieu de notification, suffirait aussi pour remplir le vœu des art. 531 et 538. Mais ces deux articles exigeant textuellement la notification d'une manière générale et sans s'occuper de la situation de ceux à qui elle doit être faite, je crois qu'on ne peut pas se dispenser de remplir cette formalité.

J'ai peu de chose à ajouter, en ce qui concerne les citations, à ce que j'ai dit dans mon précédent ouvrage. J'y avais exprimé d'une manière générale, et sans développement, l'avis que, devant les tribunaux de simple police, on ne devait ordinairement convoquer les parties que par un simple avertissement sans frais, et qu'il ne fallait recourir à la voie de la citation qu'autant que l'avertissement était resté sans effet.

Ce mode de procéder est très-économique; il rentre complétement dans les vues du législateur;

dont l'intention évidente a été d'éviter les frais autant que possible dans les procès de simple police. Cependant il s'en fallait beaucoup qu'il fût généralement usité. On trouvait plus commode d'employer un huissier, auquel il suffisait de donner la liste des témoins à citer. Aussi des plaintes nombreuses arrivèrent à la chancellerie. M. le garde des sceaux les fit examiner avec soin, et comme on reconnut qu'elles étaient généralement fondées et que l'avertissement négligé pour les prévenus pouvait être étendu aux témoins, on jugea indispensable de s'occuper de cet objet dans la circulaire du 26 décembre 1845.

Voici en quels termes cette circulaire s'exprime à ce sujet :

« Suivant l'art. 147 du Code d'instruction criminelle, les parties peuvent comparaître devant ces tribunaux (de simple police), sur un simple avertissement, sans qu'il soit besoin de citation. Il en est de même des témoins, d'après l'art. 153. Ce dernier article a toujours été ainsi entendu par l'administration et par la Cour des comptes, qui approuve les taxes faites au bas de l'avertissement écrit donné aux témoins. Les dispositions dont il s'agit ne sont pas moins favorables aux parties qu'au trésor public. Pour donner une idée de l'importance de l'économie qui peut résulter de leur application, il suffit de dire qu'en 1843 il a été jugé par les tribunaux de simple police 251,329 inculpés, qui tous, à l'exception d'un très-petit nombre, étaient poursuivis à la requête du ministère public. Je vous engage à recommander aux magistrats des tribunaux de simple police d'user le plus fréquemment qu'ils le pourront du moyen, autorisé par les articles précités, de faire comparaître sans frais devant eux les inculpés et les témoins. Ils ne devront y renoncer que lorsqu'ils auront des motifs sérieux de penser que l'inculpé ou les témoins n'obtempéreraient pas à leur avertissement; car, dans ce cas, aucune condamnation ne pourrait être valablement prononcée contre les défaillants. »

Quelque avantage qu'il y ait à employer le simple avertissement, il faut se conformer avec le plus grand soin à cette dernière recommandation de la circulaire. Aucune condamnation par défaut ne saurait, en effet, être prononcée soit contre les témoins, soit contre les inculpés qui n'auraient pas été régulièrement cités (art. 80 et 149 du Code d'instruction criminelle), et se borner à avertir ceux à l'égard desquels on aurait lieu de penser que cet avertissement resterait sans effet, ce serait perdre un temps souvent précieux, sans aucune utilité, puisqu'en définitive il faudrait nécessairement en revenir à la citation. Le choix entre ces deux modes de convocation doit donc être abandonné à la prudence des magistrats de simple police, qui doivent néanmoins éviter avec le plus grand soin, et dans la plupart des cas, de recourir à celui qui donne lieu à des salaires d'huissier.

Au surplus, il y a des témoins à l'égard desquels il faut toujours employer la voie de l'avertissement : ce sont les gendarmes, les gardes forestiers et les gardes-champêtres. Ces différents agents ne se refuseront jamais à venir déposer; puisque, bien qu'ils soient salariés, ils reçoivent, par une exception formelle établie dans l'art. 3 du décret du 7 avril 1813, les indemnités attribuées aux témoins non fonctionnaires. J'ai souvent regretté que ces dispositions justes et favorables de l'article que je viens de citer n'aient pas été étendues aux autres agents de la force publique, qui ont généralement des appointements peu considérables, et pour qui un voyage pour aller déposer soit devant les juges d'instruction, soit devant les tribunaux, est une cause de dépense qu'ils doivent difficilement supporter. Je citerai notamment les agents subalternes des douanes, que leur organisation militaire et leur service souvent périlleux semblent assimiler aux gendarmes. Mais le règlement est muet à cet égard, et tant qu'il n'aura pas été réformé, il est impossible de prendre une mesure qui, suivant moi, serait juste et désirable.

Revenant à l'avertissement, je ferai remarquer que son principal objet étant d'éviter les frais, il doit toujours être donné gratuitement, c'est-à-dire qu'il ne faut pas accorder de salaire, quelque faible qu'il soit, aux appariteurs chargés de le porter,

et qu'on ne doit pas non plus le faire parvenir par
la poste, ce qui rendrait la personne à laquelle il
serait adressé passible d'un port que, dans aucun
cas, et sous aucun prétexte, on ne peut la mettre
dans la nécessité d'acquitter.

COPIES D'EXPLOIT.

Article 71, n° 2, page 185.

L'instruction générale du 30 septembre 1826, art. 59, porte :

« Lorsqu'il s'agit de faire la notification prescrite par l'art. 389 du Code d'instruction criminelle (celle relative aux jurés), l'huissier ou l'agent de la force publique qui en est chargé, et qui ne trouve pas la personne que cette notification concerne, n'est point tenu de faire une double signification, et par conséquent de remettre deux copies, l'une au domicile du citoyen appelé pour remplir les fonctions de juré, et l'autre au domicile du maire ou de l'adjoint, qui est obligé de lui en donner connaissance. Une seule signification et une seule copie sont suffisantes, attendu que si l'huissier ne trouve personne au domicile, il doit laisser la copie au maire ou à l'adjoint de la commune, qui visera l'original, sans frais ; et celui-ci donnera connaissance de la notification à la personne citée. »

Cette règle, qui n'était que la reproduction d'autres décisions de la chancellerie, que j'ai fait connaître dans mon premier commentaire, se trouvait fondée sur l'art. 68 du Code de procédure civile, aux termes duquel, si l'huissier ne trouve au domicile de la personne citée ni elle, ni aucun de ses parents ou serviteurs, il doit remettre la copie au maire ou à l'adjoint de la commune, en lui faisant viser l'original.

De fortes objections se sont élevées à ce sujet. On a fait remarquer que l'art. 68 du Code de procédure civile n'admet la notification au maire ou à l'adjoint que dans le cas où on ne trouve au domicile de la partie citée aucun de ses parents ou serviteurs. D'où résulte que quand la copie a été remise à un de ses parents ou serviteurs, tout recours au maire devient inutile.

L'art. 389 du Code d'instruction criminelle dispose différemment. A défaut de notification à la personne, il autorise à la faire au domicile de cette personne, en ajoutant : *Ainsi qu'à celui du maire ou de l'adjoint du lieu.*

La notification au domicile ne suffit donc pas, même quand elle est reçue par les parents ou serviteurs de la personne citée ; il faut en outre qu'elle soit faite au domicile du maire ou de l'adjoint.

Ce surcroît de précautions s'explique par l'objet même de la notification faite dans ce dernier cas. Il s'agit, en effet, de la convocation d'un citoyen pour remplir des fonctions publiques. Cette convocation est ordinairement faite à un assez court délai, et si la personne à qui elle est adressée n'y obtempère pas, elle devient pour ce seul fait passible d'une amende considérable. Il est donc peu surprenant que le législateur ait prescrit des formalités extraordinaires, et qui peuvent paraître surabondantes pour porter d'une manière plus certaine, à la connaissance du juré, le devoir qui lui est imposé.

Enfin, il est de règle générale qu'en matière criminelle on ne doit recourir au Code de procédure civile, pour les formalités relatives aux ajournements, que quand la loi criminelle est restée muette. Or, ici le Code d'instruction criminelle a déterminé un mode de citation, et s'en écarter serait mettre la Cour d'assises dans l'impossibilité de prononcer une condamnation contre le juré qui ne comparaîtrait pas ; car elle ne pourrait avoir la certitude que ce ne serait pas à la négligence du maire qu'il faudrait attribuer la désobéissance de ce juré.

Ces raisons très-sérieuses, pour revenir sur la décision contenue dans l'instruction générale du 30 septembre 1826, ayant été soumises à M. le garde des sceaux, il a reconnu, conformément à l'avis de son conseil d'administration, que quand le juré convoqué est absent de son domicile, il doit être laissé des copies de la notification, tant à ce domicile qu'à celui du maire ou de l'adjoint.

Il est un cas que cette décision n'a pas prévu, c'est celui où l'agent chargé de la notification ne trouverait au domicile du juré convoqué aucun de ses parents ou serviteurs pour la recevoir. Je crois que dans ce cas, qui se présentera bien rarement, les deux copies devront être laissées au maire

ou à l'adjoint, qui, pour plus de sûreté, devrait se
faire donner un reçu de celle qu'il remettrait plus
tard au juré, ou à ses parents ou serviteurs.

EXÉCUTION DES MANDATS.

Article 71, n° 4, page 188.

Dans la circulaire de M. le garde des sceaux, du 16 août 1842, se trouve la recommandation suivante : « L'exécution, même forcée, des mandats d'amener et de dépôt ne donne jamais lieu aux droits de capture. Ils sont dus pour celle du mandat d'arrêt. C'est un motif pour que les magistrats ne décernent ce dernier mandat, au début d'une procédure, que lorsqu'il paraît indispensable. »

Ainsi, la préférence doit toujours être donnée au mandat de dépôt quand il n'y a pas nécessité de délivrer le mandat d'arrêt. Cette nécessité ne se fait ordinairement sentir que quand le prévenu a pris la fuite, et notamment quand il y a lieu de réclamer son extradition d'un gouvernement étranger. Dans ce dernier cas, la production d'un mandat d'arrêt est indispensable pour obtenir, suivant les conventions qui nous lient avec les puissances étrangères, soit la remise immédiate de l'individu réclamé, soit son arrestation et sa détention jusqu'au moment où l'on transmet l'arrêt d'accusation ou de condamnation nécessaire, dans certains cas, pour autoriser l'extradition.

Comme la recommandation de M. le garde des

sceaux doit augmenter le nombre des mandats de dépôt, il n'est pas inutile de rappeler ce que j'ai fait connaître dans mon précédent commentaire (page 215), que ces mandats doivent être payés au taux fixé par le numéro cité en tête de cet article, lors même que les individus qu'ils concernent se trouvent déjà sous la main de la justice.

J'avais indiqué les motifs qui avaient porté à adopter cette décision. Depuis, elle a été sérieusement contestée. On objectait que l'art. 71, nº 4, parle de l'exécution et de la signification du mandat de dépôt; que ce sont donc deux actes distincts qui pouvaient être considérés isolément; et l'on en concluait que quand l'exécution proprement dite n'avait pas lieu, notamment quand le prévenu se trouvait déjà arrêté en vertu d'un mandat d'amener, tout se bornait à la signification du mandat de dépôt, et que par conséquent l'huissier ne pouvait prétendre qu'au salaire attaché à cette signification par l'art. 71, nº 1er, du règlement.

Cependant il suffit de rapprocher l'art. 71, nºs 4 et 5, et l'art. 74, pour rester convaincu que le règlement, en déterminant d'une manière absolue le salaire qui revient à l'huissier pour l'exécution des mandats de dépôt, sans distinguer, comme il l'a fait, pour les mandats d'arrêt et même pour les mandats d'amener, si le prévenu est ou non arrêté, a suffisamment indiqué que dans tous les cas, soit qu'il y ait seulement signification du mandat de dépôt, soit qu'il y ait arrestation en vertu de ce mandat, on devait allouer ce salaire en entier. Mais l'art. 73 du règlement fournit encore un argument à l'appui de cette opinion ; dans le cas prévu par cet article il s'agit de l'exécution successive des mandats d'amener et de dépôt ; et comme on ne voulait pas que les huissiers cumulassent dans certaines circonstances de temps et de lieu, considérées différemment, mais sans rien changer à la règle, par le décret du 7 avril 1813, les droits d'exécution pour les deux mandats, on a confondu ces droits en un seul salaire de dix, huit, ou six francs, suivant les localités, tandis que les droits séparément fixés pour les deux mandats auraient donné un salaire de treize, neuf ou huit francs.

Cette disposition n'a donc eu pour objet que de procurer une économie, et comme on en aurait obtenu une semblable à quelques centimes près, si l'on n'avait payé que la signification du mandat de dépôt qui suit un mandat d'amener, il faut en conclure ou que cet article 73 était inutile, ce que ne permet pas de supposer sa reproduction avec quelques changements dans le décret du 7 avril 1813, ou que les auteurs du règlement ont voulu que dans tous les cas, hors celui dont il s'agit ici, le salaire pour l'exécution du mandat de dépôt fût intégralement payé, quand bien même le prévenu qui en est l'objet aurait été préalablement arrêté.

Après un mûr examen, ces motifs ont été recon-

nus péremptoires, et la règle, toujours suivie depuis la promulgation du décret du 18 juin 1811, a
été maintenue.

L'art. 330 du Code d'instruction criminelle autorise le président de la Cour d'assises à faire mettre
en état d'arrestation les témoins dont la déposition
paraît fausse. Ce président délivre ordinairement
un mandat d'arrêt, et comme il n'y a pas capture
du prévenu, on se borne à payer à l'huissier le
salaire qui lui est dû pour la signification de ce
mandat, plus son droit d'assistance à l'inscription
de l'écrou.

Doit-il en être de même quand le faux témoignage a été fait à l'audience du tribunal de police
correctionnelle? Je ne le crois pas. D'abord il faut
remarquer que les dispositions de l'art. 330 sont
textuellement restreintes à la juridiction de la Cour
d'assises. Le président du tribunal correctionnel
n'a donc pas les mêmes droits que les présidents
d'assises, et il faut en conclure que ce n'est pas ce
magistrat seul, mais le tribunal tout entier, qui peut
ordonner l'arrestation des faux témoins, conformément à l'art. 506 du Code précité. C'est, d'ailleurs, ce qui a été implicitement jugé par arrêt de
la Cour de cassation du 16 avril 1841.

En pareil cas, il n'y a pas lieu non plus de décerner un mandat d'arrêt. Ce mandat rentre exclusivement dans les attributions du juge d'instruction (art. 94 du Code d'instruction criminelle), et si

le président de la Cour d'assises peut le décerner, c'est qu'il tient de la loi *le droit*, non-seulement de faire arrêter les faux témoins, mais en outre d'informer contre eux, en sorte que dans les affaires de cette espèce il remplace le juge d'instruction ordinaire.

Cependant, il s'agit d'exécuter l'ordre du tribunal et en même temps de régulariser la position du prévenu jusqu'à ce qu'il ait pu être interrogé. Pour parvenir à ce double but, je crois que le président doit décerner un mandat de dépôt. Ce mandat présente l'avantage de permettre d'écrouer le prévenu en vertu d'un acte légal, et d'assurer à l'huissier un salaire modique, mais nécessaire pour une opération qui peut présenter quelques difficultés à l'audience du tribunal correctionnel, où il n'y a pas toujours des gendarmes pour prêter main forte à cet officier ministériel.

De cette manière, tout se trouve concilié. Aussi M. le garde des sceaux a-t-il autorisé cette marche dans le cas dont il s'agit.

CONTRAINTE PAR CORPS.

Article 71, n° 5, page 194.

Le Code forestier ayant établi un nouveau mode
pour exercer la contrainte par corps, et ayant décidé que l'arrestation des individus contre lesquels
il y aurait lieu d'employer ce moyen de recouvrement serait opérée par les agents de la force publique, une ordonnance royale du 25 février 1832
a réduit le droit de capture qui doit être alloué à
ces agents au taux fixé par le n° 1er de l'art. 6 du
décret du 7 avril 1813. J'avais, dans mon précédent ouvrage (p. 225), émis l'opinion que la loi du
17 avril 1832 ayant généralisé la disposition du
Code forestier relative à la contrainte par corps,
il paraissait convenable de généraliser aussi la mesure prescrite par l'ordonnance dont je viens de
parler. Cette opinion a été adoptée par un avis du
Conseil d'état délibéré le 15 novembre 1832. Pendant longtemps, M. le ministre des finances a refusé son adhésion à cette mesure. Il craignait que
le droit de capture se trouvant réduit, les arresta-
tions que les préposés du fisc peuvent requérir
dans l'intérêt des perceptions qui leur sont confiées
ne fussent pas opérées avec le zèle et l'activité
qu'on doit y apporter. Cependant, sur l'observation que les administrations financières conserve-

raient toujours la faculté d'employer les huissiers lorsqu'elles auraient quelque motif de craindre que les agents de la force publique ne missent pas assez d'empressement à rechercher et à arrêter les délinquants, il a consenti à ce qu'une règle uniforme fût établie, et une ordonnance royale du 19 janvier 1846, insérée au *Bulletin des Lois*, contient la règle suivante :

« La capture des délinquants insolvables, con-
» damnés à des amendes, restitutions, dommages-
» intérêts et frais, en matière criminelle, correction-
» nelle et de police, ne donne droit aux gendarmes
» qui l'ont opérée qu'à la taxe fixée par le n° 1er de
» l'art. 6 du décret du 7 avril 1813. »

Quoique cette ordonnance ne parle que des gendarmes, je ne mets pas en doute qu'elle ne doive s'appliquer aux agents de la force publique et aux agents de police qui sont assimilés à ces militaires, tant par l'art. 71, n° 5, du décret du 18 juin 1811 que par l'art. 6 du décret du 7 avril 1813. Et, à mon avis, la différence de la taxe suivant la juridiction qui a prononcé la condamnation n'existe plus qu'à l'égard des huissiers.

Ainsi, quand les préposés des douanes, qui sont des agents de la force publique (ordonnance du 31 mai 1831, et arrêts de la Cour de cassation des 23 avril et 22 octobre 1807), opèrent une capture en vertu d'un mandement de justice dont ils sont porteurs, ils doivent, lorsqu'il ne s'agit pas de la contrainte par corps, être payés comme les gendarmes, suivant la nature de l'acte qui leur a été remis; c'est ce qui a été formellement reconnu par une décision récente de M. le garde des sceaux; mais lorsqu'ils agissent pour l'exercice de la contrainte par corps, ils ne peuvent, suivant moi, exiger que le salaire alloué aux gendarmes par l'ordonnance précitée du 19 janvier 1846.

La différence maintenue sous ce rapport en faveur des huissiers provient de ce que ceux-ci n'ont point d'appointements, qu'ils achètent leurs charges et ne vivent que du produit de leurs diligences, tandis que les gendarmes et les autres agents de la force publique sont rémunérés par l'état pour leur service ordinaire, ce qui permet de leur allouer un moindre salaire pour les opérations exceptionnelles qu'ils ont mission d'accomplir.

La loi précitée du 17 avril 1832 a changé les règles établies par le Code pénal pour l'exercice de la contrainte par corps. La durée de cette contrainte n'est plus subordonnée à la nature du fait qui avait motivé les poursuites; c'est le montant total des condamnations pécuniaires qui maintenant sert de règle pour fixer cette durée; elle doit être déterminée par le jugement ou l'arrêt toutes les fois que les sommes dues s'élèvent à 300 francs. Quant aux condamnations inférieures à cette somme, les débiteurs qui justifient de leur insolvabilité doivent être mis de plein droit en liberté après avoir subi une détention que l'art. 35 détermine, et qui varie suivant l'importance de la condamnation.

Ces nouvelles dispositions n'ont pas, dans les premiers temps, été appliquées avec exactitude, et, au grand détriment de la justice et de l'état, il en est résulté l'annulation de beaucoup d'arrêts et de jugements.

Pour mettre un terme à un si fâcheux état de choses, M. le garde des sceaux, par sa circulaire du 14 août 1835, a cru devoir résumer et faire connaître les règles résultant de la loi et de l'interprétation de la jurisprudence.

Voici ces règles :

« 1° Lorsque les condamnations sont prononcées dans l'intérêt des particuliers, la durée de la contrainte par corps doit toujours être déterminée par le jugement de condamnation, quel que soit le montant des sommes à payer.

» 2° Au contraire cette durée ne doit pas être fixée quand il s'agit de condamnations prononcées au profit de l'état et qui ne s'élèvent pas à 300 francs. Le second paragraphe de l'art. 39 avait fait naître des doutes à cet égard. On croyait qu'il disposait d'une manière générale, et que, par conséquent, il s'appliquait aussi bien aux condamnations prononcées au profit de l'état qu'à celles dont le recouvrement était poursuivi par les particuliers. Mais la Cour de cassation a fait cesser ces doutes, en jugeant, par plusieurs arrêts, notamment par ceux des 24 janvier et 20 mars 1835, que le second paragraphe de l'art. 39 est évidemment limité au cas prévu par le premier paragraphe du même article, c'est-à-dire, comme cela résulte des termes mêmes de ce paragraphe, aux condamnations prononcées dans l'intérêt des particuliers.

» 3° Les magistrats doivent apporter le plus grand soin à comprendre la liquidation des frais dans tout jugement portant condamnation aux frais envers l'état. Mais si le jugement ne contient pas la liquidation de ces frais, la durée de la contrainte par corps ne doit pas être fixée, parce que, d'une part, cette fixation manquerait de base, et que, d'autre part, elle pourrait être contraire à la loi, si, en définitive, les frais ultérieurement liquidés ne montaient pas à 300 francs (*Voir* quatre arrêts de la Cour de cassation du 20 mars 1835). Il en serait différemment, lors même que les frais n'auraient pas été liquidés, si le jugement portait condamnation à une amende de 300 francs ou plus : en pareil cas, il est indispensable, d'après l'art. 40, de déterminer le terme de la contrainte par corps.

» 4° Cette fixation doit également avoir lieu toutes les fois que l'arrêt ou le jugement de condamnation contient liquidation des frais et qu'ils s'élèvent à 300 francs. J'appelle d'autant plus l'attention des magistrats sur ce point, que la Cour de cassation a annulé plusieurs arrêts très-réguliers d'ailleurs, par cela seul que, dans le cas dont il s'agit, ils n'avaient pas déterminé le durée de la contrainte par corps. La fixation doit être faite lorsque la condamnation porte sur plusieurs individus aussi bien que lorsqu'elle porte sur un seul, attendu que, d'après l'art. 55 du Code pénal, tous ceux qui sont compris dans une même condamnation sont solidaires pour le payement des amendes, restitutions et frais, et que par conséquent le montant total peut en être exigé intégralement de chacun d'eux (*Voir* l'arrêt de la Cour de cassation du 20 mars 1835, rendu dans l'affaire des nommés Chapoteau et Berteau).

» 5° Enfin, lorsque les condamnations prononcées soit au profit de l'état, soit au profit des particuliers, ne s'élèvent pas à 300 francs, le ministère public doit veiller avec le plus grand soin à ce que les condamnés à l'égard desquels la contrainte par corps a été exercée et qui justifient de leur insolvabilité ne soient jamais détenus au delà des délais fixés par l'art. 25. »

Il est un cas sur lequel la circulaire ne s'explique pas et dans lequel la durée de la contrainte par corps ne doit pas être fixée. C'est celui où il a été prononcé une condamnation à une peine perpétuelle. La détention du condamné devant durer autant que sa vie, évidemment la contrainte par corps ne peut être exercée contre lui comme moyen de recouvrement. C'est ce que la Cour de cassation a jugé par plusieurs arrêts, notamment par celui du 15 avril 1847. On peut ajouter à l'appui de cet arrêt, que les peines perpétuelles entraînant ordinairement la mort civile et la succession du condamné se trouvant ainsi ouverte, ce n'est plus contre lui, mais contre ses héritiers qu'on peut recouvrer les frais, et évidemment ces héritiers ne sauraient en pareil cas être soumis à la contrainte par corps.

Il y a une autre question fort délicate qui résulte d'une lacune de la loi.

Les individus détenus en vertu de condamnations qui ne s'élèvent pas à 300 francs, doivent être mis en liberté au bout d'un certain temps, mais ils doivent préalablement justifier de leur insolvabilité. Or, s'ils ne peuvent faire cette justification, soit parce qu'ils n'ont pu se procurer les pièces exigées par la loi, soit parce qu'ils ne sont pas totalement insolvables, quel sera le terme de leur captivité? D'une part, le ministère public ne pourra la faire cesser; d'autre part, ils s'adresseraient vainement aux tribunaux pour en fixer la durée, puisque ces tribunaux ne peuvent faire cette fixation que quand il s'agit d'une somme de 300 francs au moins; la détention pourrait donc devenir perpétuelle contrairement aux intentions évidentes du législateur, qui a fixé un terme à la contrainte par corps à l'égard des débiteurs de 300 fr. et plus, sans s'inquiéter s'ils sont solvables ou non, et qui, à plus forte raison, n'a pu vouloir que des débiteurs de sommes plus faibles n'eussent pas l'espoir de recouvrer la liberté. Évidemment, comme je l'ai déjà dit, il y a une lacune dans la loi. Heureusement il n'est pas à craindre que la haine et les mauvaises passions s'en emparent pour perpétuer la détention du débiteur. En effet, quand la condamnation est prononcée au profit d'un particulier, quel que soit son montant, la durée de la contrainte doit toujours être fixée par le jugement, aux termes de l'art. 39. Ce n'est donc qu'au sujet des condamnations prononcées au profit de l'État que la question peut se présenter, et l'administration, qui, dans ce cas, peut seule exercer la contrainte, ne se prévaudra jamais d'un oubli du législateur pour prolonger cette contrainte au delà du terme qu'elle doit raisonnablement avoir. Je pense que par analogie avec les dispositions de l'art. 39, ce terme ne devrait pas ordinairement excéder six mois. Cette détention, dans la plupart des cas, doit paraître d'autant plus suffisante, que l'administration, en abandonnant la contrainte par corps, conserve tous les autres moyens de recouvrement que la loi lui assure.

DROITS DE CAPTURE.

Article 71, n° 5, page 194.

La disposition citée en tête de cet article fixe les droits de capture à l'égard des prévenus, accusés, ou condamnés, arrêtés en exécution d'un mandat d'arrêt, d'une ordonnance de prise de corps, d'un arrêt ou jugement quelconque emportant saisie de la personne, et elle décide que, moyennant le payement de ce droit de capture, l'exploit de signification, *la copie* et le procès-verbal de perquisition, ne donneront lieu à aucun salaire.

Il s'est élevé à ce sujet la question de savoir quel est le véritable sens du mot *copie*, dont le règlement s'est ici servi. A-t-on voulu parler seulement de la copie de l'original de l'exploit, ou tout à la fois de cette copie et de celle de l'acte notifié?

La première de ces opinions s'appuyait sur les motifs suivants :

Tout exploit de signification donne droit à deux salaires distincts : 1° celui qui est fixé par le n° 1er de l'art. 71 du décret du 18 juin 1811, pour l'original de l'exploit; 2° celui qui est alloué par le n° 2 du même article, pour chaque copie de cet original remise à chacune des personnes auxquelles la notification est faite. Mais, outre ces deux droits, il faut encore, aux termes du n° 10 du même article 71, payer la copie des pièces notifiées. Or, disait-on, le mot de copie, placé immédiatement après celui d'exploit, dans le n° 5, ne peut s'appliquer qu'à la copie de l'original et non à celle de la pièce notifiée. On conçoit, en effet, qu'à raison du salaire élevé accordé pour la capture, on ait voulu comprendre dans ce salaire celui qui est ordinairement dû à l'huissier pour des actes qui lui sont propres, tels que l'original et la copie qui constituent l'ensemble de l'exploit, mais il n'a pu en être de même pour la copie de la pièce notifiée que l'huissier n'est pas tenu de faire lui-même, puisque le n° 10 l'autorise à employer des scribes qu'il doit payer.

Certainement cette opinion qui tendait à restreindre à la copie de l'original la disposition du n° 5, n'était pas sans force. Cependant l'opinion contraire a prévalu principalement parce qu'il a paru que l'intention du législateur avait été qu'aucune dépense ne fût ajoutée au droit de capture, et que par conséquent la copie dont parle le n° 5 devait s'entendre de toutes les pièces qui devaient être remises à l'individu arrêté, c'est-à-dire aussi bien la copie de la pièce notifiée que la copie de l'original de l'exploit. Pour décider autrement il faudrait que le règlement eût employé une expression restrictive qui n'existe pas.

J'ajouterai un autre motif qui m'a déterminé, après quelques hésitations, à adopter la dernière opinion que je viens d'exposer. Quand le règlement a voulu que la copie du mandat d'arrêt, de l'ordonnance de prise de corps, de l'arrêt ou du jugement de condamnation, fût allouée en sus des deux salaires dus pour chaque exploit, il l'a dit en termes exprès et formels ; la preuve s'en trouve dans le n° 7 de l'art. 71, relatif à la perquisition qui est restée sans résultat. Or, rien de pareil dans le n° 5, qui prive de salaire particulier la perquisition suivie de capture. Il faut, suivant moi, conclure du rapprochement de ces deux dispositions, que si l'on a permis à l'huissier de cumuler plusieurs salaires pour la perquisition sans résultat, qui est en elle-même peu rétribuée, on n'a pas voulu qu'il en fût ainsi quand l'huissier touche le salaire de capture assez élevé pour le rémunérer suffisamment de toutes ses diligences.

C'est au surplus dans ce sens qu'il a été statué au ministère de la justice sur les réclamations des huissiers.

Ces réclamations doivent nécessairement être fort rares. Les pièces à notifier au moment d'une capture ne comportent ordinairement pas plus d'un rôle ; et comme dans les copies faites par les huissiers le premier rôle ne compte pas (art. 71, n° 10), il s'ensuit que même quand la solution serait différente, ils n'auraient eu le plus souvent rien à réclamer.

La difficulté ne peut guère, en effet, se présenter

que quand il s'agit de l'exécution d'une ordonnance
de prise de corps à l'égard d'un accusé qui, par
une circonstance véritablement exceptionnelle, n'a
pas été mis sous la main de la justice avant son
renvoi aux assises, et n'est arrêté qu'en vertu de
cette ordonnance confirmée ou rendue par la
chambre d'accusation de la Cour royale (art. 231
du Code d'instruction criminelle). En pareil cas,
on est dans l'usage de notifier en entier l'arrêt de
mise en accusation qui contient l'ordonnance de
prise de corps ; certainement on pourrait se borner à ne lever que cette ordonnance qui forme une
disposition distincte dans l'arrêt, et l'on faciliterait
ainsi la transcription sur le registre d'écrou que
prescrit l'art. 609 du Code précité. Mais quand c'est
l'arrêt entier qui sert à justifier la capture, il faut
en donner copie à l'individu arrêté, et cette copie
ne peut, d'après les motifs exposés plus haut, donner ouverture à aucun salaire particulier pour
l'huissier.

Quand l'arrêt portant renvoi aux assises est ainsi
notifié à l'accusé au moment de sa capture, il est
arrivé qu'on lui notifiait en même temps l'acte
d'accusation. C'est, à mon avis, une grave irrégularité. Il résulte, en effet, des art. 242 et 243 du
Code d'instruction criminelle, que cette notification doit être faite à l'accusé quand il est déjà
écroué ; or, il ne peut appartenir à personne, et à
plus forte raison à l'huissier, de devancer l'époque

fixée par la loi. D'ailleurs, la signification tant de l'arrêt de renvoi que de l'acte d'accusation, qui n'en est que le développement, est une formalité de la plus haute importance : elle constitue le premier acte de la procédure publique, et les pièces dont la copie est remise à l'accusé lui faisant connaître les charges qui s'élèvent contre lui, sont tellement nécessaires à sa défense que, suivant les sages prévisions du législateur, il faut les lui remettre seulement quand il est déjà en prison, c'est-à-dire dans une situation où il peut apprécier avec calme sa position, et non pas au moment où il vient d'être arrêté et où l'agitation mentale qui accompagne ordinairement cette arrestation ne lui permettrait pas d'attacher aux pièces dont il s'agit leur valeur réelle. Dans sa préoccupation, il pourrait bien ne pas les conserver avec le soin que réclame l'usage qu'il doit en faire plus tard. Ainsi, je n'hésite pas à penser que quand la notification de l'arrêt et de l'acte d'accusation a été ainsi prématurément faite, il faut la recommencer après l'écrou de l'accusé, afin de se conformer strictement aux prescriptions des art. 242 et 243 précités. Au surplus, cette seconde notification, outre qu'elle ne doit se présenter que rarement, ne peut donner lieu à aucun frais extraordinaire, puisque, ainsi que je l'ai dit plus haut, il n'y a pas lieu de payer la copie de l'arrêt de renvoi qui a servi pour opérer la capture, et qu'il ne faut pas non plus payer la copie de l'acte d'accusation lorsqu'elle a été prématurément donnée à l'accusé, et que par conséquent elle ne remplit pas le but de cette remise. La dépense de cette notification ne doit donc pas être plus élevée que dans les cas ordinaires, c'est-à-dire quand l'accusé est détenu lorsque son renvoi aux assises est ordonné. Mais cette dépense dût-elle être plus considérable, il ne faudrait pas hésiter à la faire, parce qu'elle se rattache à une opération qui intéresse la défense de l'accusé et qu'on ne doit omettre sous aucun prétexte.

Aux termes de l'art. 307 du Code d'instruction criminelle, quand il a été formé à raison du même délit plusieurs actes d'accusation contre différents accusés, le ministère public peut en requérir la jonction et le président peut l'ordonner même d'office. En pareil cas, doit-on notifier à chaque accusé tous les actes d'accusation? Aucune disposition légale ne le prescrit; aussi la Cour de cassation, par un arrêt du 7 février 1834, n'a-t-elle pas admis le moyen de nullité qu'on prétendait faire résulter de ce défaut de notification. Cependant ce même arrêt semble indiquer que l'accusé aurait pu se prévaloir de ce qu'il n'avait pas eu connaissance des actes d'accusation autres que celui qui le concerne particulièrement, pour demander le renvoi de sa cause à la session suivante. D'un autre côté, il paraît nécessaire à la défense que chaque accusé d'un même crime connaisse bien comment l'affaire à été appréciée à l'égard de tous ceux qui y sont impliqués. Enfin, il est certain que quand il s'agit d'un seul et même crime, il ne doit ordinairement y avoir qu'un seul acte d'accusation comprenant toutes les charges qui existent contre les accusés, quel que soit leur nombre, et l'on ne voit pas pourquoi, quand il a été fait des instructions distinctes qui, d'après une décision judiciaire, doivent aboutir à un seul et même jugement, on priverait chaque accusé d'étudier les divers actes d'accusation qui, sans des circonstances extraordinaires, auraient été résumés en un seul, lequel aurait dû être notifié à tous.

Je pense, en conséquence, que quand des jonctions d'actes d'accusation sont ordonnées, ce qui arrive très-rarement, on ne doit pas hésiter à faire notifier à chaque accusé les actes d'accusation qui ne lui ont pas encore été remis. Il s'agit là de l'intérêt de la défense, et il est de la loyauté du ministère public d'y pourvoir lors même que la loi ne lui en a pas imposé formellement l'obligation.

EXTRACTION DES DÉTENUS.

Article 71, n° 6, page 196.

J'ai dit, dans mon commentaire sur cette partie de l'art. 71, que le salaire pour l'extraction d'un prévenu ou accusé étant limité au cas où l'on conduit le prisonnier devant le juge, on ne devait pas l'allouer lorsqu'il s'agit de transférer le détenu d'une prison dans une autre.

Cette opinion se trouve confirmée par le § 18 de la circulaire de M. le garde des sceaux, du 16 août 1842. Cette circulaire ajoute qu'il ne faut pas non plus allouer le salaire dont il s'agit quand le prévenu ou l'accusé est emmené hors du prétoire, soit pendant que l'audience est suspendue et doit être reprise le même jour, soit pendant qu'on interroge ses coprévenus ou ses coaccusés, ou qu'on entend des témoins qu'on juge nécessaire de faire déposer hors de sa présence. Dans tous ces cas, le prévenu ou l'accusé est ordinairement conduit dans une salle à ce destinée du palais de justice; et quand bien même il serait momentanément déposé dans la prison, on ne pourrait pas considérer ce dépôt comme la réintégration dont parle le règlement. Le salaire pour l'extraction ne doit donc être alloué qu'une fois pour chaque prévenu ou accusé, pour chacune des audiences employées aux débats du procès.

La disposition du règlement relative à l'extraction des condamnés avait reçu une autre extension que rien ne justifiait.

L'art. 203 du Code d'instruction criminelle porte qu'il y aura déchéance de l'appel si la déclaration d'appeler n'a pas été faite au greffe du tribunal qui a rendu le jugement.

De là on avait tiré la conséquence qu'il fallait que l'appelant se présentât en personne au greffe; et quand il était détenu, on le faisait conduire par un huissier auquel on allouait dans ce cas le salaire fixé pour l'extraction de la prison.

Évidemment c'était appliquer l'art. 71, § 6, à un cas qu'il ne prévoit pas. D'ailleurs, il n'est pas vrai que la présence de l'appelant au greffe soit indispensable. Le Code n'a pas déterminé la forme dans laquelle l'appel doit être fait, et la jurisprudence a établi que cette formalité peut être remplie soit par un tiers en vertu d'un mandat, soit par le ministère d'un avoué, soit par un exploit d'huissier. Le dépôt fait dans le délai de dix jours de la requête contenant les moyens d'appel peut même suppléer la déclaration (voir les arrêts de la Cour de cassation du 12 mars 1812, du 17 août 1822 et du 7 décembre 1833).

M. le garde des sceaux, en indiquant ces divers moyens de suppléer à la présence au greffe de l'ap-

pelant, a en même temps prescrit de ne jamais
employer, en pareil cas, un huissier pour l'extraction de l'appelant, et a fortement improuvé l'allocation qui avait été précédemment accordée à ce
sujet.

J'ajouterai qu'il y aurait souvent de fort graves
inconvénients à faire sortir les appelants de prison
pour les conduire au greffe. Ce serait leur fournir
un moyen d'évasion, surtout lorsque la maison
d'arrêt est située loin du tribunal ; en outre, quand
il s'agirait d'un homme dangereux, l'huissier serait forcé de recourir à l'assistance des gendarmes,
ce qui nuirait au service de ceux-ci.

Au surplus, si l'appelant ne pouvait payer un
exploit d'huissier, ou n'avait ni avoué, ni aucune
personne à qui il pût donner mandat de faire sa
déclaration d'appel, et qu'ainsi on ne pût avoir recours aux moyens indiqués par M. le garde des
sceaux, il me semble qu'il suffirait que le détenu
fît prévenir le greffier de son intention d'appeler
pour que ce fonctionnaire ne refusât pas de se
transporter à la maison d'arrêt pour recevoir cette
déclaration. C'est ce qui se pratique journellement
pour les pourvois en cassation formés par les individus condamnés par les Cours d'assises, et je ne
vois aucun motif pour ne pas l'adopter quand il
n'y aurait que cette seule voie ouverte pour faire
constater la résolution d'un condamné d'attaquer
par la voie de l'appel le jugement rendu contre lui.

J'ai fait connaître dans mon précédent ouvrage (page 197) les motifs qui avaient porté M. le garde des sceaux et M. le ministre de la guerre à reconnaître que quand un accusé était extrait de la maison de justice pour être conduit à la Cour d'assises, c'était aux gendarmes et non aux huissiers qu'il appartenait de mettre les menottes à cet accusé, si cette mesure était nécessaire.

Depuis, cette décision a été étendue au cas où un prévenu est conduit devant le juge d'instruction. Évidemment, il doit en être de même quand le prévenu est amené à l'audience de police correctionnelle, soit pour y recevoir jugement, soit pour y être entendu comme témoin dans un autre procès, ou pour y fournir des renseignements.

ORDONNANCE DE SE REPRÉSENTER.

Article 71, n° 8, page 200.

Pendant longtemps on avait alloué aux huissiers, outre le salaire pour la publication et les affiches de l'ordonnance dont parle l'art. 466 du Code d'instruction criminelle, le droit de notification de cette ordonnance aux accusés contumax. Mais un arrêt de la Cour de cassation, du 19 mai 1826, ayant jugé que la publication de l'ordonnance et son affiche à la porte du dernier domicile de l'accusé, constituaient une notification légale qui remplissait entièrement le vœu des art. 466 et 470 du Code précité, l'instruction générale du 30 septembre de la même année avait décidé que toute autre signification devenait inutile et frustratoire, et ne devait plus être admise en taxe.

Depuis, la Cour de cassation, par un arrêt du 24 juin 1833, revenant sur sa jurisprudence, a décidé la question en sens contraire.

Voici les termes de cet arrêt :

« Attendu que la loi ne spécifie que les formali-
» tés dont elle exige l'accomplissement ; qu'en
» obligeant donc la Cour d'assises à prendre con-
» naissance de l'acte de notification de l'ordonnance
» ayant pour objet la représentation du contumax,
» l'art. 470 du Code d'instruction criminelle a vir-

» tuellement entendu que cet acte serait distinct du
» procès-verbal dressé pour constater la publication
» et l'affiche de ladite ordonnance, et voulu par
» cela même que le ministère public soit tenu d'y
» faire procéder et de le produire ; que ces deux
» obligations étant corrélatives, il s'ensuit que la
» notification de l'ordonnance dont il s'agit doit
» nécessairement en accompagner la publication et
» l'affiche. »

Le même arrêt juge en outre que quand toutes
les formalités prescrites par la loi n'ont pas été remplies, ou l'ont été irrégulièrement, la Cour d'assises ne doit pas se borner à déclarer la procédure
incomplète et à prescrire de faire ce qui a été omis,
mais qu'elle doit déclarer nulle l'instruction et ordonner qu'elle sera recommencée à partir du plus
ancien acte illégal.

Ainsi, la règle longtemps suivie au ministère de
la justice, et dont on ne s'était écarté que dans un
but louable d'économie, et en se fondant sur un
arrêt formel de la Cour de cassation, doit reprendre toute sa force en présence de l'arrêt postérieur
que je viens de citer, qui est non-seulement conforme aux dispositions du Code d'instruction criminelle, mais aussi au texte du règlement du 18 juin
1811. En effet, le § 1er de l'art. 71 de ce règlement
range au nombre des actes dont la notification doit
donner lieu à un salaire l'ordonnance de se représenter, et le § 8 fixe un autre salaire pour la

publication et l'affiche de la même ordonnance. Il y a donc lieu de cumuler ces deux salaires. Mais comme la publication et la notification doivent être faites dans les mêmes lieux, il faut avoir soin qu'on y procède le même jour, afin d'éviter de doubles indemnités de transport, que les huissiers ne manqueraient pas de réclamer si on leur permettait d'instrumenter à des époques différentes.

DES ÉCROUS.

Article 71, nº 11, page 208.

Dans un but d'humanité, et pour ne pas faire subir une détention plus longue que celle qui avait été prononcée par le jugement, il s'était établi dans quelques parquets l'usage de faire écrouer le condamné immédiatement après le jugement, en vertu de ce même jugement, afin de faire courir la peine à partir de cet écrou ; et l'on allouait dans ce cas à l'huissier qui assistait au changement de l'écrou le salaire fixé par la disposition citée en tête de cet article.

Cet usage, que rien ne justifiait sérieusement et qui entraînait des frais frustratoires, a été proscrit par M. le garde des sceaux. Voici en quels termes la circulaire du 26 décembre 1845 s'exprime à ce sujet :

« L'écrou, en vertu du jugement, est irrégulier tant que le délai de l'appel n'est pas expiré. Il est inutile, dans tous les cas, quand le condamné doit subir sa peine dans la prison où il est déjà détenu. En effet, d'après l'art. 203 du Code d'instruction criminelle, il doit être sursis à l'exécution du jugement pendant le délai de dix jours fixé pour l'appel. Par conséquent, on ne peut ni ne doit, dans le même intervalle, procéder à un écrou qui est un acte d'exécution. D'un autre côté, aux termes de l'art. 24 du Code pénal, la peine court de plein droit à partir du jugement quand le condamné ne s'est pas pourvu. Il suit de là que, lorsqu'il n'y a pas d'appel ni de sa part, ni de celle du ministère public, sa mise en liberté doit être ordonnée par le procureur du roi à l'expiration du terme de l'emprisonnement prononcé contre lui. Cette mesure peut être prise même pendant le délai d'appel, parce qu'elle n'aggrave jamais la position du condamné et ne lui enlève pas son droit d'appel, qu'il peut exercer après comme avant sa mise en liberté, tant que le délai n'est pas expiré. Ainsi, en règle générale, il ne faut pas écrouer de nouveau les condamnés détenus qui doivent subir leur peine dans la prison où ils sont déjà renfermés. Cette formalité ne doit être remplie que lorsque le prisonnier est transféré dans un autre lieu de détention, et si cette translation est opérée pour faire comparaître le détenu devant le tribunal ou la Cour d'appel, le nouvel écrou doit être fait, non en vertu du jugement, qui n'est pas encore exécutoire, mais en vertu du mandat qui autorise la détention. Je vous prie de surveiller l'exécution de cette règle. Sans porter atteinte aux droits d'aucune des parties, elle donnera lieu, dans la plupart des cas, à une double économie, celle du coût de l'extrait du jugement qui devrait être levé pour procéder à l'écrou, et celle du droit d'assistance de l'huissier à l'inscription de cet écrou. »

L'exécution de cette partie de la circulaire n'a pas tardé à faire naître une sérieuse difficulté. Voici à quelle occasion.

En 1831, le ministre de la justice et le ministre du commerce, ce dernier étant alors chargé de l'administration des prisons, se concertèrent sur la meilleure forme à donner aux registres d'écrou qui doivent être tenus dans les prisons.

Les mesures arrêtées à ce sujet furent portées à la connaissance de l'administration et des magistrats par deux circulaires, l'une de M. le ministre du commerce, en date du 26 août 1831, l'autre de M. le garde des sceaux, du 19 octobre suivant.

D'après ces circulaires, et conformément à l'art. 607 du Code d'instruction criminelle, il doit être tenu des registres distincts pour les prévenus et pour les condamnés. Ce dernier registre doit mentionner la condamnation, la durée de la peine, la date du jour où elle a commencé. Il est donc indispensable que, même à l'égard des condamnés qui doivent rester détenus dans la prison où ils se trouvaient avant le jugement, les renseignements dont je viens de parler soient régulièrement fournis au gardien. On avait d'abord pensé qu'il suffisait qu'ils fussent consignés dans une note succincte que le ministère public adresserait au gardien, immédiatement après chaque jugement portant condam-

nation à un court emprisonnement devant être
subi sans déplacement. Cette note aurait tenu lieu
de l'extrait de jugement qu'on fournissait précédemment, et dont la circulaire précitée interdisait
la délivrance toutes les fois qu'un nouvel écrou,
fait en présence d'un huissier, n'était pas nécessaire ; mais après un mûr examen on a pensé que
la rédaction d'une note, même sommaire, serait
une nouvelle charge imposée aux magistrats, qui,
au milieu de leurs nombreuses et importantes occupations, pourraient quelquefois oublier ou négliger de l'envoyer, ce qui exposerait à ce que la détention se trouvât involontairement prolongée.

En conséquence, M. le garde des sceaux, mû
surtout par cette dernière considération, qui intéresse à un haut degré la liberté individuelle, a décidé qu'on devait reprendre l'usage de délivrer au
gardien un extrait du jugement de condamnation,
même à l'égard des condamnés qui ne quittent pas
la maison où ils se trouvent détenus ; mais il a en
même temps maintenu l'inutilité tant d'un nouvel
écrou, que de l'intervention d'un huissier dans le
cas dont il s'agit.

La même disposition de la circulaire précitée,
du 26 décembre 1845, a donné lieu à une question
qui ne rentrait pas directement dans ses termes,
puisqu'elle ne s'occupe que de condamnés, et qu'ici
il s'agissait d'accusés. On s'est demandé si, quand
un individu, sous prévention de crime, est renvoyé

en état d'accusation devant la Cour d'assises, il est
nécessaire de rédiger un nouvel écrou. L'affirmative n'est pas douteuse quand l'accusé est transféré
d'une des prisons des arrondissements dans la
maison de justice placée dans la ville même où siége
la Cour d'assises ; mais quand l'accusé est déjà détenu dans cette ville, la translation dont parle l'art.
243 du Code d'instruction criminelle devient en
quelque sorte fictive, surtout quand la maison d'arrêt et la maison de justice ne forment qu'un seul
et même édifice. En pareil cas la formalité d'un
nouvel écrou, fait en présence d'un huissier, est
complétement inutile. Toutefois il doit en être différemment lorsque la maison d'arrêt et la maison
de justice ne sont pas renfermées dans la même
muraille, ou que bien que contenues dans une seule
enceinte, elles forment deux établissements entièrement distincts. Il y a alors translation réelle de
l'accusé, et comme sa position dans la nouvelle prison doit être régularisée, il est certain qu'il faut
procéder à la formalité de l'écrou avec l'assistance
d'un huissier, conformément à l'art. 71, n° 11, du
décret du 28 juin 1811.

AGENTS DE LA FORCE PUBLIQUE.

Article 77, page 220.

Cet article pourvoit aux moyens d'arrêter les individus qui se trouvent sous le poids d'un mandat d'arrêt d'une ordonnance de prise de corps, d'un jugement ou arrêt de condamnation, quand les perquisitions des huissiers n'ont pas amené ce résultat.

D'abord, il enjoint aux autorités administratives et militaires de prêter assistance aux huissiers ; puis vient une semblable injonction aux agents de la force publique et de la police. Enfin, le dernier paragraphe prévoyant le cas où les gendarmes et agents de police, porteurs des mandements de justice, découvrent, hors de la présence des huissiers, les individus qui doivent être arrêtés, les autorise à opérer cette arrestation et à réclamer le droit de capture.

Ainsi, les gendarmes et agents de police ne peuvent réclamer de salaire qu'autant qu'ils agissent hors de la présence des huissiers, et qu'on leur a confié les mandements qui doivent être exécutés.

Il s'élève ici deux questions : Le dernier paragraphe de l'art. 77 ne parlant que des gendarmes et des agents de police, ses dispositions peuvent-elles s'étendre à tous les agents de la force publique? Quelles sont les personnes qui doivent être considérées comme agents de la force publique?

La première question a toujours été résolue affirmativement. En effet, le troisième paragraphe enjoint aux agents de la force publique de prêter assistance aux huissiers présents. Il paraît certain, malgré cette expression restrictive, gendarmes, dont se sert le paragraphe suivant, qu'on a voulu étendre à tous les agents de la force publique le droit d'arrestation dans le cas prévu par ce paragraphe, et par conséquent le salaire qui est attaché à cette arrestation. Si l'on n'a parlé que des gendarmes et des agents de la police, c'est uniquement parce qu'ils ont bien plus souvent l'occasion de suppléer les huissiers. Au surplus, on a constamment entendu et exécuté la disposition dont il s'agit dans le sens que je viens d'indiquer.

La seconde question, celle de savoir quelles sont les personnes qui ont la qualité d'agent de la force publique, est moins simple et a donné lieu à quelques difficultés. La force publique comprend certainement la gendarmerie, les gardes-champêtres et forestiers, la troupe de ligne et les gardes nationaux. (Quant à ces derniers, j'ai fait connaître dans mon dernier ouvrage, page 226, les motifs qui s'opposent à ce qu'il leur soit alloué un salaire quand ils font un service judiciaire.) Parmi les agents de la force publique il faut aussi ranger les préposés de la partie active des régies financières et notamment les préposés des douanes. Cependant la surveillance incessante que ceux-ci doivent exercer avait porté leur administration à demander que le ministère public ne les requît pas pour l'exécution des mandements de justice. M. le garde des sceaux, après un mûr examen, a répondu qu'il était impossible de ne pas reconnaître aux préposés de la partie active des douanes le caractère d'agents de la force publique. Il suffit pour n'en pas douter d'examiner les diverses attributions qu'ils tiennent de la loi, et de se reporter aux ordonnances qui ont réglé leur organisation, notamment à l'ordonnance du 31 mars 1831, qui les divise en brigades et les place dans les cadres de l'armée ; et pour les dispenser de tout service judiciaire, on ne saurait s'appuyer sur un arrêté du 12 floréal an XI, dont l'administration voulait se prévaloir, et qui porte que les préposés des douanes ne pourront être détournés par les autorités constituées du service constamment actif pour lequel ils sont commissionnés et salariés par le gouvernement. Cet arrêté n'émanait que du comité de salut public. Il n'a point obtenu la sanction de la convention nationale. Il n'a reçu aucune publicité, et n'a point été classé dans la collection des actes officiels du gouvernement. Depuis il n'a pas été reproduit dans les nombreux actes législatifs qui ont pourvu au service des douanes. Il est donc sans force aucune et ne saurait dispenser les préposés des douanes de l'accomplissement des devoirs qui leur sont imposés comme agents de la force publique. Or, les art. 25 et 72 du Code d'instruction criminelle donnent au procureur du roi le droit de requérir ces agents pour le service judiciaire, sans établir aucune exception pour les préposés des douanes, qui par conséquent doivent obtempérer aux réquisitions qui leur sont adressées.

Mais si le droit n'est pas douteux, on ne saurait l'exercer avec trop de circonspection. Les préposés des douanes ont constamment à lutter contre les contrebandiers. C'est par une surveillance de tous les instants qu'ils peuvent prévenir la fraude. Désorganiser leur service, même momentanément, ce serait l'exposer aux inconvénients les plus graves. Aussi M. le garde des sceaux, tout en déclarant que les magistrats peuvent requérir les préposés des douanes, a-t-il fortement recommandé de n'user de ce moyen que dans des circonstances urgentes et à défaut d'autres agents de la force publique, en évitant avec le plus grand soin de dégarnir un des points de la frontière, et surtout de déplacer des préposés isolés. Au surplus, ce n'est jamais aux préposés eux-mêmes que les réquisitions judiciaires doivent être adressées, mais aux chefs sous les ordres desquels ils sont placés et qui peuvent ainsi pourvoir au service que leur absence ferait manquer.

Au moyen de ces sages réserves qui concilient les droits du ministère public avec les intérêts de l'administration, nul inconvénient fâcheux ne peut résulter de l'emploi des préposés des douanes, qui doit être très-rare et qui néanmoins peut, dans certaines circonstances, être indispensable pour le service si important de la justice.

MANDEMENTS EXPRÈS.

Article 84, page 232.

D'après cet article, les huissiers ne peuvent instrumenter hors du canton où ils résident qu'en vertu d'un mandement exprès délivré par le procureur du roi ou par le juge d'instruction. La recommandation de ne délivrer ce mandement que pour cause grave, prouve évidemment qu'on a voulu surtout prévenir l'allocation trop fréquente de frais extraordinaires de transport. Cette recommandation avait été peu observée; et comme l'abus des mandements exprès était devenu notoire, on crut devoir dans le décret du 14 juin 1813, portant règlement sur l'organisation et le service des huissiers, renouveler par l'art. 29 l'injonction contenue dans l'art. 84 du décret du 18 juin 1811.

Cette nouvelle disposition est plus impérative; elle fait défense à tous huissiers sans distinction d'instrumenter en matière criminelle ou correctionnelle hors du canton de leur résidence sans un mandement exprès.

Une défense aussi absolue dans un décret spécialement relatif aux huissiers peut paraître, au premier aperçu, établir une exception générale au droit qu'ont les huissiers d'instrumenter dans toute l'étendue du ressort du tribunal de première instance. Aussi quelques magistrats avaient pensé que les huissiers devaient être munis d'un mandement exprès pour sortir de leur canton, aussi bien quand ils agissent à la requête d'une partie civile que quand c'est le ministère public qui les emploie. Et, par suite, des huissiers ont été poursuivis disciplinairement pour avoir fait des significations ou donné des citations hors de leur canton à la requête des parties civiles, sans avoir préalablement obtenu un mandement exprès des magistrats. Les tribunaux n'ont point admis ces poursuites; ils ont jugé, comme au surplus on l'a toujours reconnu au ministère de la justice, que la formalité du mandement exprès n'avait eu pour objet que d'empêcher l'exagération des frais extraordinaires de transport à la charge de l'État, et que par conséquent ce mandement, qui ne peut être délivré que par les magistrats, était exclusivement réservé aux cas où ce sont ces magistrats qui requièrent le ministère des huissiers.

Cependant, l'opinion contraire ne fut point abandonnée. On s'appuyait sur les dispositions générales de l'art. 29 du décret du 14 juin 1813, et sur diverses instructions de la chancellerie portant que le tarif des frais en matière criminelle devait être étendu aux cas où il y avait une partie civile en cause.

C'est dans cet état que la question fut soumise à M. le garde des sceaux. Elle devint l'objet d'un sérièux examen. On reconnut que la loi. du 5 pluviôse an XIII, qui la première avait institué la formalité du mandement exprès, en avait textuellement restreint l'usage aux actes faits à la requête de la partie publique ; que l'art. 84 du décret du 10 juin 1811 n'a fait que reproduire cette disposition sans en changer l'objet, et en se bornant à en rendre l'effet moins fréquent ; qu'enfin l'art. 29 du décret du 14 juin 1813 avait voulu laisser les choses dans le même état. Il est, en effet, à remarquer que chacune de ces dispositions se réfère textuellement à celle qui la précède ; d'où l'on peut conclure que pour bien apprécier leur véritable sens il faut se reporter à la loi du 5 pluviôse an XIII, laquelle, comme je l'ai déjà dit, a borné l'emploi du mandat exprès aux affaires instruites par la partie publique (1). D'ailleurs, une considération d'un ordre plus élevé venait encore s'opposer à ce qu'on étendît l'obligation du mandement exprès aux transports faits à la requête de la partie civile. Cette partie tient de la loi (art. 182 du Code d'instruction criminelle) le droit de citer directement le prévenu

(1) Je crois devoir citer ici un souvenir personnel. J'assistais à la conférence qui, sous la présidence de M. Favard de Langlade, rédacteur du décret du 14 juin 1813, devait arrêter les termes de plusieurs articles, et notamment de l'art. 29 de ce décret. Je me rappelle parfaitement que le seul but qu'on se proposait, en insérant cet article, était de donner plus de force aux dispositions précédentes relatives au même objet. Ce qui le prouve surabondamment, ce sont ces mots : défenses *itératives*, qui commencent l'article.

devant le tribunal de police correctionnelle, ce qui emporte aussi le droit d'assigner les témoins qu'elle veut faire entendre à l'appui de sa plainte. Évidemment, ce serait entraver, souvent même paralyser l'exercice de ce droit, que d'obliger la partie civile qui peut avoir à faire donner des citations à de grandes distances, et dans un bref délai, à recourir à l'autorité d'un magistrat pour obtenir un mandement exprès qu'il pourrait refuser, ou au moins faire attendre assez longtemps pour qu'il ne fût plus utile.

Par ces différents motifs, M. le garde des sceaux a émis l'avis que les huissiers qui instrument hors de leur canton, à la requête des parties civiles, sans être munis d'un mandement exprès du ministère public, usent d'un droit que la loi leur accorde, et ne sauraient par conséquent encourir, à ce sujet, aucune peine disciplinaire.

On ne s'est pas occupé dans cette décision des prévenus et des accusés qui, eux aussi, peuvent avoir à faire citer d'urgence des témoins dans l'intérêt de leur défense. Il est évident, suivant moi, que l'usage du mandement exprès devant être restreint aux actes faits à la requête du ministère public, les prévenus et accusés peuvent, sans recourir à ce moyen, envoyer des huissiers faire hors du canton les diligences qui leur sont nécessaires, à la charge de payer les dépenses résultant de ce transport.

COMPOSITION DES COURS D'ASSISES.

Article 87, page 238.

Cet article renvoie aux dispositions antérieures portant fixation des indemnités qui sont dues aux membres des Cours royales lorsqu'ils vont présider ou compléter les Cours d'assises des départements du ressort ; mais il me paraît utile d'indiquer ici tout ce qui se rattache à la nomination de ces magistrats, à leur remplacement et à la durée de leurs pouvoirs.

Ces différents points, outre leur importance relativement à la bonne administration de la justice criminelle, donnent lieu à des questions d'indemnité et de dépense, et, sous ce rappport, ils se rattachent nécessairement aux matières traitées dans cet ouvrage.

D'après les art. 251 et 259 du Code d'instruction criminelle, il doit se tenir des assises dans chaque département tous les trois mois. Elles peuvent se tenir plus souvent si le besoin l'exige.

Les art. 252 et 253 du même Code règlent la composition des Cours d'assises. Elles sont formées, depuis la loi du 4 mars 1831, de trois membres de la Cour royale dans le département où siége cette Cour, et d'un conseiller à la Cour royale et de deux juges de première instance dans les autres départements. Ces deux juges sont remplacés par des conseillers lorsque la Cour royale, par une décision spéciale, juge convenable d'en déléguer à cet effet.

L'art. 16 de la loi du 20 avril 1810 attribue au premier président de la Cour royale le droit, soit de présider lui-même toutes les assises du ressort, soit de nommer les magistrats qui doivent exercer cette présidence. Il lui attribue en outre la nomination des conseillers assesseurs, tant pour la Cour d'assises qui se tient au chef-lieu de la Cour royale, que pour les autres Cours d'assises, quand des conseillers autres que le président doivent les composer.

Le même article accorde au ministre de la justice, *dans tous les cas*, le droit de faire les mêmes nominations.

Lorsque les nominations n'ont pas été faites par le ministre de la justice pendant la durée d'une assise pour le trimestre suivant, le premier président doit les faire dans la huitaine du jour de la clôture de l'assise (art. 79 du décret du 6 juillet 1810).

Si une tenue extraordinaire d'assises est jugée nécessaire, le président de la dernière assise est nommé de plein droit pour présider cette assise extraordinaire. Cependant, en cas de décès ou d'empêchement légitime, ce président doit être remplacé à l'instant où la nécessité de la tenue de l'assise extraordinaire est connue, et ce remplacement est fait par le premier président (art. 81 du décret précité).

La combinaison de ces divers textes a fait naître dans l'exécution des difficultés de plusieurs genres. Comme elles peuvent se reproduire, il m'a paru convenable de les résumer, en indiquant les solutions qu'elles ont reçues, ou celles dont elles paraissent susceptibles.

La nomination des présidents d'assises appartient au ministre de la justice et aux premiers présidents des Cours royales; mais le droit du ministre est supérieur à celui des premiers présidents. La hiérarchie judiciaire l'exigeait ainsi, et l'art. 16 de la loi du 20 avril 1810 l'a établi de la manière la plus positive en décidant que le ministre ferait les nominations dans tous les cas.

Les art. 79 et 80 du décret du 6 juillet 1810 sont encore venus confirmer cette règle. D'après le premier, ce n'est que quand le ministre n'a pas usé de son droit que le premier président peut exercer le sien, et, d'après le second, ce n'est qu'à défaut de la nomination faite par le ministre que la nomination faite par le premier président doit être publiée.

Mais résultait-il de toutes ces dispositions que le ministre pût annuler, par une nomination postérieure, celle qui avait été faite par le premier président? Pendant longtemps cette question a été résolue affirmativement à la chancellerie, et la règle à cet égard était tellement absolue, que quand deux nominations avaient été simultanément faites par le ministre et par le premier président, et que le ministre consentait à laisser exécuter cette dernière, il avait toujours soin de déclarer qu'il s'appropriait la nomination faite par le premier président.

La prétention du ministère de la justice s'appuyait sur des motifs graves. Si la loi du 20 avril 1810 avait seule existé, cette prétention n'aurait pu sérieusement être combattue, car cette loi, après avoir indiqué les diverses nominations que doit faire le premier président, règle, par une disposition générale, qui par conséquent embrasse toutes les autres, que le ministre pourra faire ces nominations *dans tous les cas*, et par conséquent dans le cas même où le premier président s'en serait antérieurement occupé.

Mais le décret du 6 juillet suivant ayant déterminé l'époque à laquelle le ministre peut user de son droit, et passé cette époque ayant disposé que ce serait le premier président qui nommerait, il m'a toujours paru bien difficile de soutenir que les nominations faites par le premier président, lorsque le ministre n'avait pas fait connaître ses choix dans le délai que le décret fixe, pouvait, par une disposition prise après l'expiration de ce délai, annuler ce que le premier président avait fait.

A la vérité, on objectait qu'un simple décret, fait pour assurer l'exécution d'une loi, n'avait pu modifier celle-ci, ni restreindre les pouvoirs qu'elle accordait. Ce raisonnement, excellent dans les temps ordinaires et dans le cours régulier des choses, perd toute sa force quand il s'agit de l'Empire. Qui ne sait, en effet, qu'à cette époque les lois étaient souvent modifiées par de simples décrets. Le règlement sur les frais de justice, le décret du 18 juin 1811, qui sert de base au présent ouvrage, en est la preuve. Ce décret a changé sur plusieurs points, non pas seulement une simple loi, mais le Code d'instruction criminelle, et cependant comme il a été publié et exécuté sans opposition de l'autorité législative, la jurisprudence constante de la Cour de cassation lui a reconnu, comme à tous les décrets rendus dans de pareilles circonstances, la force exécutoire.

Il faut donc considérer le décret du 6 juillet 1810 comme ayant la même autorité que la loi du 20 avril précédent et comme devant expliquer cette loi.

On élevait encore une autre objection. C'est, comme je le dirai plus loin, au premier président qu'il appartient maintenant de fixer l'ouverture des assises. Il peut donc avancer cette ouverture, et, dans ce cas, si la session était d'une courte durée, il arriverait presque toujours que le ministre ne serait plus à temps, lorsque ces deux circonstances parviendraient à sa connaissance, d'user d'un droit que la loi lui donne cependant de la manière la plus positive.

Sans contredit, c'est là un grave inconvénient ; mais outre qu'on peut le prévenir par une correspondance plus active avec les procureurs généraux, il ne saurait prévaloir pour faire annuler la règle établie par le décret du 6 juillet 1810, règle qui seule peut assurer que la composition des Cours d'assises soit faite comme l'a voulu le législateur, trois mois à l'avance, et par conséquent avant qu'on puisse connaître les affaires qui doivent être jugées. Cette garantie d'impartialité manquerait en effet si l'on admettait que le ministre de la justice pût, postérieurement à la nomination faite par le premier président, changer cette nomination ; car alors n'étant plus renfermé dans aucun délai, le ministre pourrait retarder son choix jusqu'à une époque où l'on connaîtrait toutes les accusations renvoyées aux assises. Sans doute il ne serait pas à craindre que le ministre abusât de ce pouvoir ; mais dans l'intérêt même de son autorité, il convient qu'aucun soupçon ne puisse s'élever à cet égard.

Je crois donc que c'est par une saine appréciation de la loi que la Cour de cassation a jugé, le 12 janvier 1838, que quand le ministre de la justice n'a pas usé de son droit dans le délai déterminé par le décret du 6 juillet 1810, l'ordonnance de nomination faite par le premier président a la force de toutes les ordonnances de justice compétemment et régulièrement rendues ; qu'elle est exécutoire du moment qu'elle existe, et ne saurait être invalidée ou paralysée par aucun acte postérieur.

Cependant il est arrivé que le ministre avait nommé pendant la durée d'une assise le président de l'assise suivante. Il avait ainsi régulièrement usé de son droit dans le délai que le décret du 6 juillet 1810 lui fixait ; mais l'ordonnance du ministre n'étant parvenue au chef-lieu de la Cour royale que quelques jours après la clôture des assises, le premier président, se fondant sur l'art. 79 du décret, avait de son côté nommé un autre conseiller pour présider les mêmes assises. C'est l'ordonnance du ministre qui fut exécutée, et je n'hésite point à penser qu'il devait en être ainsi. Cette ordonnance était antérieure à celle du premier président ; elle avait été rendue pendant le temps où le ministre pouvait seul faire le choix du président d'assises ; elle devait donc prévaloir. Mais afin de prévenir un pareil conflit, toujours fâcheux, notamment en ce qu'il peut faire naître des doutes sur la validité des pouvoirs du magistrat qui préside les assises, je pense que le ministre étant dans l'habitude bien connue de nommer lui-même les présidents d'assises, le premier président doit attendre, pour user de son droit, le dernier jour du délai de huitaine fixé par l'art. 79. De cette manière il sera à peu près impossible que l'ordonnance du ministre, lorsqu'il l'a rendue comme elle doit l'être pendant la durée de l'assise, ne soit pas parvenue à la Cour royale avant que le premier président ne se détermine à nommer.

Une autre difficulté s'est présentée quelquefois. Le ministre ni le premier président n'avaient nommé le président, l'un pendant la durée de l'assise, l'autre pendant la huitaine qui avait suivi la clôture de la session. Devait-il s'ensuivre que le droit de nommer ne pût plus être exercé? Non, sans doute. D'après l'art. 253 du Code d'instruction criminelle, un conseiller de la Cour royale doit être délégué pour présider les assises. L'art. 16 de la loi du 20 avril 1810 détermine que cette délégation sera faite soit par le premier président, soit par le ministre; elle doit donc avoir lieu dans tous les cas; et si l'art. 79 du décret du 6 juillet 1810 fixe les délais pendant lesquels le ministre ou le premier président doit ordinairement faire la nomination, à l'expiration de ces délais, le droit, ou, pour mieux dire, l'obligation de nommer résultant de la combinaison des dispositions précitées, n'en reste pas moins dans toute sa force. Seulement comme les époques où le ministre et le premier président doivent agir se trouvent dépassées, je crois que l'une et l'autre de ces autorités ayant laissé écouler les délais pendant lesquels l'une devait nommer par préférence, l'autre à défaut, il s'ensuit qu'il y a égalité de pouvoir, et que c'est par conséquent la première nomination, soit qu'elle émane du ministre ou du premier président, qui doit prévaloir; car dans ce cas la nomination ayant été faite par une autorité qui en avait le droit, ne saurait être invalidée par un acte postérieur. Ce principe, posé par l'arrêt de la Cour de cassation du 12 janvier

1838, me paraît parfaitement applicable à l'hypothèse actuelle, et je ne doute pas que si la Cour de
cassation avait à statuer à cet égard, elle ne jugeât
que quand les délais fixés par le décret de 1810
sont expirés, entre deux ordonnances rendues,
l'une par le ministre, l'autre par le premier président, la préférence doit être accordée à celle de ces
ordonnances qui a la priorité de date.

Le droit, soit du ministre, soit du premier président, de nommer le président d'assises, peut, suivant moi, s'exercer sans contestation jusqu'au moment où il a été fait aux jurés la notification dont
parle l'art. 389 du Code d'instruction criminelle.
Mais après cette notification peut-il en être de même
en présence de l'art. 263 du même Code, aux termes
duquel la présidence de la Cour d'assises, en cas
d'empêchement du président titulaire, est alors dé-
volue de plein droit au plus ancien des autres conseillers de la Cour royale, nommés ou délégués
pour assister le président, ou au président du tribunal de première instance.

Pendant longtemps le ministre de la justice, se
fondant sur le droit que lui confère l'art. 16 de la
loi du 20 avril 1810, de nommer *dans tous les cas* le
président d'assises, a été dans l'usage de faire cette
nomination même après que les jurés avaient été
convoqués.

Des doutes sérieux s'étaient ensuite élevés sur la
régularité de cet usage, qui était tombé en désué-

tude, quand la Cour de cassation en a reconnu la validité par un arrêt du 30 juillet 1840.

Cet arrêt est fondé 1° sur ce que l'art. 263 du Code d'instruction criminelle n'est pas prescrit à peine de nullité et n'est applicable qu'au cas où le premier président n'a pas usé du pouvoir à lui conféré par l'art. 16 de la loi du 20 avril 1810; 2° sur ce que les deux magistrats assesseurs avaient déclaré s'abstenir.

Quant au premier motif, je crois qu'on peut objecter que le Code n'a pas prescrit à peine de nullité les différentes dispositions relatives à la composition de la Cour d'assises (voir les art. 252 et 253), et cependant ces dispositions étant d'ordre public (voir de nombreux arrêts de la Cour de cassation, notamment du 31 mars 1831), leur violation entraînerait de plein droit la nullité des actes qui seraient faits par une Cour d'assises composée autrement qu'ils ne le prescrivent, et on ne voit pas pourquoi il n'en serait pas de même pour la violation de l'art. 263, qui change dans un cas donné la composition de la Cour d'assises, et doit par conséquent avoir la même force que les deux articles précités.

Quant au motif tiré de ce que les deux conseillers assesseurs avaient déclaré s'abstenir, il me semble peu concluant. En effet, les membres des Cours d'assises formées dans le sein de la Cour royale doivent être remplacés par d'autres mem-

bres de cette Cour, conformément à l'art. 9 du décret du 6 juillet 1810, sans qu'il soit nécessaire de
recourir à une nouvelle nomination du premier
président. C'est ce que la Cour de cassation a jugé
plusieurs fois, notamment le 16 juillet 1818 et le 14
mai 1840. Les assesseurs qui avaient déclaré s'abstenir devaient donc être remplacés par d'autres
membres de la Cour royale d'après le mode régulier que je viens d'indiquer, et en admettant dans
un sens absolu l'art. 263 du Code d'instruction criminelle, c'était le plus ancien des conseillers appelés ainsi à composer la Cour d'assises qui aurait
dû exercer de plein droit la présidence de cette
Cour.

Au surplus, l'arrêt de la Cour de cassation étant
principalement fondé sur le droit de nomination
que l'art. 16 de la loi du 20 avril 1810 confère au
premier président, comme ce droit est également
conféré par la même disposition au ministre de la
justice, même avec préférence, il est certain que
cette circonstance que, dans l'espèce, la nomination émanait du premier président, était sans importance, et que la décision aurait été semblable si
le ministre avait nommé.

C'est, au surplus, ce qui a été jugé par un autre
arrêt de la Cour de cassation du 10 avril 1847.
Cet arrêt ne s'appuie pas, comme le précédent,
sur ce que l'art. 263 du Code d'instruction criminelle n'est pas prescrit à peine de nullité, motif qui,

ainsi que je l'ai fait observer plus haut, devait paraître peu sérieux quand on l'appliquait à une disposition réglant la composition d'une Cour de justice. La Cour de cassation s'est bornée cette fois à restreindre le sens de l'art. 263; elle a pensé qu'un conseiller devant être délégué pour présider les assises, et le droit de faire cette délégation ayant été confié par l'art. 16 de la loi du 20 avril 1810 au ministre de la justice, et, à son défaut, au premier président, il n'y avait lieu de recourir au mode de remplacement déterminé par l'art. 263 qu'autant qu'il n'aurait pas été pourvu à la nomination par le ministre ou par le premier président.

Ainsi la jurisprudence se trouve maintenant fortement établie sur ce point; il en résulte qu'il ne faut employer le moyen autorisé par l'art. 263 que dans le cas extrêmement rare où ni le ministre ni le premier président n'auraient nommé.

Néanmoins je continue à croire que nonobstant la nomination par le ministre ou par le premier président, il faut recourir au mode prescrit par l'art. 263 quand l'empêchement du président se manifeste soudainement et dans un moment où ni l'une ni l'autre des autorités citées n'est plus à même de procéder utilement à son remplacement.

Je crois aussi qu'il faut, à moins d'une nécessité impérieuse de service, éviter des remplacements tardifs, qui, évidemment, n'ont pu entrer dans les intentions du législateur, et qui feraient naître la pensée fausse, mais néanmoins fâcheuse, que ces remplacements auraient été faits en vue des affaires dont la Cour aurait à s'occuper.

Si le président des assises peut être remplacé même quand la liste des jurés a été notifiée, à plus forte raison doit-il en être ainsi tant que cette notification n'a pas été faite. La loi veut en effet qu'un conseiller soit délégué pour présider les assises; ordinairement cette délégation est faite longtemps avant l'ouverture des assises auxquelles elle se rapporte. Il peut donc arriver très-souvent que dans l'intervalle le président nommé ou meure, ou change de Cour, ou par d'autres motifs ne puisse remplir la mission qu'on lui avait confiée; il laisse ainsi une vacance qui d'après le vœu de la loi doit être remplie, et ce ne peut être que par le choix d'un autre conseiller. Il me paraît donc certain que le remplacement du président d'assises empêché est non-seulement l'exercice d'un droit, mais même l'accomplissement d'un devoir de la part des autorités chargées de déléguer cette importante magistrature.

Mais est-ce le ministre, est-ce le premier président qui doit faire ce remplacement?

Pour décider cette question, il faut se rappeler qu'il est de règle générale qu'à moins de dispositions expressément contraires, le droit de remplacer est exercé par l'autorité qui a fait la nomination. Or, la loi n'ayant pas déterminé, excepté dans un cas dont je vais parler, par qui le président des assises empêché serait remplacé, je n'hésite pas à penser que ce remplacement ne dût être opéré par le ministre s'il avait précédemment nommé le conseiller empêché, et par le premier président s'il avait fait la nomination. Il ne doit y avoir, selon moi, d'exception à cet égard que quand le remplacement est fait à l'instant où la nécessité de la tenue d'une assise extraordinaire se manifeste. Alors, attendu l'urgence, l'art. 81 du décret du 6 juillet 1810 attribue exclusivement au premier président le droit de remplacer le président d'assises. Cette exception, la seule que je connaisse, confirme la règle ; car, si le premier président avait eu dans tous les cas le droit de remplacer le président d'assises empêché, il aurait été inutile de lui conférer spécialement ce droit dans un cas particulier. Au surplus, c'est ce que la Cour de cassation a reconnu formellement dans l'arrêt précité du 10 avril 1847. Cet arrêt juge en effet qu'il résulte de la généralité des termes de l'art. 16 de la loi du 20 avril 1810, qu'il est également applicable au cas d'une première nomination et au cas de remplacement. Ainsi, de même que pour la nomination, le remplacement, si ce n'est dans le cas d'une assise extraordinaire, ne doit être fait par le premier président qu'à défaut du ministre de la justice.

Il existe encore un autre moyen de pourvoir au

remplacement du président d'assises. La Cour royale peut toujours, d'après l'art. 253 du Code d'instruction criminelle, décider qu'un de ses membres sera délégué pour compléter la Cour d'assises. Lorsque cette mesure est prise, et que le président titulaire est empêché, le conseiller délégué pour être assesseur se trouve investi de la présidence. Mais il convient de ne recourir à ce moyen, qui exige la convocation en assemblée générale de toutes les chambres de la Cour royale, que s'il y avait des inconvénients à en adopter un autre. Il n'est en général usité que quand le président d'assises ne peut connaître d'une ou plusieurs accusations qui doivent être jugées pendant la session et qui par leur importance exigent la présence d'un membre de la Cour royale.

J'ai dit plus haut que la Cour de cassation avait jugé, le 12 janvier 1838, que quand le premier président avait nommé un président d'assises dans la huitaine qui avait suivi la clôture des dernières assises sans que le ministre de la justice eût précédemment procédé à la même nomination, l'ordonnance de ce magistrat était compétemment et régulièrement rendue et ne saurait être invalidée par aucun acte postérieur d'une autre autorité.

Cette règle doit évidemment s'appliquer au cas où le ministre de la justice a nommé un président d'assises dans le délai qui lui est fixé ; son ordonnance, légalement rendue dans les limites de sa compétence, ne peut être annulée par une autre nomination faite par le premier président. Je crois qu'il est inutile d'insister sur ce point.

Mais le premier président peut-il nommer assesseur du président de la Cour d'assises formée au sein de la Cour royale, un conseiller nommé précédemment par le ministre de la justice pour présider, pendant le même trimestre, les assises d'un autre département?

Si l'ouverture des deux assises devait avoir lieu à la même époque ou à des époques très-rapprochées, je n'hésite pas à penser que cette double nomination ne devrait pas avoir lieu, et que la seconde, si elle avait été faite, devrait être considérée comme non avenue.

En effet, le premier président ne peut directement ni indirectement annuler la nomination faite par le ministre, et ce serait évidemment le faire que de donner à un conseiller une mission qu'il devrait accomplir à la même époque que celle qui lui a été précédemment confiée. Je pense donc qu'en pareil cas le président devrait se conformer à l'ordonnance du ministre, sans tenir compte de celle du premier président, qu'il serait dans l'impossibilité d'exécuter.

Mais si l'ouverture des deux assises ne devait pas coïncider, il n'y aurait plus même raison de décider. Aux termes de l'art. 19 de la loi du 20 avril 1810, le même conseiller peut présider successivement plusieurs assises pendant le même trimestre, et rien évidemment ne s'oppose à ce qu'il siége à ces différentes assises soit comme président, soit comme assesseur.

D'un autre côté, la loi confère au premier président le droit de choisir les assesseurs parmi tous les membres de la Cour royale, et nulle autre limite n'est apportée à ce droit que l'impossibilité par le magistrat choisi de remplir la mission qu'on lui confierait, l'appréciation des besoins du service, et la répartition aussi égale que possible d'une tâche aussi honorable qu'elle est délicate et pénible.

Je crois donc que le premier président peut, s'il le juge nécessaire, appeler comme assesseur à la Cour d'assises du chef-lieu un conseiller désigné pour présider les assises d'un autre département pendant le même trimestre, lorsque les deux sessions ne doivent pas être ouvertes dans le même temps. Mais, cependant, comme on ne saurait prévoir à l'avance si l'on ne sera pas forcé d'ouvrir des assises extraordinaires, ce qui ferait renaître la difficulté dont j'ai parlé plus haut, et comme d'ailleurs le service des assises est souvent très-pénible, et pourrait excéder les forces d'un magistrat s'il devait se renouveler pour lui deux fois dans le même trimestre, il me semble qu'à moins de nécessité absolue, il faut éviter de désigner comme assesseur un conseiller déjà investi de la présidence d'une autre Cour d'assises. C'est, au surplus, dans ce sens que M. le garde des sceaux a répondu quand il a été consulté.

Lorsqu'un conseiller, pendant le cours d'une session qu'il présidait, a ordonné l'arrestation d'un témoin dont la déposition lui paraissait fausse, peut-il présider la Cour d'assises devant laquelle est renvoyé ce même individu comme accusé de faux témoignage?

Il faut distinguer : si le président, usant du droit que lui conférait l'art. 330 du Code d'instruction criminelle, avait exercé lui-même les fonctions de juge d'instruction, ou même s'il n'avait confié ce soin à l'un de ses assesseurs qu'après avoir fait quelque acte d'instruction, il ne serait pas douteux que l'art. 257 du Code d'instruction criminelle ne lui fût applicable, et que par conséquent il ne dût s'abstenir de prendre part aux débats subséquents devant la Cour d'assises; c'est ce que la Cour de cassation a jugé par arrêt du 7 octobre 1824. Mais lorsque le président s'est borné à ordonner l'arrestation des individus soupçonnés de faux témoignage, et qu'il a à l'instant même commis un juge pour instruire sans s'immiscer en rien avant ni depuis dans l'information, évidemment rien ne s'oppose à ce qu'il préside la Cour d'assises où l'affaire vient se terminer. Cette opinion a été exprimée par M. le garde des sceaux dans une lettre du 2 avril 1829.

Il en est de même pour le cas où un accusé jugé

par contumace se présente devant la justice pour être soumis à des débats contradictoires. Évidemment, le même magistrat qui a présidé la Cour lors du jugement par contumace, peut encore la présider lors du jugement contradictoire. Le premier jugement n'avait rien de définitif; il est tombé par le seul fait de la représentation de l'accusé; et l'affaire se présente comme si elle n'avait pas encore été jugée. M. le garde des sceaux s'est prononcé dans ce sens par une lettre du 13 mai 1823.

Une autre question s'est élevée : c'est celle de savoir si les membres de la chambre des appels de police correctionnelle qui ont connu d'une affaire dans cette chambre, peuvent ensuite faire partie de la Cour d'assises devant laquelle la même affaire est portée.

M. le garde des sceaux a répondu, le 4 avril 1826, que les exclusions étant de droit étroit, et l'art. 257 du Code d'instruction criminelle n'ayant exclu de la Cour d'assises que les membres de la Cour royale qui ont voté sur la mise en accusation, on ne saurait étendre cette disposition aux membres qui n'ont connu l'affaire qu'à la chambre correctionnelle, et que ceux-ci pouvaient donc participer devant la Cour d'assises au jugement du même procès.

La Cour de cassation, par un arrêt du 1er avril 1847 (affaire de Busançais), a jugé aussi que l'exception posée dans l'art. 257 du Code d'instruction criminelle devait être restreinte aux conseillers qui ont voté sur la mise en accusation, et que par conséquent deux conseillers qui avaient participé à l'arrêt de la Cour royale ordonnant l'évocation d'une affaire, avaient pu valablement entrer dans la composition de la Cour d'assises qui a statué sur cette affaire.

Ces décisions sont évidemment fondées sur une saine appréciation de la loi. D'ailleurs, si l'on excluait de la Cour d'assises les membres de la Cour royale qui ont précédemment statué à tout autre titre que comme faisant partie de la chambre d'accusation, il faudrait étendre la même exclusion aux membres des tribunaux des chefs-lieux de département qui auraient connu de l'affaire soit en police correctionnelle, soit dans la chambre du conseil. Une pareille exclusion rendrait souvent la composition de la Cour d'assises impossible ; aussi la Cour de cassation l'a-t-elle repoussée par plusieurs arrêts, notamment du 22 janvier 1824.

Le choix du ministre de la justice et du premier président pour la présidence des assises peut porter sur tous les *membres* de la Cour royale, et par conséquent sur les présidents de chambre aussi bien que sur les simples conseillers. L'art. 16 de la loi du 20 avril 1810 est précis à cet égard ; l'art. 252 du Code d'instruction criminelle ne l'est pas moins, en ce qui concerne la Cour d'assises formée au sein de la Cour royale.

Quant aux Cours d'assises dans les départements autres que celui où siége la Cour royale, l'ancien art. 253 du Code d'instruction criminelle disposait aussi qu'un membre de la Cour royale serait délégué pour présider la Cour d'assises ; mais la loi du 4 mars 1831, dont le texte a été reproduit dans l'art. 253, actuellement en vigueur, ayant substitué à cette expression *membre de la Cour royale*, celle de *conseiller*, on a élevé la question de savoir si maintenant un président de chambre peut valablement présider ces assises.

Ordinairement les présidents de chambre ne sont pas détournés de leurs fonctions habituelles pour présider les assises. Cependant, il est arrivé quelquefois que le choix est tombé sur des magistrats de cet ordre. Mais ce qui se présente fréquemment, c'est que les conseillers, après leur nomination comme présidents d'assises, sont appelés par ordonnance royale à la présidence d'une chambre de la Cour royale. Dans ce cas, faut-il nécessairement les remplacer ? Le texte du nouvel art. 253 a fait naître d'honorables scrupules dans l'esprit de quelques-uns de ces magistrats ; mais je crois que ces scrupules étaient mal fondés. Comme je l'ai déjà fait remarquer, l'art. 16 de la loi du 20 avril 1810 s'est servi de l'expression générale de membre de la Cour royale ; les auteurs du Code d'instruction criminelle ont employé la même expression ; enfin, la loi du 4 mars 1831, dans laquelle le terme restrictif de conseiller se trouve pour la première fois, n'a pour objet, dans ses art. 2 et 3, que de réduire le nombre des membres des Cours d'assises de cinq à trois, ce qui ne permet pas de supposer qu'elle ait voulu aussi restreindre aux seuls conseillers le choix du ministre de la justice et des premiers présidents. D'ailleurs, ce qui doit, suivant moi, lever tous les doutes, c'est que l'art. 1er de la loi du 20 avril 1810 donne expressément le titre de conseiller aux présidents aussi bien qu'aux autres membres de la Cour royale.

Il me paraît donc certain qu'un président de chambre, avant comme depuis la loi du 4 mars 1831, peut régulièrement présider les assises, soit du département où siége la Cour royale, soit des autres départements du ressort.

C'est toujours dans ce sens que M. le garde des sceaux a répondu lorsque la question s'est présentée. J'ajouterai, à l'appui de la jurisprudence de la chancellérie, que bien souvent la Cour de cassation a eu à statuer sur des pourvois formés contre des arrêts rendus par des Cours d'assises présidées par des présidents de chambre, et que jamais elle n'a trouvé, dans cette circonstance, ni une cause de nullité, ni même une simple irrégularité.

Après avoir indiqué par qui et à quelle époque doit être faite la nomination des présidents d'assises, il convient d'examiner quelle est la durée des pouvoirs temporaires de ces magistrats.

Il résulte de la combinaison des art. 259 du Code d'instruction criminelle et 79 du décret du 6 juillet 1810, que des assises doivent être tenues dans chaque département tous les trois mois; c'est-à-dire, suivant l'expression dont se sert la dernière de ces dispositions, une fois au moins par trimestre. Cette même expression *trimestre* se retrouve dans l'art. 9 du décret du 30 janvier 1811, et dans l'ordonnance royale du 17 mai 1832. Ainsi, nul doute que la mission confiée aux présidents d'assises ne doive s'étendre au trimestre entier pour lequel ils ont été nommés, et c'est ce qui est toujours textuellement exprimé dans l'ordonnance de nomination rendue soit par le ministre de la justice, soit par le premier président. Le mot trimestre doit être pris ici dans son acception usuelle, et signifie le quart de l'année suivant sa division ordinaire. Le premier trimestre commence au 1er janvier et finit le 31 mars; le second commence au 1er avril et finit le 30 juin, et ainsi de suite. Telles sont les limites qui, depuis la nouvelle organisation judiciaire de 1810, ont toujours été fixées à la durée des pouvoirs des présidents d'assises.

A la vérité, quelques magistrats avaient pensé que ces pouvoirs ne devaient commencer qu'à partir de l'ouverture des assises; mais outre que le président a des devoirs à remplir avant cette ouverture, notamment celui d'interroger lui-même les accusés lors de leur arrivée dans la maison de justice, ou de déléguer cette fonction à l'un des juges (art. 266 du Code d'instruction criminelle), il suivrait de ce que la mission du président d'assises ne commencerait qu'avec ces assises, qu'elle serait presque toujours d'une durée incertaine et inégale; le premier président tient, en effet, de l'art. 19 de la loi du 20 avril 1810 le droit de fixer l'ouverture de la session, et par conséquent d'en avancer ou d'en reculer l'époque ordinaire; si donc les pouvoirs du président d'assises étaient restreints à l'intervalle de l'ouverture de deux sessions successives, il arriverait que ces pouvoirs, contre le vœu des textes cités plus haut, dureraient tantôt plus, tantôt moins de trois mois. Enfin, une considération moins forte, mais qui cependant n'est pas sans importance, milite encore pour que la durée de la mission des présidents d'assises suive la sousdivision ordinaire de l'année. L'admission d'une autre règle créerait une véritable perturbation dans l'ordre de la comptabilité, toutes les fois que la magistrature temporaire des présidents d'assises s'étendrait d'une année à l'autre. En pareil cas, on ne saurait déterminer, en effet, dans laquelle de ces années devrait être comptée la dépense relative à l'indemnité qui leur est accordée.

On n'a donc pas dû s'arrêter à l'opinion que je viens de rappeler, et il est maintenant reconnu partout, sans contestation, que les présidents d'assises doivent exercer leurs pouvoirs pendant un quart de l'année.

Il n'y a qu'un cas où ces pouvoirs peuvent et doivent se prolonger pendant une partie du trimestre suivant : c'est celui où une session ordinaire ou extraordinaire d'assises a commencé à la fin du trimestre ; cette session doit continuer avec la même composition de la Cour d'assises, tant qu'il reste des affaires qui, lors de son ouverture, étaient en état de recevoir jugement. L'art. 260 du Code d'instruction criminelle est formel à cet égard, et rend indispensable une prolongation des pouvoirs du président même, après l'expiration du trimestre pour lequel il avait été nommé.

Mais à part ce cas, qui se présente très-rarement, la mission du président reste limitée, je le répète, au trimestre indiqué dans l'ordonnance de nomination.

Il était nécessaire de poser une règle fixe à cet égard, afin de mieux déterminer ce qu'on doit entendre par les sessions ordinaires et extraordinaires d'assises.

Aux termes de l'art. 259 du Code d'instruction criminelle, il doit se tenir des assises tous les trois mois ; ce sont là les assises ordinaires. Mais le même article autorisant une convocation d'assises plus fréquente quand le besoin l'exige, l'art. 81 du décret du 6 juillet 1810 qualifie ces assises *d'assises extraordinaires*. De là cette conséquence naturelle que les assises ordinaires doivent toujours précéder les assises extraordinaires. S'il en était autrement, la distinction entre les sessions ordinaires et les sessions extraordinaires serait arbitraire, et l'on éprouverait d'assez graves embarras pour exécuter l'art. 81 du décret du 6 juillet 1810, portant que les assises extraordinaires seront présidées par le président des assises précédentes. Si, en effet, les assises extraordinaires devançaient les assises ordinaires, il faudrait les faire présider par le président du dernier trimestre, c'est-à-dire par un magistrat dont la mission est finie, et qui viendrait ainsi exercer des pouvoirs exclusivement confiés au magistrat qui lui a succédé dans la présidence des assises.

En considérant, au contraire, comme assises extraordinaires celles qui suivent les assises ordinaires, il devient facile de concilier toutes les dispositions légales et réglementaires. C'est le magistrat qui a présidé les précédentes assises qui préside aussi celles qui sont convoquées extraordinairement. Cette double magistrature est accomplie pendant la durée légale de sa mission. Les indemnités auxquelles il a droit se trouvent régulièrement déterminées par l'ordonnance royale du 17 mai 1832, dont l'art. 2 dissiperait tous les doutes s'il pouvait en exister sur ce point que les assises ordinaires précèdent les assises extraordinaires.

Cependant, quelques objections avaient été élevées à ce sujet.

On prétendait que l'art. 19 de la loi du 20 avril 1810 ayant déterminé que les assises se tiendraient dans chaque département, de manière à n'avoir lieu dans le ressort de la même Cour royale que les unes après les autres, et de mois en mois; et que, d'un autre côté, l'art. 83 du décret du 6 juillet 1810 ayant chargé la Cour royale de fixer les époques de la tenue des assises dans tout le ressort, on prétendait, dis-je, que ces époques ne pouvaient plus être changées, et que par conséquent quand, avant l'époque habituelle des assises ordinaires, il y avait nécessité de faire procéder au jugement d'accusations en état, les assises qu'on se trouvait ainsi dans l'obligation de convoquer étaient véritablement des assises extraordinaires.

Un examen attentif de la loi du 20 avril 1810 et du décret rendu pour son exécution, suffit pour apprécier le peu de fondement de ces objections.

La règle établie par l'art. 19 de la loi précitée a pour objet de ne pas priver à la fois la Cour royale de plusieurs de ses membres; cette règle doit être ordinairement suivie, mais elle est subordonnée aux besoins du service, et elle n'est pas d'ailleurs tellement absolue qu'elle ne doive être enfreinte pour obéir à la loi même dans le cas prévu par l'art. 259 du Code d'instruction criminelle. D'ailleurs, l'art. 20 de la même loi qui, sur ce point, a dérogé à l'art. 266 du Code d'instruction criminelle, attribue au premier président le droit général de désigner le jour où doivent s'ouvrir les assises. Ce droit se trouve confirmé par l'art. 80 du décret du 6 juillet 1810.

Quant à la fixation de l'ouverture des assises par la Cour royale, dont parle l'art. 83 du même décret, cette attribution était par cet article même limitée au *premier trimestre* qui devait suivre l'installation de la Cour. C'était une disposition transitoire comme celles qui la suivent et qui maintenant ne peut plus être invoquée.

Il est donc certain que le premier président peut, en se conformant autant que possible à la règle posée dans l'art. 19 de la loi du 20 avril 1810, avancer ou reculer, suivant les besoins du service, l'époque habituelle de l'ouverture des assises. Il est indispensable d'user de ce droit dans une foule de cas où la convocation des assises à jour fixé longtemps à l'avance deviendrait impossible, notamment quand des inondations ou d'autres événements imprévus empêchent les jurés de se rendre à leur poste, ou quand les élections coïncident avec la tenue des assises. Rien ne s'oppose donc à ce que le premier président, quand des accusations sont prêtes au commencement d'un trimestre, n'avance l'époque à laquelle doit s'ouvrir la session ordinaire, sauf à convoquer plus tard, s'il y a lieu, pendant le même trimestre, une autre tenue d'as sises, qui sont alors des assises extraordinaires.

Le droit des premiers présidents à cet égard a été très-souvent exercé, et jamais la Cour de cassation, appelée à statuer sur des pourvois formés par des condamnés jugés aux assises ainsi avancées ou reculées, n'a trouvé dans cette circonstance rien qui fût contraire à la loi.

La nomination des conseillers qui assistent le président et composent avec lui la Cour d'assises doit, d'après les dispositions citées plus haut, être faite soit par le ministre de la justice, soit par le premier président. C'est ordinairement ce magistrat qui procède à cette nomination. Il n'est pas à ma connaissance que le ministre ait jamais usé de son droit à cet égard, si ce n'est quand la Cour royale avait décidé qu'un ou plusieurs de ses membres seraient délégués pour compléter la Cour d'assises d'un département du ressort. Mais, dans ce cas même, il est très-rare que le ministre fasse les nominations.

J'ai précédemment rappelé que le premier président peut choisir, à quelques exceptions près que j'ai indiquées, les assesseurs parmi tous les membres de la Cour royale. De là il résulte fréquemment que les assesseurs sont plus anciens que le président; mais ce dernier magistrat n'en conserve pas moins la présidence. Il est chargé d'une mission spéciale qui lui donne des pouvoirs extraordinaires que lui seul peut exercer tant qu'il est présent.

Il n'y a d'exception que quand le premier président vient lui-même siéger à la Cour d'assises. Il use ainsi d'un droit légal et supérieur à tous les autres.

Mais quand le président titulaire est absent ou empêché, et qu'il est remplacé par l'un de ses assesseurs, la règle hiérarchique reprend toute sa force. C'est le plus ancien conseiller qui doit présider. L'art. 263 du Code d'instruction criminelle ne laisse aucun doute à cet égard. Cette règle est tellement absolue, que le consentement même de l'assesseur plus ancien à ce que son collègue moins ancien prît la présidence ne pourrait couvrir la nullité résultant de cette fausse composition de la Cour d'assises. C'est ce qui a été jugé de la manière la plus formelle par un arrêt de la Cour de cassation du 3 avril 1847.

Au surplus, je ne doute pas que le premier président ne puisse remplacer par une nouvelle ordonnance les assesseurs précédemment nommés et qui se trouvent empêchés. Les motifs de mon opinion à cet égard sont les mêmes que ceux que j'ai exprimés plus haut pour le remplacement du président. Dans les deux cas il y a même droit et même nécessité; la même solution doit donc être adoptée. Mon avis sur ce point se trouve d'ailleurs confirmé par l'arrêt du 3 avril 1847, que j'ai cité plus haut.

Mais s'ensuit-il, comme quelques magistrats l'avaient pensé, qu'afin d'éviter les embarras que présente quelquefois le remplacement imprévu des assesseurs, le premier président puisse à l'avance, outre les assesseurs titulaires, nommer des assesseurs suppléants dans la prévision éventuelle de pourvoir à la composition de la Cour d'assises? Je ne le crois pas. La loi du 20 avril 1810 ne donne au premier président que le droit de nommer les assesseurs titulaires. Quand cette nomination a été publiée, les magistrats qu'elle concerne peuvent seuls faire le service de la Cour d'assises. Ils ne peuvent s'y refuser, car ce service rentre dans l'exercice habituel et légal de leurs fonctions. Ils appartiennent à la Cour et doivent, à moins d'empêchements sérieux, rester les juges des accusés renvoyés devant elle. Ils ne doivent donc être remplacés que quand la nécessité s'en manifeste, et dans ce cas, ce remplacement doit se faire au moment seulement où il est indispensable, soit par une nouvelle ordonnance, soit d'après le mode indiqué par l'art. 9 du décret du 6 juillet 1810; mais il me paraît certain que quand le premier président a nommé les assesseurs, il a épuisé son droit, et ne saurait désigner à l'avance les conseillers qui, dans un cas purement accidentel, pourraient être appelés à les remplacer.

D'ailleurs cette désignation prématurée d'assesseurs suppléants produirait souvent un effet contraire à celui qu'on en aurait attendu. On s'exposerait ainsi à ce qu'au moment où la présence à la Cour d'assises de ces suppléants deviendrait nécessaire, ils fussent forcés d'interrompre le service qu'ils feraient dans une autre chambre, sans qu'on pût utiliser pour les assises les autres magistrats qui se trouveraient disponibles.

Il faut donc renoncer à une mesure qui, outre qu'elle n'a pas de base légale, pourrait rendre plus difficile la marche générale de la justice.

M. le garde des sceaux s'est formellement prononcé dans ce sens quand il a été consulté.

La Cour royale, toutes les chambres assemblées, peut, dans certaines circonstances, décider que les Cours d'assises des départements autres que celui où elle siége seront composées en tout ou en partie de conseillers.

Ce droit, écrit dans l'ancien art. 254 du Code d'instruction criminelle, et dans l'art. 16 de la loi du 20 avril 1810, a été également reconnu par le nouvel art. 253 du Code précité. Mais une différence de rédaction a fait naître des doutes sur l'autorité à laquelle il appartient de désigner les conseillers dont la Cour royale a ordonné l'envoi dans les départements.

L'ancien art. 254 portait que c'était la Cour royale qui devait *déléguer* ses membres pour le service des assises, et le sens de ce mot *déléguer* n'était pas douteux, puisqu'il était employé dans l'article précédent pour exprimer une désignation personnelle. Sous l'empire de ces dispositions, il paraissait donc certain que la Cour royale devait non-seulement ordonner l'envoi de ses membres, mais en outre nommer les magistrats qui seraient chargés de cette mission.

L'art. 16 de la loi du 20 avril 1810 modifia cette règle. Tout en laissant à la Cour royale seule le droit d'apprécier la nécessité de cette mesure, elle en attribua l'exécution, c'est-à-dire la désignation des conseillers, au ministre de la justice et au premier président.

Pendant longtemps nulle difficulté ne s'éleva à cet égard; mais la loi du 4 mars 1831 ayant reproduit l'ancienne disposition de l'art. 254 du Code d'instruction criminelle, et paraissant avoir rendu à la Cour royale le droit que la loi de 1810 lui avait enlevé, de déléguer et par conséquent de désigner ceux de ses membres qui devaient se transporter dans les départements du ressort pour prendre part aux travaux des assises, il en résulta une fâcheuse incertitude sur la marche à suivre. Tantôt c'était le ministre ou le premier président qui nommait, tantôt le choix était fait par la Cour royale elle-même.

Un pareil état de choses présentait trop d'inconvénients pour être maintenu. Aussi M. le garde des sceaux a-t-il saisi avec empressement l'occasion de soumettre la question à la Cour de cassation, et cette Cour, par arrêt du 4 octobre 1839, a jugé que l'art. 2 de la loi du 4 mars 1831 et l'art. 253 du Code d'instruction criminelle, qui a reproduit cette disposition, n'ont eu pour objet que de réduire de cinq à trois le nombre des membres de la Cour d'assises, et n'ont point changé le mode suivant lequel les présidents et assesseurs doivent être nommés ; que ces nominations, qui rentrent dans les actes d'administration, demeurent réglées comme elles l'étaient auparavant par la loi organique du 20 avril 1810, et qu'ainsi les premiers présidents ont conservé le droit de faire ces nominations lorsqu'elles n'ont pas été opérées par le ministre de la justice.

Cet arrêt, qui paraît conforme aux véritables intentions du législateur, a toujours depuis servi de règle, et tout porte à croire qu'il préviendra de nouvelles difficultés.

Les différentes dispositions que je viens de rappeler, interprétées par l'usage et par la jurisprudence, règlent d'une manière certaine par qui et comment doivent être nommés les conseillers appelés à faire le service des assises; mais la loi ne s'étant pas occupée d'une manière aussi claire du choix des magistrats du tribunal de première instance, qui complètent ordinairement la Cour d'assises dans les départements autres que celui où siége la Cour royale, il s'ensuit qu'il n'existe pas de mode uniforme pour déterminer le service de ces magistrats.

Dans certains départements, on suit la ligne hiérarchique. On appelle d'abord le président et le vice-président, et ensuite les juges, suivant leur rang d'ancienneté. Ailleurs, les divers membres du tribunal sont appelés indistinctement à la Cour d'assises sans autre motif que celui de déranger le moins possible le service du tribunal. Quelquefois ce sont les mêmes juges qui siégent pendant toute la session. Ailleurs il s'opère une sorte de roulement qui change presque chaque jour la composition de la Cour d'assises.

Ce dernier mode présente des inconvénients qui ont été souvent remarqués. Les membres de la Cour d'assises tiennent de la loi des pouvoirs étendus. Dans le cas de l'admission des circonstances atténuantes, eux seuls déterminent si la peine doit être abaissée d'un ou de deux degrés. Ils ont en outre une grande latitude pour la fixation de la durée de cette peine dans les limites du minimum ou maximum. Ces pouvoirs exigent, pour leur exercice régulier, des vues d'ensemble qui deviennent presque impossibles dans une Cour dont la composition varie chaque jour. A mon avis, il serait à désirer que les mêmes magistrats tinssent les assises pendant toute la session, sauf à remplacer seulement ceux qui se trouveraient véritablement empêchés, et à faire faire le service des audiences du tribunal par les autres juges.

Malheureusement la détermination à prendre à cet égard n'a été attribuée par la loi à aucune autorité.

L'ancien art. 253 du Code d'instruction criminelle portait que la Cour d'assises, dans les départements autre que celui où siége la Cour royale, serait composée, outre le conseiller président, de quatre juges pris parmi les présidents et les juges plus anciens du tribunal de première instance. Sous l'empire de cette disposition, la composition de la Cour d'assises était toujours la même ; les présidents et les juges plus anciens y entraient de plein droit. Il n'y avait donc ni choix à faire, ni ordre de service à établir. Mais la loi du 4 mars 1831, qui a réduit à trois le nombre des membres des Cours d'assises, a en outre apporté au Code d'instruction criminelle une modification trop importante pour qu'on puisse l'attribuer simplement à une inadvertance de rédaction, comme la Cour de cassation l'a jugé le 4 octobre 1839 pour une autre partie de la même loi.

L'art. 2 de cette loi, reproduit dans le nouvel art. 253 du Code d'instruction criminelle, porte, en effet, que la Cour d'assises sera composée, outre le président, de deux juges pris parmi les présidents *ou* les juges du tribunal.

Ainsi, ce n'est plus l'ancienneté, dont on ne parle pas, qui doit servir de règle ; et la substitution de la particule disjonctive *ou* à la particule conjonctive *et*, qui se trouvait dans l'ancien article, prouve qu'on peut maintenant prendre les membres de la Cour d'assises indistinctement parmi tous les magistrats du tribunal de première instance. De là la nécessité d'un choix qui résulte aussi de cette autre expression, *pris*, qui se trouve aussi employée dans le même article.

Mais par qui les magistrats de première instance doivent-ils être pris ou choisis? Sur ce point la loi est restée muette.

Ce droit ne saurait appartenir ni au ministre de la justice, ni au premier président de la Cour royale. L'art. 16 de la loi du 20 avril 1810, et le décret du 6 juillet suivant, ont circonscrit les pouvoirs de ces deux autorités, et ne leur permettent de nommer les assesseurs, pour les assises tenues hors du chef-lieu de la Cour royale, que lorsque cette Cour a décidé qu'ils seraient pris dans son sein, et leur ont, par cela même, implicitement refusé le même pouvoir quand il s'agit d'assesseurs pris dans les rangs du tribunal de première instance.

Ce droit n'appartient pas plus au président du tribunal de première instance. La Cour d'assises est une juridiction supérieure dont ce magistrat peut faire partie, mais sans y avoir aucune prééminence, si ce n'est dans le cas exceptionnel prévu par l'art. 263 du Code d'instruction criminelle. Simple membre de la Cour, le président de première instance ne saurait donc en désigner les autres membres.

Reste le président d'assises. Ce magistrat, pendant la durée de sa mission, est, en ce qui concerne la Cour qu'il préside, la seule autorité supérieure, et cela est si vrai que le Code l'autorise à déléguer les juges de première instance, et par conséquent lui confère sur eux une supériorité non douteuse.

Il semble donc que le choix des membres de la Cour, choix que les termes précis de la loi rend nécessaire, devrait appartenir au président d'assises, qui aurait à se concerter à cet égard avec le président du tribunal, lequel peut mieux apprécier que personne les besoins de ce tribunal. Il conviendrait même ordinairement de laisser à ce dernier magistrat le soin de désigner ceux de ses collègues qui doivent être appelés à la Cour d'assises, sauf à soumettre cette désignation au président de cette Cour, qui, soit qu'il l'approuve expressément, soit même qu'il ne la conteste pas, serait considéré comme se l'étant appropriée.

Tel est le sens dans lequel M. le garde des sceaux avait répondu chaque fois qu'on l'avait consulté sur la composition des Cours d'assises siégeant dans les départements autres que celui où se trouve la Cour royale.

En présence de la nouvelle rédaction de l'article 253 du Code d'instruction criminelle, qui appelle indistinctement tous les membres du tribunal à faire partie de la Cour d'assises, il paraissait en effet indispensable que le choix de ces magistrats pût et dût être fait par quelqu'un ; or, comme nulle disposition ne le prohibait, il semblait naturel d'attribuer ce choix au président d'assises, la plus haute autorité judiciaire du département, comme il est fait par le premier président dans le département où réside ce magistrat. Pendant longtemps ce droit, qu'on croyait appartenir au président d'assises et qui était exercé avec les ménagements et la prudence que le ministre n'avait cessé de recommander, n'avait pas été contesté ; mais enfin il fut mis en question dans une affaire dont je crois devoir rappeler les principales circonstances, afin de faire mieux comprendre l'arrêt qui l'a terminée.

Un conseiller nommé président d'une Cour d'assises, voulant user dans sa plénitude du droit dont il s'agit, écrivit au président du tribunal, sans s'être préalablement concerté avec ce magistrat, qu'il se réservait le choix des juges qui compléteraient comme assesseurs la Cour d'assises.

Le président, étonné, pour ne rien dire de plus, d'un procédé si insolite, convoqua son tribunal et le fit délibérer sur la lettre du président d'assises. Ce tribunal, ainsi appelé à examiner une question qui sortait de sa compétence, non-seulement déclara que le président des assises n'avait pas le droit de nommer ses assesseurs, mais en outre s'appropria ce droit, et délégua ceux de ses membres qui feraient le service des assises pendant la session suivante.

Cet acte du tribunal contenait un excès de pouvoir évident. M. le garde des sceaux le fit déférer à la Cour de cassation, et il saisit cette occasion de soumettre à cette Cour la question délicate que faisait naître la nouvelle rédaction de l'art. 253 du Code d'instruction criminelle.

Dans sa lettre au procureur général, M. le garde des sceaux faisait valoir les motifs que j'ai cités plus haut, et il ajoutait, en ce qui concerne l'illégalité de la désignation faite par le tribunal, que le droit de nommer les assesseurs avait été positivement refusé aux tribunaux de première instance dans la discussion de la loi du 4 mars 1831.

La Cour de cassation n'hésita pas à annuler la délibération du tribunal; mais sur la question bien plus importante du choix des assesseurs, ne partageant pas l'opinion qui avait prévalu jusque-là, elle a rendu le 15 mars 1845 l'arrêt suivant :

« Vu les art. 253 et 264 du Code d'instruction criminelle; attendu que d'après ces articles, même avec la rédaction nouvelle que leur a donnée la loi du 4 mars 1831, les juges composant la Cour d'assises dans les départements autres que celui où siége la Cour royale, doivent être pris parmi les membres du tribunal de première instance, en suivant l'ordre du tableau ; qu'en effet l'art. 253 appelle les présidents avant les juges, et l'art. 264 appelle, à défaut de juges, les suppléants; que ce mode de procéder est conforme aux principes généraux de notre organisation judiciaire; que le changement de rédaction effectué par la loi de 1831 peut d'autant moins être considéré comme une preuve de la volonté d'innover en cette partie, que, si l'on eût voulu substituer à la désignation de la loi un choix spécial, on n'aurait pas manqué de déterminer de quelle manière ce choix serait fait; que le service des Cours d'assises dont il s'agit doit donc continuer de se faire, depuis la loi de 1831, comme il se faisait auparavant, c'est-à-dire que les premiers inscrits sur le tableau doivent siéger toutes les fois qu'ils n'en sont pas empêchés, auquel cas, ils doivent être remplacés par ceux qui les suivent immédiatement, et ainsi de suite, en descendant aussi loin qu'il est nécessaire, et même jusqu'aux suppléants s'il y a lieu; qu'il n'appartient dès lors à qui que ce soit de faire, pour assurer ce service, une désignation qui résulte de la loi même. »

Malgré tout le respect que doit inspirer cet arrêt, il paraît bien difficile de penser, comme la Cour, que quand le législateur a substitué un article à un autre, et que dans sa nouvelle rédaction il a employé des expressions non équivalentes à celles qui se trouvaient dans l'ancienne et qui ont un sens tout différent, on doive, sans tenir compte de ce changement, continuer à suivre la règle que ce changement a modifiée. D'ailleurs la nouvelle rédaction a probablement été adoptée à dessein. Personne n'ignorait que la nécessité de prendre pour assesseurs du président d'assises les présidents et les juges les plus anciens tendait à désorganiser complétement le service du tribunal pendant la durée quelquefois assez longue de la session ; aussi, dans l'usage, on ne s'astreignait pas à cette disposition, et comme il arrivait souvent que ni les présidents ni les juges les plus anciens ne faisaient partie de la Cour d'assises, la jurisprudence, afin de couvrir la nullité qui pouvait en résulter, avait consacré en règle qu'en pareil cas il y avait présomption suffisante que les présidents et juges plus anciens avaient été empêchés. Cette présomption n'avait le plus souvent aucune base réelle ; et, dès lors, n'est-il pas probable que le législateur, ayant à s'occuper de nouveau de la composition des Cours d'assises, ait voulu substituer à une règle trop étroite, et qui par cela même était fréquemment éludée, une règle plus large et qui assurerait dans tous les cas l'exécution stricte de la loi ?

D'ailleurs, il n'est pas exact de dire, comme l'arrêt, que le nouvel art. 253 appelle les présidents avant les juges. Cet article se borne, comme cela devait être, à les désigner les premiers ; mais immédiatement il ajoute *ou les juges*, sans dire les plus anciens. Ainsi donc, il ne donne aucune préférence aux présidents sur les juges, et n'établit aucune différence entre ces derniers. Il me paraît, je le répète, bien difficile de ne pas tenir compte d'un changement si notable, qui peut avoir eu un motif sérieux, et de continuer surtout, quand il s'agit de la composition d'une Cour souveraine, à suivre l'ancienne règle, qui se trouve en désaccord complet avec le texte actuel de la loi.

Quant à l'argument tiré de ce que le législateur, s'il avait voulu innover et substituer au choix de la loi un choix spécial, n'aurait pas manqué de déterminer par qui ce choix serait fait, je ne crois pas que la Cour y ait attaché un grand poids. Il n'est malheureusement que trop vrai que de nouvelles dispositions sont souvent introduites dans les lois sans qu'on établisse en même temps les règles qui doivent les compléter; mais jamais on n'a induit de ce silence du législateur qu'on ne dût pas se conformer à ce qu'il avait textuellement prescrit.

Quoi qu'il en soit, j'estime qu'en présence de l'arrêt de la Cour de cassation, les présidents d'assises ne peuvent plus exercer un droit que cet arrêt leur refuse, qu'aucun texte formel ne leur attribue, et dont on ne pouvait les croire investis qu'en raisonnant par analogie; mais ils doivent puiser dans ce même arrêt une nouvelle force pour maintenir la règle posée dans l'ancien art. 253; c'est-à-dire pour que la composition de la Cour d'assises ne soit plus changée arbitrairement, et que les magistrats qui doivent en faire partie ne soient excusés que quand ils auront des empêchements réels, sérieux et bien justifiés. En tenant la main à ce qu'il en soit toujours ainsi, on ne sera plus exposé à ce qui est arrivé, m'a-t-on dit, dans quelques départements, où les magistrats les plus faibles étaient ordinairement désignés comme assesseurs; ou à ce que, chose non moins fàcheuse, la jurisprudence de la Cour change chaque jour, au grand détriment de la bonne administration de la justice et même de la dignité de la magistrature.

Aux termes de l'ordonnance royale du 17 mai 1832, les conseillers qui vont présider les assises dans les départements autres que celui où siége la Cour royale, ont droit à une indemnité fixe. Mais quand le même conseiller, après avoir présidé les assises ordinaires, doit présider dans le même département, et pendant le même trimestre, des assises extraordinaires, l'ordonnance lui alloue une indemnité supplémentaire de 10 francs par poste pour frais de voyage et de nourriture en route, et de 15 francs par jour pour frais de séjour pendant la durée de l'assise.

Il arrive souvent que pour éviter que les sessions soient trop longues, on les coupe en deux; et alors l'ouverture de l'assise extraordinaire suit de très-près la clôture de l'assise ordinaire. En pareil cas, si, dans l'intervalle des deux sessions, quelque court qu'il soit, le conseiller est retourné dans la ville où siége la Cour royale, il est certain qu'il a droit à la double indemnité de voyage et de séjour. Mais doit-il en être de même quand il n'a pas quitté la ville où se tiennent les assises? Évidemment, dans ce cas, le magistrat qui a été forcé de prolonger son séjour dans un lieu qu'il n'habite pas ordinairement, et où par conséquent il est tenu à des dépenses qu'autrement il n'aurait pas faites, doit recevoir l'indemnité de séjour pendant toute la durée de la session extraordinaire. Quant à l'indemnité de voyage, comme l'ordonnance précitée ne l'alloue que quand le conseiller a été *rappelé* dans la ville où se tiennent les assises, ce qui ne peut arriver que quand ce magistrat avait quitté cette ville après la clôture de la session ordinaire, il s'ensuit que s'il ne s'est pas déplacé il ne peut réclamer une indemnité destinée uniquement à couvrir les frais d'un voyage qu'il n'a pas fait.

C'est dans ce sens que M. le garde des sceaux a décidé cette double question.

Il est un cas où il n'est dû ni l'indemnité fixe, ni aucune autre : c'est celui, qui se présente rarement, où faute d'accusations prêtes à recevoir jugement, le premier président rapporte l'ordonnance qui fixait l'ouverture des assises. Si, cependant, le défaut d'affaires en état n'était constaté qu'après l'arrivée du président dans la ville où siége la Cour d'assises, je crois que l'on devrait allouer à ce magistrat l'indemnité fixe ou variable, suivant qu'il s'agirait d'une assise ordinaire ou extraordinaire Il aurait fait, en effet, tout ce qui dépendait de lui

pour remplir la mission dont il était chargé; le
voyage, tant pour venir de la ville où il exerce habituellement ses fonctions que pour y retourner,
aurait entraîné des dépenses qu'il ne peut être tenu
de payer sur son traitement; et, sous ce double
rapport, ce n'est, suivant moi, que justice de lui
payer la somme fixée pour rétribuer un service
spécial que des circonstances imprévues l'ont seules
empêché d'accomplir. Mais c'est une raison de plus
pour les chefs des Cours royales de prévenir autant que possible un voyage inutile, en prenant
connaissance à l'avance de l'état des choses, et en
déclarant qu'il n'y aura pas d'assises assez tôt pour
empêcher le départ du président et la convocation
des jurés.

Il arrive encore quelquefois que le magistrat
investi de la présidence des assises ne peut, après
son arrivée dans la ville où elles se tiennent, prendre la direction des débats, soit par suite de ma-
ladie ou de tout autre motif; quand c'est un
événement de force majeure qui s'oppose à l'accomplissement de la mission du président, jamais
on n'hésite à lui allouer l'indemnité; mais quand
c'est un malheur de famille qui touche moralement
et non personnellement le président, et le force à
partir sur-le-champ, ou lui fait éprouver une dou-
leur telle qu'il ne lui soit plus possible de prendre
part aux travaux de la Cour d'assises avec le calme
et le sang-froid indispensable, la question devient

plus délicate, et ne peut être résolue que par une saine appréciation des circonstances qui ont entraîné l'abstention du président.

En pareil cas, je crois qu'il faut s'en fier principalement à la délicatesse de ce magistrat; s'il réclame l'indemnité, c'est que, dans sa conscience, il croit y avoir droit; et il me semblerait d'autant moins convenable de la lui refuser, que toujours est-il qu'il a fait, pour obéir à l'ordre qu'il avait reçu, un double voyage dont les frais ne semblent pas devoir rester à sa charge.

TRANSPORT DES MAGISTRATS.

Article 88, page 243.

D'après cet article, les juges et les officiers du ministère public ont droit à une indemnité de 9 ou 12 francs par jour, suivant qu'ils se transportent pour les besoins du service soit à plus de cinq kilomètres, soit à plus de deux myriamètres de leur résidence.

Ainsi, à la différence des autres personnes auxquelles l'instruction des affaires criminelles occasionne des transports, et dont l'indemnité est réglée d'après le nombre réel des myriamètres qu'elles ont parcourus pour l'aller et le retour, les magistrats reçoivent une indemnité fixe pour chacune des journées qu'ils ont employées à leur voyage. La distance, en ce qui les concerne, n'a donc pas besoin d'être réglée d'une manière aussi précise; il suffit qu'elle soit de plus de cinq kilomètres dans un cas, et de plus de deux myriamètres dans l'autre.

Aussi l'instruction générale du 30 septembre 1826 porte-t-elle, art. 77 : « L'indemnité accordée » par l'art. 88 est due *dans tous les cas* où les ma- » gistrats et les greffiers se transportent dans un » lieu situé à *plus* de cinq kilomètres de la ville où » siége le tribunal où ils font leur résidence,

» quoique ce lieu dépende du territoire communal
» de la ville. Il en est autrement pour les parties
» prenantes dont l'indemnité est fixée à raison de
» la distance parcourue. »

Il n'est pas possible de décider plus clairement
que les magistrats ont droit à l'indemnité chaque
fois qu'ils se transportent à plus de cinq kilomètres de leur résidence, quel que soit le lieu où ils se
rendent, et quand bien même ce lieu serait situé
sur le territoire même de la commune qu'ils habitent.

Cependant, on a contesté le sens de cette décision ; on a prétendu qu'elle devait être restreinte
au cas où le déplacement ne dépasse pas les limites de la commune. On se contente alors de la notoriété publique pour établir l'existence de la distance qui ouvre le droit à l'indemnité. Mais lorsque
les magistrats sont sortis de la commune qu'ils habitent, on pensait que le nombre de kilomètres
parcourus ne pouvait être établi que par le tableau
des distances fait en exécution de l'art. 93 du règlement. Or, comme ce tableau ne fixe les distances que des chefs-lieux de département, d'arrondissement et de canton à chaque commune, on
voulait exiger pour allouer les indemnités de
transport qu'il y eût une distance de plus de cinq
kilomètres depuis la ville d'où étaient partis les
magistrats jusqu'au chef-lieu de la commune sur le
territoire de laquelle ils allaient opérer, quelle que

fût la partie de ce territoire où leurs devoirs et les besoins du service les avaient appelés.

Cette interprétation de l'art. 88 du règlement et de l'instruction générale du 30 septembre 1826 serait, suivant moi, contraire à leur texte aussi bien qu'à leur esprit.

Qu'a voulu le règlement? Que les magistrats qui se transporteraient à une distance qu'ils ne pourraient parcourir à pied fussent indemnisés des dépenses de voitures et autres qu'ils sont dans l'obligation impérieuse de faire, et qu'il n'aurait pas été juste de laisser à leur charge. Aussi la seule condition qui leur est imposée est de s'être éloignés de plus de cinq kilomètres de leur résidence, et le décret ne pose aucune règle sur la manière dont cette distance doit être évaluée. Vainement voudrait-on astreindre les magistrats à ne recevoir les indemnités qui leur sont dues qu'autant qu'ils pourraient se fonder sur le tableau des distances pour établir celles qu'ils ont parcourues. Il faut, en effet, remarquer que les indemnités des magistrats font l'objet d'un chapitre spécial, le chapitre 7, et que ce n'est que dans le chapitre suivant qu'il est parlé du tableau des distances, dont l'objet est textuellement restreint par l'art. 93, à faciliter le règlement de l'indemnité fixée par les deux articles précédents, c'est-à-dire celle qui est payée suivant le nombre de myriamètres et de fractions de myriamètres parcourus en allant et en revenant. Dans ce cas, il faut, comme je l'ai déjà dit, une règle bien plus précise pour connaître au juste le nombre plus ou moins considérable de myriamètres parcourus, puisque ce nombre et même les fractions doivent être supputés pour servir de base à l'indemnité. D'ailleurs les transports qui donnent ouverture à cette indemnité sont tellement multipliés qu'on ne pourrait guère s'en fier à la notoriété publique pour déterminer la distance réelle d'un lieu à un autre. Aussi c'est pour ce cas, mais pour ce cas seulement, que le tableau des distances a été établi, et qu'il est obligatoire. Ce mode de supputation est tantôt favorable, tantôt défavorable aux parties prenantes, et comme la nature des fonctions de la plupart d'entre elles occasionne leur fréquent déplacement, il s'établit une sorte de compensation entre le profit et la perte, qui remet presque toujours les choses dans leur état normal.

Il n'en est point ainsi pour les magistrats. Leurs déplacements sont rares. La nécessité de compter la distance parcourue de chef-lieu à chef-lieu leur ferait supporter, souvent sans compensation, les frais que leur transport occasionnerait. D'ailleurs le décret ne les a pas astreints à baser leurs réclamations sur le tableau des distances établi pour le règlement d'indemnités d'un autre genre. Il faut, suivant moi, en conclure que, conformément à la règle tracée par l'instruction générale du 30 septembre 1806, on doit s'en rapporter à la notoriété pour savoir si la distance de plus cinq kilomètres ou de plus de deux myriamètres a été réellement parcourue, n'importe le lieu où les magistrats se sont rendus, soit au dedans, soit au dehors de la commune qu'ils habitent.

Si l'on agissait autrement, on priverait dans certains cas les magistrats du juste remboursement des dépenses qu'ils ont été forcés de faire, tandis que dans des circonstances presque semblables, ce remboursement ne souffrirait pas de difficulté. Ainsi, par exemple, s'ils avaient parcouru plus de cinq kilomètres dans l'intérieur de leur commune, on n'hésiterait pas à leur allouer l'indemnité; et au contraire, on la leur refuserait si, après avoir fait quatre kilomètres dans cette commune, ils en avaient parcouru plus d'un dans une commune voisine dont le chef-lieu serait situé à moins de cinq kilomètres de leur résidence. Dans un cas comme dans l'autre ils auraient cependant dû employer les mêmes moyens de transport. Il suffit qu'un pareil résultat soit possible pour faire sentir la convenance de s'en tenir à la règle dont on voulait s'écarter.

Sans doute, toutes les fois que les magistrats peuvent établir la longueur du chemin qu'ils ont fait à l'aide du tableau des distances, ce moyen est préférable en ce qu'il ne laisse aucune incertitude sur la base de l'indemnité; mais quand ils ont réellement parcouru plus de cinq kilomètres pour se rendre dans une commune dont le chef-lieu est moins éloigné, on doit les croire sur leur seule assertion, contrôlée, d'ailleurs, par le président du tribunal, qui rend le mémoire exécutoire, sauf, bien entendu, à demander des explications si l'on avait quelque raison de croire, ce qu'on ne peut présumer, que la distance aurait été exagérée.

L'opinion que je viens d'émettre est, je le sais, fortement contestée; mais elle est fondée sur une conviction si profonde, et elle me paraît tellement conforme au texte et à l'esprit du règlement, que je n'ai pu me dispenser de l'exprimer.

J'ai dit précédemment que le procureur général, quand il se transporte hors de sa résidence pour instruire dans des procès où sa compétence est établie légalement, a droit à une indemnité de 15 fr. par jour. Il en est évidemment de même quand le premier président exerce personnellement les fonctions qui lui sont attribuées par l'art. 484 du Code d'instruction criminelle.

Mais il est un cas où le procureur général, sans avoir droit à une indemnité fixe, doit cependant être remboursé des dépenses qu'il a faites; c'est celui où il se transporte inopinément sur un point de son ressort troublé par des désordres graves. Dans de pareilles circonstances, quoique le procureur général, tant que la Cour royale n'a pas évoqué, ne puisse personnellement requérir aucun acte d'instruction, il est très-souvent fort utile qu'il se rende sur les lieux pour imprimer la meilleure direction possible aux poursuites, et pour autoriser ou faire prendre par les autres autorités toutes les mesures qui peuvent ramener promptement la tranquillité. De pareils voyages, qui doivent toujours être faits sans retard, entraînent l'emploi de moyens dispendieux de transport, et les frais qu'ils occasionnent ne doivent pas, suivant moi, rester à la charge du magistrat qui les a faits. Je crois donc qu'en pareil cas, le procureur général doit adresser à M. le garde des sceaux l'état des dépenses que son voyage lui a occasionnées, en y joignant, autant que possible, les mémoires des personnes payées, et que le ministre, après avoir apprécié l'utilité du déplacement, n'hésitera pas à autoriser le remboursement, en vertu de l'art. 136 du décret du 18 juin 1811.

TRANSPORT DES GREFFIERS.

Article 89, page 262.

Dans mon commentaire sur le décret du 18 juin 1811, j'avais fait connaître une décision de M. le garde des sceaux portant que quand un conseiller va informer par délégation dans un chef-lieu d'arrondissement, il ne doit pas nécessairement mener avec lui un des greffiers de la Cour royale, puisqu'il peut se servir de celui du tribunal d'arrondissement.

Cette décision n'était pas impérative ; elle ne prohibait pas d'une manière absolue l'emploi d'un greffier de la Cour royale. Elle l'admettait même, au moins implicitement, toutes les fois que l'information n'était pas faite au chef-lieu d'arrondissement, c'est-à-dire, dans une ville où siége un tribunal de première instance. En un mot, le ministre s'était borné à recommander une mesure qui lui paraissait non-seulement plus économique, mais encore plus conforme aux besoins du service.

Cependant, la publicité que j'ai donnée à cette décision a fait naître une sérieuse controverse. On a prétendu que l'emploi, par le conseiller chargé d'une information criminelle, du greffier de la juridiction dans la circonscription de laquelle ce magistrat doit opérer, était contraire à la loi, et présentait d'ailleurs des inconvénients qui suffiraient pour y faire renoncer.

Comme il est nécessaire de repousser le reproche d'illégalité fait à une mesure que je crois utile, je vais successivement faire connaître les motifs de l'opinion dont je viens de parler, et la réfutation qu'on peut y opposer.

1° Le greffier et ses commis ne sont assermentés qu'auprès de la juridiction à laquelle ils appartiennent, et par conséquent n'ont pas qualité pour assister un conseiller appartenant à une autre juridiction.

Je réponds que les obligations résultant du serment s'étendent à toute l'étendue du ressort dans lequel les fonctions doivent être exercées. C'est aussi bien au territoire où s'exerce la juridiction qu'à cette juridiction même que se trouve lié le fonctionnaire assermenté. Cela est si vrai que la loi n'exige jamais un nouveau serment des agents soumis à cette formalité, que quand ils sont appelés à faire des actes de leur ministère dans un autre arrondissement que celui où ils demeurent habituellement et où ils sont déjà assermentés. D'ailleurs quand un conseiller vient informer dans un arrondissement, il ne fait que ce que les juges du lieu auraient dû faire sans une circonstance tout à fait exceptionnelle. L'affaire appartient réellement à l'arrondissement, et le magistrat, même étranger, qui l'instruit peut incontestablement, à mon avis, se faire assister, soit du greffier, soit des huissiers que le juge d'instruction aurait employés dans l'ordre ordinaire des choses.

2° L'art. 1040 du Code de procédure civile dispose que les actes et procès-verbaux du ministère du juge seront faits au lieu où siége le tribunal. Le juge y sera toujours assisté du greffier, et il est évident que ce greffier n'est autre que celui de la juridiction ; d'où l'on doit tirer la conséquence, qu'à moins d'une disposition particulière, qui dérogerait à la règle générale, le conseiller délégué par la Cour royale ne peut valablement enter une juridiction sur une autre, en empruntant, pour les actes de sa propre juridiction, un greffier appartenant à un autre tribunal.

Cette objection est fondée sur une confusion de choses distinctes. L'article cité ne s'applique qu'aux matières civiles. Il reçoit même dans ces matières des exceptions ; mais il est tout à fait inapplicable aux matières criminelles, qui exigent de fréquents transports des magistrats. D'ailleurs une disposition portant textuellement que les actes dont elle s'occupe seront faits dans le lieu où siége le tribunal, ne saurait être invoquée quand il s'agit, comme ici, d'une information à faire par un conseiller hors du lieu et très-souvent même hors du département où siége la Cour royale.

3° L'art. 62 du Code d'instruction criminelle porte : Lorsque le juge d'instruction se transportera

sur les lieux, il sera toujours accompagné du procureur du roi et du greffier du tribunal. Cette disposition est impérative. Le juge d'instruction ne
pourrait se servir d'un autre greffier, notamment
de celui de la justice de paix, sans contrevenir à la
loi. On ne peut permettre au conseiller instructeur
ce qui est interdit au juge de première instance.

Je répéterai ce que j'ai déjà dit plus haut, qu'il
ne faut pas perdre de vue que le conseiller délégué
par la Cour doit faire une information dont le juge
d'instruction, dans le cours ordinaire des choses,
aurait été chargé. Il n'y a donc pour ainsi dire que
la personne du magistrat qui soit changée, et sous
ce rapport, on pourrait soutenir que le conseiller
ne fait que se conformer à l'article cité, en em-
ployant le greffier du tribunal; mais il y a encore
d'autres considérations qui détruisent l'objection.
Le juge d'instruction n'est pas toujours tenu d'em-
mener avec lui le greffier, notamment, dans le cas
prévu par l'art. 59 du Code d'instruction criminelle.
Il peut se transporter seul. A la vérité il a le droit
de se faire accompagner par le greffier, suivant la
faculté qui lui avait été contestée, et qui a été admise par l'avis du conseil d'état que j'ai transcrit
dans mon commentaire du décret du 18 juin 1811,
page 261. Toutefois rien n'empêche le juge de partir seul, et quand, arrivé sur le lieu du crime, il
éprouve le besoin d'être assisté d'un officier public,
je ne doute pas qu'il ne puisse appeler, soit le gref-

fier de la justice de paix, soit tout autre agent qu'il soumettrait préalablement à la formalité du serment. En effet, il n'a pu entrer dans la pensée de personne, ni dans les intentions du législateur, de paralyser les opérations si importantes du juge d'instruction par le défaut d'une assistance qui lui paraîtrait indispensable. Or, l'art. 236 du Code précité n'exige pas non plus que le conseiller instructeur se fasse accompagner d'un greffier. Il peut donc partir seul, et quand il se sert du greffier du tribunal de première instance pour faire les écritures dont parle l'art. 237, on ne saurait prétendre qu'il enfreint cet article, ni aucun autre, puisque nulle part la loi n'a désigné l'agent qu'il doit employer.

4° L'art. 73 du Code d'instruction criminelle porte que les témoins seront entendus par le juge d'instruction assisté de son greffier. Il faut donc aussi lorsqu'un conseiller entend des témoins, qu'il soit assisté par l'officier qui seul peut être nommé son greffier, c'est-à-dire, le greffier de la Cour royale.

Par cette expression, son greffier, la loi a voulu seulement parler du greffier attaché au juge d'instruction pendant l'audition des témoins; et par le même motif on peut appeler greffier du conseiller instructeur celui qui coopère momentanément à la mission dont il est chargé. D'ailleurs l'art. 73 ne se rapporte qu'aux informations ordinaires qui se font dans le lieu de la résidence du juge ; et si cet article devait s'appliquer aux informations faites par un conseiller, tout ce qu'on pourrait en induire, c'est que dans la ville où siége la Cour royale, ce magistrat ne pourrait se faire assister que par l'un des greffiers de cette Cour. Au surplus, je le répète, l'art. 236 n'exige pas que le conseiller ait un greffier ; l'art. 237 ne détermine pas par qui les écritures, suite de sa mission, doivent être faites. La loi lui laisse donc entière latitude sur le choix de la personne dont il croit devoir se faire assister. En prenant le greffier du tribunal dans le ressort duquel il opère, il ne commet donc pas d'illégalité ; et, sous ce rapport, disparaît la critique la plus grave adressée à la décision du ministre.

5° L'intervention du greffier dans les informations n'est pas de pure forme ; il concourt à l'authenticité des actes, et il assume une responsabilité qui descend de lui à ses commis dont il est garant. Or, si le commis greffier de première instance commettait quelque faute en assistant un conseiller appartenant à une autre juridiction, le greffier en chef pourrait échapper à la responsabilité en s'appuyant sur ce que son commis serait sorti du cercle légal de ses attributions.

Cette objection rentre dans la première à laquelle j'ai déjà répondu. Je n'hésite pas à croire que le greffier est responsable de tous les actes de son ministère faits soit par lui-même, soit par ses

commis, dans toute l'étendue du ressort de la juridiction près de laquelle ils sont assermentés. S'il en était
autrement, le greffier en chef de la Cour royale pourrait aussi prétendre que la loi n'obligeant ni lui ni ses
commis à accompagner le conseiller instructeur,
il ne saurait être responsable des fautes dont l'un de
ces commis se rendrait coupable loin de sa surveillance, et dans un cas non prévu par la loi. Le greffier
de première instance pourrait aussi soutenir qu'il
n'est pas garant de son commis quand celui-ci accompagne le juge d'instruction pour constater un
flagrant délit, puisque dans ce cas l'assistance du
greffier n'est pas prescrite par la loi. Évidemment
de pareilles prétentions, contraires à la responsabilité générale des greffiers, et qui d'ailleurs ne sauraient s'élever que dans des circonstances infini-
ment rares, ne sont pas de nature à faire renoncer
à une mesure bonne et utile sous deux rapports,
1° celui de l'économie ; 2° celui de la bonne administration de la justice. Et c'est précisément parce
que la décision que je défends me paraît remplir
ces deux objets importants, que j'ai cru devoir
réfuter avec soin les objections spécieuses qu'on y
a opposées.

Cette décision est bonne et utile sous le rapport
de l'économie. Il est évident en effet que les frais
sont bien moindres quand on se sert d'un greffier
qui ne se déplace pas, que quand on en amène un
souvent de fort loin, et à qui il faut payer huit francs

par jour pendant toute la durée d'un voyage qui
peut se prolonger assez longtemps.

La bonne administration de la justice n'y est pas
moins intéressée; d'après l'art. 7 du décret du 30
janvier 1811, les greffiers des Cours royales n'ont
de commis greffiers qu'en nombre égal à celui des
chambres, plus un pour la Cour d'assises. Or, il est
arrivé, quand des affaires graves étaient évoquées
par une Cour royale, que cette Cour se voyait obligée de déléguer à la fois plusieurs de ses membres
pour aller simultanément informer sur différents
points. Si chacun de ces conseillers avait dû em-
mener un greffier de la Cour, évidemment le service des chambres se serait trouvé désorganisé.
Dans des cas plus fréquents, l'absence d'un seul
commis greffier peut produire un embarras moins
grand mais réel. En se servant, au contraire, du
greffier du lieu où l'information se fait, il en résulte tout au plus que le juge d'instruction est momentanément dans l'impossibilité de faire les actes
qui exigent l'assistance de ce greffier; mais comme
le conseiller instructeur ne fait que ce que le juge
d'instruction aurait dû faire dans des circonstances
ordinaires, et même ce qu'il aurait fait si le conseiller l'avait délégué comme l'art. 237 l'y autorise,
l'emploi du greffier du tribunal par le conseiller
instructeur ne présente pas d'inconvénients sérieux,
et ce conseiller doit trouver ordinairement dans
l'assistance d'un fonctionnaire local qui connaît

mieux les hommes et les choses, plus de facilité pour remplir convenablement son importante mission.

En résumé, j'estime que rien ne s'oppose à ce que le conseiller instructeur emmène avec lui un greffier de la Cour royale ; mais qu'à moins de circonstances rares qui portent à préférer cette assistance, il convient généralement de suivre le mode indiqué par M. le garde des sceaux, mode à la fois le plus économique et qui concilie le mieux les exigences des divers services judiciaires.

FRANCHISES ET CONTRE-SEINGS.

Chapitre 9, page 281.

Ce chapitre a été remplacé par l'ordonnance du 14 décembre 1825, qui a substitué, en ce qui concerne la correspondance des fonctionnaires publics, le système de la franchise et du contre-seing au système de l'abonnement qui existait auparavant.

J'ai fait connaître dans mon premier ouvrage les dispositions de cette ordonnance et les interprétations qu'elle avait reçues.

Elle a été remplacée par l'ordonnance du 17 novembre 1844.

Cette ordonnance reproduit les mêmes règles, mais avec des développements qui en rendront l'application plus facile. Elle est suivie de tableaux beaucoup plus étendus que ceux qui accompagnaient l'ancienne ordonnance; on a rangé par ordre alphabétique tous les fonctionnaires dont le contre-seing opère la franchise, et on a placé en regard les autres fonctionnaires à l'égard desquels cette franchise a lieu.

Dans cette nouvelle indication des franchises, on remarquera que celles de l'ordre judiciaire sont augmentées. C'est une raison de plus pour que les magistrats se renferment strictement dans les limites qui leur sont tracées; et, à ce sujet, après quelques observations préliminaires, je rappellerai deux circulaires de M. le garde des sceaux qui, bien que rédigées sous l'ancienne ordonnance, conservent toute leur force sous l'ordonnance actuelle.

L'ordonnance de 1825 et l'ordonnance de 1844 posent en principe que les correspondances des fonctionnaires, pour être franches, doivent avoir lieu sous bandes, sauf le cas où il y a nécessité de clore, laquelle nécessité doit être déclarée sur l'enveloppe.

D'un autre côté, les mêmes ordonnances défendent de comprendre dans les dépêches envoyées en franchise, des lettres, papiers ou objets quelconques étrangers au service, en ajoutant que dans le cas de suspicion de fraude, les préposés des postes sont autorisés à taxer les lettres et paquets en totalité, ou à exiger que le contenu en soit vérifié en leur présence par les personnes auxquelles ils sont adressés.

Se fondant sur ces dispositions, l'administration des postes, dans son instruction générale (art. 357), a compris au nombre des cas où il y a suspicion de fraude, et où par conséquent les paquets doivent être taxés ou vérifiés, celui où une dépêche close renferme des incluses cachetées.

Je crois qu'en cela l'administration a excédé les pouvoirs que lui donne l'ordonnance. En effet, d'une part, le droit de clore les dépêches contresignées n'est soumis qu'à la condition d'indiquer la nécessité de cette mesure sur la suscription; et, d'autre part, il y a fraude seulement quand on comprend dans les dépêches envoyées en franchise des papiers étrangers au service. Quand donc un fonctionnaire ferme la dépêche en en indiquant la nécessité, et qu'il y insère une autre lettre close mais relative au service, il n'enfreint pas l'ordonnance, et personne n'a le droit de le soupçonner de fraude.

Or, cette nécessité de renfermer dans une dépêche close une autre dépêche également cachetée se fait souvent sentir. Ainsi un magistrat supérieur a besoin soit de consulter un de ses subordonnés, soit de lui adresser un avertissement : s'il ne peut pas correspondre en franchise avec lui, il doit nécessairement mettre sa lettre sous le couvert du magistrat à l'égard duquel cette franchise existe, et clore cette lettre incluse, qui, incontestablement, ne doit être connue que par la personne à laquelle elle est adressée. J'ai dit que le magistrat supérieur doit nécessairement suivre cette voie, car autrement, ou il serait obligé d'affranchir sa lettre, ce qu'on ne saurait exiger de lui, ou cette lettre qui arriverait taxée à sa destination serait refusée, et l'objet de service auquel la dépêche se rapportait se trouverait manqué, ce qui causerait quelquefois un préjudice irréparable.

Je pourrais citer une foule d'autres exemples où

les besoins du service exigent que des lettres closes soient renfermées dans des lettres également cachetées. Mais il me suffira d'ajouter que la loi elle-même a prescrit cette forme de correspondance dans certains cas, notamment dans ceux prévus par les art. 38 et 85 du Code d'instruction criminelle.

Il me semble donc que c'est à tort que l'administration des postes considère comme établissant la suspicion de fraude cette circonstance qu'une lettre close en renferme une autre également close. Mais malgré des observations réitérées, elle a maintenu son instruction générale sur ce point, et les magistrats qui emploient le mode de correspondance dont il s'agit sont exposés à ce que leurs lettres ne parviennent pas à leur destination, ou éprouvent des retards qui peuvent souvent les rendre inutiles.

Ce grave inconvénient serait peut-être prévenu si les magistrats qui renferment des incluses dans leurs lettres cachetées indiquaient sur l'adresse non-seulement la nécessité de clore, mais, en outre, cette autre nécessité d'insérer dans le paquet une lettre également close et relative au service. En présence d'une pareille affirmation faite et signée par un magistrat, il me semblerait bien difficile que les préposés des postes pussent élever le soupçon de fraude. Dans tous les cas, c'est une précaution qui, je le crois, éviterait très-souvent les fâcheuses difficultés que fait naître l'état actuel des choses.

Quoi qu'il en soit, il n'est que trop certain que beaucoup de dépêches soupçonnées de fraude ont été arrêtées, envoyées à l'administration des postes et communiquées à la chancellerie. La plupart de ces dépêches étaient relatives au service et ont été réexpédiées en franchise. D'autres contenaient des papiers étrangers au service, et leurs expéditeurs ont été contraints à payer la double taxe, conformément à l'art. 12 de l'ordonnance.

Pour prévenir le retour de semblables infractions, M. le garde des sceaux a adressé aux procureurs-généraux, le 11 octobre 1844, une circulaire dans laquelle se trouve le passage suivant :

« En général, la correspondance relative au service judiciaire doit avoir lieu *sous bandes*. Ce mode de translation des dépêches suffit pour la plupart des cas aux besoins du service, et laisse aux préposés des postes les moyens de surveiller leur régularité, dans l'intérêt du trésor. Ce n'est que dans le cas de nécessité et sous la condition de le déclarer, que l'art. 4 de l'ordonnance du 14 décembre 1825 permet de fermer les dépêches. Cette règle, introduite seulement comme une exception, doit être rigoureusement maintenue dans ses termes. Sans doute les magistrats sont seuls appréciateurs des circonstances où cette mesure leur paraît nécessaire ; mais si l'application de cette règle est subordonnée à leur conscience, c'est pour eux une obligation encore plus étroite de ne pas en abuser.

» Je vous prie, M. le procureur-général, d'adresser des instructions aux magistrats des parquets de
votre ressort pour les inviter, de la manière la plus
pressante, à se conformer exactement aux règlements sur le contre-seing. »

Une autre difficulté s'est présentée.

Comme je l'ai rappelé plus haut, les préposés
des postes sont autorisés, quand il y a omission des
formalités relatives au contre-seing ou suspicion de
fraude, à exiger que le contenu des paquets soit
vérifié en leur présence par les personnes auxquelles ils sont adressés.

La juste susceptibilité des magistrats a été éveil-
lée par cette disposition. Ils ont fait remarquer
avec raison que, placés hiérarchiquement dans une
position supérieure à celle des préposés des postes, il n'était pas convenable qu'ils fussent forcés de
se rendre à la sommation de ceux-ci dans leurs bureaux.

D'un autre côté, on ne pouvait pas non plus exiger que les préposés des postes quittassent leurs
occupations pour se transporter chez les magistrats auxquels étaient adressés les paquets soupçonnés de fraude.

Pour concilier ces deux intérêts, il a été convenu
que la visite aurait lieu au bureau de la poste, mais
que les magistrats pourraient s'y faire représenter
par un délégué.

Cette concession de l'administration des postes

est déjà ancienne ; mais elle n'a été portée d'une manière générale à la connaissance des magistrats que par la circulaire de M. le garde des sceaux, en date du 2 novembre 1844.

Cette circulaire est ainsi conçue :

« M. le procureur-général, l'art. 12 de l'ordonnance royale du 14 décembre 1825, relative aux franchises et contre-seings, après avoir défendu de comprendre dans les dépêches expédiées en franchise des lettres, papiers ou autres objets quelconques étrangers au service, autorise les préposés des postes, dans le cas de suspicion de fraude ou d'inobservations des conditions de la franchise, à taxer les lettres et paquets, ou à exiger que le contenu soit vérifié en leur présence par les personnes auxquelles ils sont adressés. Les abus si préjudiciables aux intérêts du trésor, qui font l'objet de ma circulaire du 11 octobre dernier, ayant nécessité dans ces derniers temps l'exécution plus fréquente et plus rigoureuse de cet article, quelques fonctionnaires de l'ordre judiciaire ont refusé de se prêter à la vérification qu'il autorise. Par suite de leur refus, les dépêches qui leur étaient destinées ont été envoyées à l'administration des postes à Paris, qui en a fait l'ouverture en vertu de l'ordonnance du 20 janvier 1819. Quelques-unes de ces dépêches se sont trouvées relatives au service. Leur envoi à Paris en a retardé la remise de plusieurs jours. Ce retard aurait été évité si les magistrats auxquels les lettres ont été présentées avaient consenti à les faire ouvrir, conformément à l'art. 12 de l'ordonnance du 14 décembre 1825. De pareils faits, souvent répétés, auraient pour résultat d'entraver la marche des affaires et de compromettre essentiellement la bonne administration de la justice. Il importe de prévenir ou de faire cesser un inconvénient dont vous comprenez comme moi toute la gravité. Pour cet effet, je vous prie d'inviter les officiers de police judiciaire de votre ressort, qui jouissent de la franchise et du contre-seing, à satisfaire, en ce qui les concerne, au vœu de l'art. 12 de l'ordonnance susdatée, et de faire procéder au bureau de la poste, soit par eux-mêmes, soit par un délégué, aux formalités d'ouverture ou de vérification des lettres à leur adresse pour lesquelles l'exécution de l'article précité sera jugée nécessaire. Leur zèle pour l'intérêt public me répond de l'exactitude qu'ils mettront à se conformer à votre invitation, et je suis convaincu que les faits qui m'ont été signalés ne se renouvelleront plus. »

Le droit des magistrats de se faire représenter par un fondé de pouvoir, a été expressément reconnu par l'art. 4 de l'ordonnance du 17 novembre 1844. Cette ordonnance, comme l'ancienne, se sert de l'expression générale de préposé des postes. Je crois que ce mot doit être entendu dans un sens restreint. Ce ne sont pas en effet les simples commis ou les facteurs qui peuvent élever le soupçon de fraude. Ce droit est exclusivement réservé au directeur de chaque bureau ou à l'employé qui le remplace par intérim. J'ajouterai :

1° Que les magistrats peuvent employer toute personne comme leur délégué, et ne sont pas obligés de se faire remplacer par leurs substituts ;

2° Que la vérification peut d'autant moins blesser la susceptibilité du magistrat, qui doit y assister personnellement ou par un délégué, que ce n'est point à son égard que s'élève le soupçon de fraude, qui ne concerne que l'expéditeur ;

3° Enfin, qu'il a été bien arrêté avec l'administration des postes, que le secret des correspondances ne doit pas souffrir de la vérification à laquelle ces correspondances sont soumises. Les employés des postes ne doivent pas prendre connaissance du contenu de la dépêche ouverte ; ils doivent seulement s'assurer par un coup d'œil rapide, par l'intitulé et le sommaire de la lettre, ou même seulement par la qualité du signataire et du destinataire, si cette lettre est relative ou non au service, et si elle contient ou non une incluse qui y soit étrangère.

Tel est le sens des explications données par M. le garde des sceaux sur la manière d'opérer la vérification. En maintenant ce mode avec fermeté, on satisfait à la responsabilité de l'administration, et en même temps on écarte tous les inconvénients qui autrement auraient pu résulter de cette mesure.

La loi a soumis les journaux à la surveillance des magistrats du ministère public. En conséquence, elle a prescrit le dépôt de chaque feuille au parquet du procureur du roi. Ce magistrat est souvent dans le cas de transmettre les journaux qui lui sont remis à son supérieur le procureur général, soit pour l'éclairer sur les faits qui ont été publiés, soit pour prendre ses ordres sur l'opportunité ou la convenance d'une poursuite.

L'administration des postes avait cru devoir soumettre les envois de ce genre aux règles prescrites par l'art. 8, n° 5, de l'ordonnance du 17 novembre 1844, et elle exigeait qu'ils ne fussent faits que sous bande et accompagnés de la déclaration signée dont parle ce numéro.

On aurait pu sans doute contester l'application de cette disposition à l'envoi des journaux dont le dépôt est gratuit, et qui par conséquent n'ont pas été achetés des fonds de l'état; mais il y avait des motifs plus forts encore pour repousser cette application. L'envoi des journaux du parquet d'un tribunal de première instance au parquet de la Cour royale a souvent une cause confidentielle; il faut donc qu'il puisse être fait avec des garanties de secret que n'offre pas l'emploi des bandes. D'ailleurs ces journaux peuvent être l'objet d'observations que le procureur du roi ne veut faire connaître qu'à son supérieur hiérarchique. D'après la prétention de l'administration des postes, ce magistrat

aurait donc dû transmettre les journaux sous bande
et ses observations sous enveloppe fermée. Or, évidemment on ne pouvait exiger qu'on fît ainsi deux
paquets distincts pour un seul et même objet de
correspondance.

Aussi, sur l'insistance de M. le garde des sceaux,
M. le ministre des finances a décidé que les journaux politiques adressés au procureur général par
les procureurs du roi du ressort peuvent être
expédiés sous enveloppe *avec déclaration de la nécessité de clore*, comme pièces de service d'une nature
essentiellement confidentielle, que ces journaux
soient ou non accompagnés de lettres ou autres
pièces manuscrites.

Une autre difficulté s'était élevée. Les procureurs
généraux sont dans l'usage d'adresser aux autres
magistrats des exemplaires des discours de rentrée
qu'ils prononcent devant la Cour royale, quand elle
reprend son service après les vacances. Comme
ces discours, imprimés aux frais de leurs auteurs,
ne paraissaient pas rentrer dans les cas prévus par
l'art. 8, n° 5, de l'ordonnance du 17 novembre 1844,
l'administration des postes se refusait à les transporter en franchise. Cependant, après une longue
correspondance et sur la demande réitérée de
M. le garde des sceaux, M. le ministre des finances
a pris une décision favorable sur ce point. Elle a
été portée à la connaissance des magistrats par la
circulaire du 30 mai 1845, qui en indique les mo-

tifs et les limites, et que par cela même je crois devoir transcrire en entier.

« Des difficultés se sont élevées au mois de novembre dernier, au sujet de la circulation en franchise des discours prononcés par les magistrats du ministère public à la rentrée des Cours et tribunaux. L'administration des postes, considérant la distribution de ces discours comme un fait étranger au service judiciaire, les avait dans plusieurs localités soumis à la taxe.

» J'ai cru devoir réclamer contre cette mesure. J'ai pensé qu'il est utile que les discours de rentrée, qui sont formellement prescrits par l'art. 101 du décret du 30 mars 1808, et par l'art. 34 du décret du 6 juillet 1810, puissent, lorsqu'ils ont été imprimés, être adressés en franchise par les magistrats qui les ont prononcés aux autres magistrats du royaume. Ils sont en effet destinés soit à propager dans la magistrature les saines idées du devoir, soit à la rappeler au culte de la science par de savantes dissertations sur les questions les plus élevées du droit. Il importe donc qu'ils ne soient pas renfermés dans l'enceinte où ils ont été prononcés, et qu'ils puissent, répandus dans tous les tribunaux, exciter entre les magistrats une honorable émulation.

» M. le ministre des finances vient de décider qu'à l'avenir les discours de rentrée jouiraient de l'immunité de taxe, à condition 1° qu'ils seraient expédiés sous bandes ; 2° qu'ils ne seraient adressés qu'aux seuls magistrats du ministère public. »

Cette décision s'étend aux discours de rentrée prononcés aussi bien par les procureurs du roi que par les procureurs généraux. Il va sans dire qu'il en est de même quand le discours a été prononcé, au lieu et place du chef du parquet, par l'un des magistrats qui lui sont subordonnés. Elle est expressément limitée aux magistrats du ministère public. M. le garde des sceaux a vainement demandé que la franchise fût étendue à tous les magistrats, ou au moins qu'il fût permis d'envoyer plusieurs exemplaires de chaque discours au même magistrat, qui aurait pu les distribuer aux autres membres de la compagnie dont il fait partie. M. le ministre des finances a résisté, d'après des motifs sérieux, à toute nouvelle concession ; et il faut nécessairement se renfermer dans les bornes de celle que M. le garde des sceaux a obtenue.

Aux termes du § 4 de l'art. 9 de l'ordonnance du 17 novembre 1844, la franchise est accordée pour l'envoi des registres de l'état civil. Cette franchise a été étendue aux tables décennales de ces registres, faites en exécution du décret du 20 juillet 1807. C'est ce qui résulte d'une décision de M. le ministre des finances du 31 juillet 1847, portant que ces tables décennales pourront être expédiées en franchise par les greffiers des tribunaux de première instance aux préfets et aux maires, sous le contre-seing des procureurs du roi près ces mêmes tribunaux. (Bulletin officiel du ministère de l'intérieur.)

SCRUTIN SECRET DU JURY.

Article 104 , n° 5, page 296.

La loi du 9 septembre 1835 ayant ordonné que le jury voterait au scrutin secret, suivant le mode déterminé par un règlement d'administration publique, qui serait converti en loi dans la session suivante, une ordonnance royale, rendue le même jour, prescrivit que chaque juré recevrait du chef du jury un bulletin ouvert, marqué du timbre de la Cour, et portant : *Sur mon honneur et ma conscience, ma déclaration est....* Cette disposition a été textuellement reproduite dans l'art. 2 de la loi du 13 mai 1836.

Mais dès l'année précédente il s'était élevé la question de savoir comment se payerait la dépense causée par la confection des bulletins, et si la phrase qui devait toujours se trouver sur ces bulletins serait écrite à la main ou imprimée.

Comme, d'une part, les greffiers sont tenus de fournir gratuitement le papier nécessaire pour l'instruction des procédures criminelles (décret du 30 janvier 1811), et comme, d'autre part, il ne leur est rien alloué pour les écritures qu'ils font sous la dictée ou l'inspection des magistrats (art. 63 du décret du 18 juin 1811), on aurait pu rigoureusement mettre à la charge de ces fonctionnaires la fourniture des bulletins dont il s'agit, et l'insertion de la phrase sacramentelle qu'ils doivent contenir. Mais ces bulletins devant s'élever annuellement à un nombre immense, puisqu'il est telle affaire criminelle qui ne comporte pas moins de mille questions, ce qui rend douze mille bulletins nécessaires, on aurait causé aux greffiers une dépense qu'ils auraient pu difficilement supporter, et on leur aurait imposé un surcroît d'occupation qui aurait nui à leur service habituel, si on les avait contraints à fournir les bulletins et à écrire la phrase que la loi a prescrits. D'ailleurs l'importance de l'objet auquel ces bulletins s'appliquent, exige qu'ils soient uniformes et toujours parfaitement corrects. L'impression, sur un seul modèle, arrêté pour tout le royaume, pouvait seule donner cette double garantie.

En conséquence, M. le garde des sceaux, considérant qu'il convenait d'imprimer les bulletins, tant pour assurer leur régularité, que pour faciliter la lecture de la formule destinée à rappeler à chaque juré l'importance de son vote au moment où il va l'exprimer, a autorisé l'impression de ces bulletins, en vertu de la disposition du règlement citée en tête de cet article, et a décidé que la dépense qui en résulterait serait imputée sur les fonds généraux des frais de justice criminelle. Il a porté cette décision à la connaissance des magistrats par une circulaire du 26 novembre 1835, dans laquelle il leur recommande de faire faire toujours mention de son autorisation dans les mémoires des imprimeurs.

L'ordonnance du 9 septembre 1835, et depuis la loi du 13 mai 1836, pour assurer complétement le secret du vote des jurés, exigent que la table sur laquelle ce vote est écrit soit disposée de manière que personne ne puisse voir le vote inscrit au bulletin, et que ce bulletin soit déposé dans une urne ou boîte consacrée à cet usage. L'acquisition et le placement de ces objets rentrant dans les attributions de l'autorité administrative chargée de pourvoir à l'ameublement des palais de justice, c'est M. le ministre de l'intérieur qui, sur la demande de M. le garde des sceaux, a donné des ordres pour que, sous ce rapport, les prescriptions de la loi soient partout accomplies.

S'il y avait nécessité de remplacer les tables et urnes, ce serait le même ministre qui devrait donner des ordres à cet effet.

EXÉCUTION DES ARRÊTS CRIMINELS.

Chapitre 11, page 303.

Ce chapitre réglant les frais d'exécution des arrêts criminels, il paraît utile de faire connaître une question délicate que cette exécution a soulevée, ainsi que la solution qu'elle a reçue.

L'art. 22 du Code pénal ordonnait que tout condamné aux travaux forcés perpétuels ou temporaires, ou à la réclusion, serait, avant de subir sa peine, attaché au carcan sur une place publique. Cette disposition a été modifiée en 1832. D'après le nouvel art. 22, le carcan est remplacé par l'exposition publique. Ce même article exempte les mineurs de dix-huit ans et les septuagénaires de cette mesure, et autorise les Cours d'assises à en dispenser les condamnés aux travaux forcés à temps ou à la réclusion qui ne sont pas en état de récidive.

Faut-il que l'arrêt de condamnation statue d'une manière expresse sur le point de savoir si le condamné doit être ou non exposé? Cette question ayant été diversement résolue, M. le garde des sceaux en a fait l'objet d'une circulaire, en date du 25 janvier 1836.

Voici comment elle s'exprime :

« Il importe à la bonne administration de la justice qu'un système uniforme soit, à cet égard, désormais suivi par les Cours d'assises. Or, il est de principe que toute peine ou aggravation de peine doit être expressément prononcée par l'arrêt de condamnation. Il convient, d'un autre côté, qu'aucune incertitude ne puisse subsister sur le mode d'exécution des peines, et que chacun trouve à cet égard, dans la disposition même de l'arrêt, une règle précise et souveraine. Sous l'un comme sous l'autre point de vue, il me paraît essentiel que la Cour d'assises ordonne expressément l'exposition publique des condamnés, soit quand cette aggravation de la peine est la conséquence nécessaire de la condamnation principale, soit lorsque la Cour, pouvant prononcer la dispense de l'exposition, ne juge pas à propos d'user de cette faculté. Cette manière de procéder, en donnant au châtiment tout entier une publicité salutaire, aura, dans l'intérêt de la justice, le double avantage de faire peser mûrement par la Cour d'assises toutes les conséquences de son arrêt, et de mettre le condamné à portée de mieux connaître tous les effets de la condamnation qu'il doit subir, et par conséquent d'apprécier plus sûrement s'il doit ou non user des voies qui lui sont ouvertes. J'hésite d'autant moins à recommander l'observation de cette règle, qu'elle vient d'être consacrée par la Cour de cassation, dans un arrêt rendu après partage, le 10 décembre dernier.

» Je vous invite en conséquence, M. le procureur général, à requérir formellement à l'avenir la mention expresse de l'exposition dans les condamnations qui auraient pour conséquence de l'entraîner, ou la dispense également expresse de cette peine dans les cas où l'accusé vous paraîtrait pouvoir en être affranchi. Il est bien entendu que vous devrez vous pourvoir en cassation dans tous les cas où la Cour aura omis de statuer. »

Ces instructions doivent en général prévenir toute difficulté ; cependant il peut arriver que par inadvertance ou autrement l'arrêt ne fasse nulle mention de l'exposition, soit pour l'ordonner, soit pour en dispenser le condamné, et que le ministère public s'apercevant trop tard de cette omission ne forme pas de pourvoi en cassation.

Dans ce cas, sur lequel la circulaire est muette, l'exposition devra-t-elle être subie? je ne le crois pas.

L'art. 22 du Code pénal porte : le condamné, *avant de subir sa peine, demeurera durant une heure exposé,* etc. L'exposition ne fait donc pas partie de la peine ; elle n'en est que la conséquence. Sous ce rapport, on pourrait soutenir qu'elle n'a pas besoin d'être prononcée. Cette opinion s'appuierait encore sur le second paragraphe de l'article précité, aux termes duquel la Cour, lorsqu'elle ne veut pas qu'un condamné subisse l'exposition, *doit l'ordonner par son arrêt :* ce qui serait inutile si le silence sur cette mesure suffisait pour en dispenser.

Mais le troisième paragraphe fournit un argument contraire. En disposant que l'exposition *ne sera jamais prononcée* contre les mineurs de seize ans et les septuagénaires, il décide implicitement qu'elle doit être prononcée contre les condamnés qui n'en sont pas dispensés soit par la loi, soit par la volonté du juge.

En résumé, la rédaction peu claire de l'art. 22 laisse beaucoup à désirer. Toutefois, comme l'exposition, si elle n'est pas une peine proprement dite, est au moins une véritable aggravation de la condamnation dont elle complète la publicité et à laquelle elle imprime ainsi un nouveau et plus fort caractère d'infamie, je n'hésite pas à croire, je le répète, qu'on ne doit la faire subir qu'autant que l'arrêt l'a formellement prescrite. Si quelques doutes subsistaient à cet égard, ce serait certainement le cas de les expliquer dans le sens le plus favorable au condamné, et de ne pas le soumettre à une mesure sur l'exécution de laquelle la Cour n'aurait pas statué.

Les modifications apportées en 1832 au Code pénal ont encore fait naître une autre question qui se rattache également à l'exécution des arrêts criminels.

Aux termes de l'art. 15 du Code pénal, les hommes condamnés aux travaux forcés doivent être enchaînés. Le port des fers fait donc partie essentielle de leur peine, et, par conséquent, on pourrait les en revêtir dès le jour où cette peine commence à courir. Sous l'empire de l'ancien article 23 du Code précité, la peine ne courait que du jour de l'exposition, et, aussitôt après que les condamnés l'avaient subie, on les mettait à la disposition de l'autorité administrative, qui les faisait ferrer, soit immédiatement, soit seulement quand ils partaient pour le bagne.

Maintenant, les peines courent à partir du jour où la condamnation est devenue irrévocable (nouvel art. 23); c'est-à-dire à partir de l'expiration du délai du pourvoi en cassation ou du jour où le pourvoi a été rejeté. En sorte que le magistrat auquel la procédure est renvoyée pourrait à la rigueur se prévaloir de l'art. 15 du Code pénal pour faire ferrer le condamné et compléter ainsi l'exécution de la peine. L'usage s'en était établi dans plusieurs ressorts, notamment pour les cas où les condamnés devaient subir l'exposition. M. le garde des sceaux l'a fait cesser; il a pensé qu'il convenait, sous tous les rapports, de continuer à ne ferrer les condamnés que quand ils sont dirigés sur les bagnes. Je pense même que maintenant qu'ils sont conduits à ces établissements dans des voitures cellulaires, d'où il est extrêmement difficile de s'évader, le ferrement ne doit plus avoir lieu qu'à l'arrivée des condamnés au bagne. Il ne faut pas perdre de vue que si la chaîne est une aggravation de la peine, c'est encore plus une mesure de sûreté pour empêcher des condamnés qui très-souvent travaillent en dehors des limites des bagnes, d'user des chances d'évasion que cette circonstance pourrait leur procurer. D'ailleurs, l'art. 15 veut que les condamnés soient enchaînés deux à deux. Or, comme cette disposition serait très-difficilement exécutée dans les prisons où ils attendent leur départ pour le bagne, et ne pourrait jamais l'être dans les voitures cellulaires, je crois, je le répète, que l'article précité ne peut et ne doit recevoir son exécution qu'après l'admission au bagne, sauf les cas vraiment exceptionnels où M. le ministre de l'intérieur ordonne de retenir les condamnés aux travaux forcés dans les maisons centrales.

Dans mon précédent Commentaire sur le décret du 18 juin 1811, j'avais émis (p. 312) l'opinion que la loi du 22 germinal an IV, donnant aux magistrats du ministère public le droit de requérir des ouvriers pour faire les travaux relatifs à l'exécution des jugements, n'avait été abrogée par aucune disposition postérieure, pas même par l'article 475, n° 12, du Code pénal, qui ne paraît pas s'appliquer au même cas. Depuis, cette opinion a été sanctionnée par un arrêt de la Cour de cassation, rendu le 13 mars 1835, dans l'espèce suivante.

Un procureur du roi avait requis douze ouvriers menuisiers pour transporter et monter l'échafaud qui sert aux expositions. Ces ouvriers refusèrent leur concours. Traduits devant le tribunal de simple police, ils furent condamnés à trois jours d'emprisonnement, en vertu de la loi précitée; mais le tribunal d'appel les renvoya des poursuites, en se fondant sur ce que la réquisition autorisée par cette loi ne pouvait être adressée que pour des opérations et des ouvrages qui sont de la compétence particulière de chaque ouvrier; qu'en requérant les prévenus, non pour faire un petit échafaud et des réparations de menuiserie, mais pour transporter et dresser cet échafaud sur la place publique, le ministère public avait donné à la loi une extension arbitraire.

Ce jugement, comme on le voit, ne contestait pas le droit du ministère public; il se bornait à en blâmer l'usage en ce qu'il avait été exercé à l'égard d'ouvriers menuisiers que leur profession ne semblait pas appeler à faire les travaux pour lesquels ils avaient été requis.

Sur le pourvoi en cassation du procureur du roi, est intervenu l'arrêt dont j'ai parlé plus haut, et qui est ainsi motivé :

« Attendu, en droit, que ces dispositions (celles des art. 1 et 2 de la loi du 22 germinal an IV, et celle de l'art. 114 du décret du 18 juin 1811) n'ont point cessé d'être en vigueur, et qu'elles attribuent au ministère public le droit non-seulement d'apprécier la nécessité des réquisitions qu'elles autorisent, mais encore de désigner, selon les circons-

tances et les localités, les ouvriers qu'il juge devoir
être employés aux travaux préparatoires qu'exige
l'exposition publique des condamnés à cette peine;
que *tout* ouvrier auquel une telle réquisition est
faite, ne peut refuser d'y obéir sans encourir l'application de la loi. Casse, etc. »

Ainsi, la réquisition du ministère public est valable pourvu qu'elle soit adressée à un *ouvrier*,
quelle que soit sa profession; mais il ne faut pas
perdre de vue que la loi porte que les ouvriers ne
seront requis que chacun à son tour, et que par conséquent le magistrat qui aurait à faire plusieurs réquisitions successives devrait s'abstenir de les adresser aux mêmes ouvriers. On conçoit, en effet,
qu'une mission dont l'accomplissement est en général fort désagréable, ne doit pas toujours tomber
à la charge des mêmes individus. Il y a même tout
lieu de croire que c'est pour éviter qu'il en soit
ainsi que la loi a autorisé à requérir tout ouvrier,
sans désigner les professions sur lesquelles devait
porter le choix du ministère public.

Au surplus, les réquisitions dont il s'agit apportent souvent des retards, et il est bien préférable de
régler, quand il est possible, le service des exécutions, de gré à gré, comme l'a recommandé M. le
garde des sceaux, afin de pouvoir disposer, toujours
et sur-le-champ, des hommes dont le concours est
nécessaire.

Aux termes de l'art. 375 du Code d'instruction

criminelle, la condamnation doit être exécutée dans les vingt-quatre heures de la réception de l'arrêt qui rejette le pourvoi en cassation.

Cette règle doit être suivie aussi exactement que possible quand il s'agit d'une condamnation capitale. Cependant, il est arrivé souvent qu'afin de rendre l'exécution plus exemplaire, on la retardait pour la faire coïncider avec la tenue d'une foire ou d'un marché. Des instructions particulières avaient constamment blâmé cet usage, qui néanmoins s'était perpétué dans quelques ressorts.

M. le garde des sceaux, voulant le faire cesser partout, a adressé, le 6 mai 1847, à MM. les procureurs généraux une circulaire assez importante pour la transcrire ici en entier.

« Monsieur le procureur général, l'application » de l'art. 375 du Code d'instruction criminelle, » qui détermine les délais dans lesquels les con- » damnations doivent être exécutées, a donné lieu » dans quelques ressorts, en ce qui concerne les » condamnations capitales, à un usage qui me pa- » raît irrégulier.

» L'exécution des arrêts de condamnation doit » avoir lieu, d'après l'article précité, dans les » vingt-quatre heures de la réception de l'arrêt qui » a rejeté le pourvoi. Ce délai, quand il s'agit de la » peine de mort, ne doit être prolongé que du » temps strictement nécessaire pour le transport » des exécuteurs. Quelques magistrats, néanmoins,

» ont pensé qu'il convenait, pour rendre cette exé-
» cution plus exemplaire, de la retarder de ma-
» nière à ce qu'elle coïncidât avec un jour de mar-
» ché. Aucune disposition de la loi n'autorise une
» pareille mesure, qui pourrait devenir, dans cer-
» tains cas, pour les condamnés, une cruelle ag-
» gravation de leur peine. L'art. 26 du Code pénal
» se borne à indiquer, comme lieu d'exécution,
» l'une des places publiques de la ville où l'exécu-
» tion doit être faite. Une telle publicité suffit pour
» assurer à la peine toute son efficacité, et il ne faut
» pas ajouter aux prescriptions légales. Sans doute,
» quand un marché se tient le jour où une exécu-
» tion doit se faire, ce n'est pas une raison pour la
» différer; mais il ne faut pas choisir à dessein un
» pareil jour, qui réunit ordinairement un grand
» nombre d'individus appartenant aux communes
» voisines. L'impression salutaire que la peine ca-
» pitale doit produire ne peut que s'affaiblir au
» milieu d'une multitude qui se montre plus avide
» que touchée du spectacle auquel elle assiste. Le
» bruit et le tumulte de cette foule ne sauraient
» s'allier avec la sévérité de l'expiation; enfin, il
» est prudent d'éviter, dans l'intérêt de l'ordre, la
» formation de grands rassemblements qui pour-
» raient le compromettre.

» Je vous transmets des exemplaires de la pré-
» sente circulaire en nombre suffisant pour en
» adresser à vos substituts près les Cours d'as-

» sises. Je vous prie de vouloir bien leur recom-
» mander de se conformer exactement aux in-
» structions qu'elle contient lorsqu'ils auront à
» faire exécuter une condamnation capitale. Rece-
» vez, etc. »

Les instructions contenues dans cette circulaire
ne sont relatives qu'aux exécutions capitales. C'est
ce qui résulte positivement des expressions restrictives dont on s'est servi, et du but important
qu'on s'est proposé, et qui devient sans objet quand
il s'agit de peines autres que la peine de mort, et
dont l'exécution peut être retardée sans porter préjudice ni à la justice, ni aux condamnés, depuis
que pour ceux-ci la peine court de plein droit
à partir du jour où l'arrêt est devenu irrévocable.

La circulaire du 6 mai 1847 laisse donc dans toute
sa force celle du 22 novembre 1832, laquelle recommande, afin de rendre moins fréquent le transport des exécuteurs, de faire exécuter, autant que
possible, le même jour tous les arrêts rendus dans
la même session. Il ne s'agit ici que des arrêts emportant la peine accessoire de l'exposition publique, dont l'exécution rend indispensable le concours d'un ou de plusieurs exécuteurs.

A la différence des exécutions capitales, qui doivent avoir lieu immédiatement, il y a avantage,
sous le rapport des frais et même dans l'intérêt de
la justice, à faire exposer ensemble tous les con-

damnés qui doivent être soumis à cette peine flé-
trissante. L'attention publique est bien plus frap-
pée, et par cela même l'effet exemplaire est plus
grand et plus efficace.

PAYEMENT DES FRAIS DE JUSTICE.

Article 137; page 350.

Le désir de simplifier et de rendre moins oné-reuses aux parties prenantes les obligations que leur imposait le décret du 18 juin 1811, a porté à abroger l'article ci-dessus cité, et les art. 138, 139, 143, 145, 149, 152, 166 et 173 du même décret, en y substituant d'autres dispositions, dont l'un des principaux objets a été de supprimer le visa du préfet sur les états et mémoires des frais de justice non réputés urgents, et sur les états récapitulatifs des frais urgents.

Cette innovation, que consacre l'ordonnance du 28 novembre 1838, est d'autant plus remarquable qu'elle détruit un moyen de contrôle qui subsistait depuis longtemps. On peut voir, en effet, dans l'introduction de mon commentaire sur le décret du 18 juin 1811, qu'un arrêt du conseil du 26 octobre 1683 avait enjoint aux intendants et commissaires départis dans les provinces d'examiner soigneusement les exécutoires des frais de justice, et de rejeter tous les articles qui ne devaient pas être acquittés sur les domaines du roi; qu'un autre arrêt du 22 juillet 1687 exigeait impérieusement le visa de ces administrateurs avant le payement de ces mêmes exécutoires.

Un arrêt du 24 novembre 1733 ordonnait en outre de soumettre les exécutoires et les mémoires de frais à l'examen du contrôleur général des finances.

La loi du 27 septembre 1790 conserva le mode de vérification précédemment établi, en se bornant à substituer les directeurs des départements aux intendants et commissaires départis qui avaient été supprimés.

C'est ainsi qu'en perpétuant un ordre de choses qui s'était maintenu avec plus ou moins d'exactitude, le décret du 18 juin 1811 avait formellement établi le contrôle des préfets sur les dépenses de la justice criminelle.

Ce contrôle administratif, établi depuis des siècles, n'avait rien de blessant pour la magistrature. Plusieurs de ses membres m'ont souvent manifesté la satisfaction qu'ils éprouvaient de voir une autorité indépendante de la leur vérifier des dépenses dont une partie était ordonnancée à leur profit. Mais, d'un autre côté, il est certain qu'en dispensant du visa du préfet les mémoires et états de frais, on s'est mieux conformé à la règle qui sépare les autorités judiciaires et administratives. On a aussi simplifié, et par suite accéléré les rouages de la comptabilité ; enfin, de notre temps la magistrature jouit à si juste titre d'une réputation incontestable de délicatesse et de probité, que tout contrôle autre que le sien, sur des dépenses qui la concernent, devenait sans objet. Aussi l'ordonnance dont je m'occupe a déjà plusieurs années d'existence, et il n'est point venu à ma connaissance que son exécution ait créé des difficultés ou fait naître le moindre soupçon d'abus.

Je vais me borner à rappeler ici, en masse, les changements qu'elle a apportés au décret du 18 juin 1811.

Les art. 1 et 3 suppriment le visa des préfets.

L'art. 2 réduit à deux les copies des états et mémoires de frais non urgents qui devaient, auparavant, être faits en triple expédition.

L'art. 4 consacre la règle déjà établie par la circulaire de M. le garde des sceaux, du 2 mai 1822, et d'après laquelle les frais urgents doivent être réunis chaque mois dans un seul état, au lieu de l'être chaque trimestre.

L'art. 5 reproduit l'art. 149 du décret du 18 juin 1811, relatif à la surannation des mémoires. Seulement il substitue la taxe du juge au visa du préfet, pour déterminer l'époque à laquelle les mémoires seront considérés comme surannés.

Il est au moins singulier que cet article se fonde sur l'art. 149 du règlement, qu'il abroge implicitement, et qui est d'ailleurs textuellement rapporté par l'art. 7. Cette citation, tout à fait inutile, doit être considérée comme non avenue. Évidemment elle est le résultat d'une inadvertance.

Enfin, l'art. 6 prescrit aux procureurs généraux près les Cours royales, et aux procureurs du roi près les Cours d'assises, de réunir au commencement de chaque mois, dans un bordereau, tous les doubles des états et mémoires de frais taxés et mandatés dans leur ressort pendant le mois précédent. Ce bordereau et les pièces à l'appui doivent être adressés au ministre de la justice dans la première quinzaine de chaque mois.

M. le garde des sceaux, par une circulaire du 8 décembre 1838, a fait connaître aux magistrats les nouvelles attributions dont l'ordonnance les investissait, et leur a recommandé de redoubler de soin et de précaution pour prévenir tout abus dans les dépenses dont ils devenaient les seuls contrôleurs. La partie la plus importante de cette circulaire est celle qui se rapporte à l'art. 6 de l'ordonnance. Cet article, dont la rédaction est peu claire, pouvait donner lieu de croire que le procureur général devait transmettre un état mensuel de toutes les dépenses ordonnancées dans son ressort, ce qui aurait fait double emploi avec les états que doivent aussi fournir les procureurs du roi. Cet article ne contenait en outre aucune disposition expresse au sujet des frais taxés par les juges de paix.

La circulaire s'explique ainsi sur ces deux points :

« Aux termes de l'art. 6, vous réunirez, au commencement de chaque mois, les doubles de tous les états ou mémoires qui auront été ordonnancés par le premier président ou tout autre membre de la Cour pendant le mois précédent. Vous y joindrez

le double, que vous remettra le receveur de l'enregistrement, de l'état des simples taxes de frais urgents qui auront été alloués pendant ce même mois
par les magistrats de la Cour, et vous me transmettrez ces doubles pièces dans la première quinzaine
de chaque mois, avec un bordereau dont le modèle
est ci-joint.

« Les procureurs du roi procéderont de même à
l'égard des doubles états ou mémoires fournis par
toutes les parties prenantes employées en matière
criminelle dans le ressort du tribunal près duquel
ils exercent, et par les receveurs de l'enregistrement. En conséquence, les juges de paix devront
leur faire parvenir exactement les doubles des mémoires qu'ils auront taxés. Vos substituts réuniront
ensuite tous ces états et mémoires dans un bordereau rédigé dans la forme de celui ci-joint. »

Ainsi les procureurs du roi doivent comprendre
dans leurs bordereaux toutes les dépenses ordonnancées dans leurs ressorts respectifs, même celles
qui ont été taxées par les juges de paix. Je crois
qu'il doit en être de même pour les dépenses ordonnancées par le président d'assises dans les départements autres que celui où siége la Cour royale.

A la vérité, les présidents d'assises sont ordinairement membres de la Cour royale, et la circulaire
porte que les dépenses ordonnancées par le premier président *ou tout autre membre de la Cour*, devront être comprises dans le bordereau du procu-

reur général. Mais il ne peut s'agir ici que des dépenses faites soit à raison d'une instruction dont la Cour est chargée, soit par le conseiller qui préside les assises au chef-lieu judiciaire du ressort. Quant aux dépenses des autres assises, il convient d'autant mieux de les porter dans le bordereau du procureur du roi, qu'elles y seraient forcément comprises, quand, ce qui n'est pas rare, les assises, par suite de l'empêchement du président titulaire, sont présidées par l'un des membres du tribunal de première instance.

Quant aux indemnités et aux frais de voyages qui, suivant les cas, sont alloués aux présidents d'assises, comme cette dépense est ordonnancée par le premier président, elle doit toujours être comprise dans le bordereau du procureur général.

Par une autre circulaire, également du 8 décembre, M. le garde des sceaux a fait connaître aux préfets qu'il n'était apporté aucun changement à l'ordonnancement des dépenses qui avaient toujours été payées sur leurs mandats, et qu'ils devaient continuer à régler et à faire acquitter en matière criminelle : 1° les dépenses résultant des extraditions des prévenus ou accusés ; 2° les frais d'emballage et de transport des registres et papiers composant les archives des greffes des Cours et tribunaux ; 3° les dépenses du personnel et du matériel employés à l'exécution des arrêts criminels ; 4° enfin, les secours alimentaires accordés aux anciens exécuteurs et veuves d'exécuteurs. La circulaire ajoute, que les préfets devront adresser au ministre, au commencement de chaque mois, le bordereau des dépenses qu'ils auront mandatées pendant le mois précédent, en y joignant le double des états ou mémoires fournis par les parties prenantes.

EXTRADITIONS.

Article 150, page 364.

D'après cet article, les frais d'extradition des prévenus, accusés ou condamnés, sont acquittés sur simple mandat du préfet le plus voisin du lieu où se fait l'extradition, d'après les états de dépenses dûment certifiés par les autorités compétentes.

Les extraditions sont devenues très-fréquentes ; d'abord, parce que les nouvelles et rapides voies de communication qui ont été ouvertes rendent plus facile la fuite des prévenus ; et, en second lieu, parce que de nombreuses conventions relatives à la remise réciproque des malfaiteurs ont été conclues par la France avec la plupart des puissances, et notamment avec celles qui entourent nos frontières.

Les mesures de ce genre forment donc un article de dépense assez important pour que je croie devoir indiquer les règles à suivre afin que cette dépense soit restreinte autant que possible sans nuire au service si utile auquel elle doit pourvoir.

Je sortirais évidemment de ma spécialité si j'examinais ici les principes sur lesquels repose le droit d'extradition. Il me suffira de dire que l'existence de ce droit et la nécessité, dans l'intérêt social, de son exercice, ne sont plus contestées. Il est

en effet certain que le pays qui refuserait d'extra-
der les criminels auxquels il aurait donné refuge,
outre qu'il porterait un irréparable préjudice à la
vindicte publique, deviendrait bientôt le réceptacle
de tous les malfaiteurs des pays voisins; et ces malfaiteurs, par leurs détestables habitudes, ne tarderaient pas à pervertir les populations parmi lesquelles on leur permettrait de vivre impunis.

Aussi, même les états qui ne sont pas liés à la
France par des conventions écrites, n'hésitent pas
à livrer les individus accusés de crimes graves,
sous la condition indispensable d'user à leur égard
d'une parfaite réciprocité dans les cas analogues.

Les règles que je vais rappeler s'appliquent donc
aussi bien à ces états qu'à ceux qui ont fait de l'extradition l'objet de stipulations insérées dans un
traité spécial.

Des traités de ce genre existaient avec quelques
puissances antérieurement à la révolution. Ils ne
lui ont pas survécu, à l'exception d'un seul qui est
toujours en vigueur. C'est celui qui a été conclu
avec l'Espagne le 29 septembre 1765; encore ce
traité ne peut-il être exécuté dans celles de ses dispositions relatives aux formes à suivre pour la
remise des malfaiteurs, formes qui s'écartent complétement de la division des pouvoirs établis maintenant en France. Ce traité, sous un autre rapport,
sort encore des règles qui depuis ont prévalu, en
ce qu'il divise les crimes de manière à ce que les

uns donnent lieu de plein droit à l'extradition, tandis que les autres sont soumis, avant la remise de leurs auteurs, à l'appréciation du gouvernement auquel l'extradition est demandée. De là naissent des distinctions plus ou moins arbitraires, source de fâcheuses discussions, et qui, par conséquent, font sentir la nécessité, pour la France et l'Espagne, de remplacer des stipulations véritablement surannées par de nouvelles qui soient mieux en accord avec le régime constitutionnel, maintenant établi dans l'un et l'autre pays. C'est un point qu'il importe beaucoup de régler aussi promptement que possible, et il y a tout lieu de croire que le gouvernement s'en occupe avec un soin particulier.

Vient ensuite le traité conclu avec la Suisse le 4 vendémiaire an XII, et qui a été remplacé par celui du 31 décembre 1828. L'une des stipulations de ce traité ne peut plus, par des motifs que je ferai connaître plus loin, être exécutée : c'est celle qui promet la remise des auteurs de crimes contre la sûreté de l'état.

Jusque-là, comme on le voit, on s'était peu occupé de tracer des règles écrites en matière d'extradition ; mais les relations plus intimes qu'une longue paix a fait naître entre les divers pays, et surtout la promptitude inouïe des communications, ont fait sentir le besoin de ne rien laisser à l'arbitraire. En conséquence, des conventions d'extradition ont été successivement conclues,

Avec la Belgique, le 22 novembre 1834;

Avec la Sardaigne, le 16 décembre 1838;

Avec l'Angleterre, le 18 mars 1843;

Avec le duché de Lucques, le 10 novembre 1843;

Avec le grand-duché de Bade, le 24 août 1844;

Avec la Toscane, le 11 septembre 1844;

Avec le grand-duché de Luxembourg, le 26 septembre 1844;

Avec les Pays-Bas, le 7 novembre 1844;

Avec les États-Unis d'Amérique, le 12 juin 1845;

Avec les Deux-Siciles, le 14 juin 1845;

Avec la Prusse, le 21 juin 1845;

Avec la Bavière, le 23 mars 1846.

Toutes ces conventions sont insérées au *Bulletin des Lois*, avec les ordonnances royales qui prescrivent leur exécution.

Elles seront suivies par d'autres conventions qui se négocient avec plusieurs puissances, et qui probablement ne tarderont pas à être conclues et publiées.

Toutes déterminent la nature des crimes qui peuvent servir de base à une demande d'extradition. La nomenclature de ces crimes est à peu près la même dans chaque convention. Ce sont :

L'assassinat;

L'empoisonnement;

Le parricide;

L'infanticide;

Le meurtre;

Le viol;

L'incendie;

Le faux en écriture authentique ou de commerce et en écriture privée, y compris la contrefaçon des billets de banque et effets publics, mais non compris les faux certificats, les faux passe-ports et les autres faux qui, d'après le Code pénal, ne sont pas punis de peines afflictives et infamantes;

La fabrication et l'émission de la fausse monnaie;

Le faux témoignage;

Le vol, lorsqu'il a été accompagné de circonstances qui lui impriment le caractère de crime;

Les soustractions commises par les fonctionnaires publics, mais seulement dans le cas où elles sont punies de peines afflictives et infamantes.

La banqueroute frauduleuse.

Dans les conventions avec le duché de Lucques, le grand duché de Bade, la Toscane, la Prusse et la Bavière, on a ajouté aux crimes indiqués ci-dessus l'attentat à la pudeur consommé ou tenté avec violence.

La subornation de témoins se trouve en outre dans les conventions avec le duché de Lucques, la Toscane, les Deux-Siciles, la Prusse et la Bavière. Cette dernière convention, celle de la Bavière, range aussi parmi les cas d'extradition la contrefaçon des poinçons de l'état servant à marquer les matières d'or et d'argent.

Les conventions avec l'Angleterre et les États-

Unis d'Amérique sont beaucoup plus restreintes ; la première ne comprend que les crimes d'assassinat, de parricide, d'infanticide, d'empoisonnement, de faux et de banqueroute frauduleuse. La convention avec les États-Unis d'Amérique ajoute à cette nomenclature le viol, l'incendie, les soustractions commises par les dépositaires publics, enfin les vols qualifiés, qui ont été l'objet d'une convention supplémentaire. Il faut remarquer néanmoins qu'à la différence de toutes les autres conventions, celle qui a été conclue avec les États-Unis ne mentionne pas la banqueroute frauduleuse. Cette omission s'explique par cette circonstance que la législation américaine ne donne pas le caractère de crime aux faits de ce genre, lesquels ne peuvent servir de base qu'à une action civile.

Les pièces à produire pour obtenir l'extradition varient suivant la législation de chaque pays et les stipulations des traités. Ainsi, souvent un simple mandat d'arrêt suffit ; il faut ailleurs un arrêt de mise en accusation ou de condamnation ; enfin quand il s'agit d'une extradition à demander à l'Angleterre ou aux États-Unis, les tribunaux de ces pays devant délibérer avant que les gouvernements puissent livrer les individus réclamés, il faut joindre à la demande des copies certifiées des principales pièces de l'information.

On voit par là que les magistrats ne doivent s'adresser au gouvernement pour faire réclamer des extraditions, que dans les cas qui paraissent rentrer dans les prévisions des traités. Autrement ils donneraient lieu à une correspondance inutile, et, ce qui serait plus fâcheux, ils lèveraient des copies dont il ne pourrait être fait aucun usage et dont le coût resterait en pure perte à la charge du trésor public.

Il est donc bien important de se pénétrer des règles en matière d'extradition pour ne pas s'exposer à faire des dépenses frustratoires. Sous ce rapport encore, l'exposé de ces règles rentre dans la spécialité de mon travail.

En premier lieu, les puissances ne consentent pas à livrer leurs nationaux : il en résulte que la France ne peut réclamer que l'extradition d'un Français, ou d'un étranger réfugié dans un pays autre que celui auquel il appartient. (Circulaire de M. le garde des sceaux du 5 avril 1841.)

A ce motif on peut en ajouter un autre qui a plus de force encore. Il pourrait se faire que quelque gouvernement absolu fût disposé à livrer ses propres sujets; mais ce ne serait pas une raison pour la France de réclamer cette mesure. Aux termes de l'art. 53 de la Charte, nul ne peut être distrait de ses juges naturels. Il est donc impossible à notre gouvernement de livrer un Français pour être traduit devant un tribunal étranger. Or, comme en matière d'extradition, la plus stricte réciprocité est de droit, il s'ensuit que la France ne pouvant dans aucun cas livrer un de ses nationaux, ne peut non plus réclamer la remise des nationaux d'une autre puissance.

En second lieu, un crime seul peut motiver l'extradition, et par conséquent cette mesure ne saurait s'étendre à un délit, quelle que soit l'importance du préjudice que ce délit a causé. Voici comment la circulaire précitée établit et justifie cette distinction : « Il faut une raison puissante pour faire rechercher sur la terre étrangère l'homme qui s'est puni par l'éloignement volontaire de sa patrie ; et, d'ailleurs, les infractions graves ont toujours un caractère de criminalité absolue qui rend la répression nécessaire dans l'intérêt de la société tout entière, tandis que les faits qualifiés *délits* n'ont souvent qu'une criminalité relative, et n'offensent que l'état seul dans le sein duquel ils ont été commis. »

Il peut arriver que le Français livré comme auteur d'un crime soit en même temps prévenu d'un délit. Dans ce cas il ne peut pas être jugé pour ce délit. La circulaire, après l'avoir dit, ajoute : « L'application du principe est susceptible de quelques difficultés. Il est évident que si le délit est isolé, il sera facile de ne juger l'individu livré que sur le crime ; mais, dans certains cas, le délit est connexe ; en outre, il devient souvent, par sa connexité, une circonstance aggravante. Quand ces difficultés se présenteront, vous m'en référerez, et je vous ferai connaître les précédents de mon administration. »

Dans une affaire qui présentait la réunion d'un crime et d'un délit connexe, tous deux relevés dans l'arrêt de mise en accusation, le président des assises se fondant sur ce que l'extradition de l'accusé avait été uniquement accordée à raison du crime qui lui était imputé, n'avait pas posé aux jurés de questions relatives au délit. L'extradé, ayant été condamné, se pourvut en cassation, et fit valoir comme moyen d'annulation qu'on n'avait pas exécuté complétement l'arrêt d'accusation et qu'on avait laissé indécis un des faits qui y étaient incriminés. Mais la Cour de cassation, par un arrêt du 24 juin 1847, n'a point admis ce moyen et a rejeté le pourvoi.

Outre la connexité du délit que prévoit la circulaire, il y a un autre cas qui est plus fréquent et qui présente plus de difficulté. C'est celui où le crime imputé à l'extradé dégénère, par suite de la déclaration du jury, en un simple délit, comme, par exemple, quand un vol est dépouillé des circonstances qui lui donnaient le caractère de crime, ou quand la banqueroute frauduleuse imputée à l'accusé est réduite à une banqueroute simple. En pareil cas, je crois qu'en présence de la déclaration du jury qui constate l'existence du délit, la Cour ne peut se dispenser de prononcer la peine que ce délit entraîne. Mais c'est alors qu'il appartient au gouvernement d'intervenir pour empêcher l'exécution de cette peine, attendu que le prévenu n'aurait pas été livré et ne l'aurait pas encourue, si l'on avait pu prévoir que son action ne constituait qu'un délit. Ce condamné doit donc être reconduit dans le pays d'où il a été extradé. C'est ce qui a été fait dans l'affaire sur laquelle la Cour de cassation a statué par son arrêt du 4 septembre 1840. Le condamné reconduit à la frontière ne peut plus être arrêté en vertu de l'arrêt qui pèse sur lui, qu'autant qu'il rentrerait volontairement dans le royaume avant que sa condamnation ne fût couverte par la prescription.

Il en serait différemment si l'accusé était déclaré coupable du crime qui a motivé son extradition, et que ce crime, par suite de l'admission des circonstances atténuantes, ne fût puni que d'une peine correctionnelle; l'accusation alors aurait conservé son caractère, et l'affaiblissement du châtiment ne devrait pas empêcher qu'il fût subi.

C'est ce qui doit être encore décidé quand la déclaration du jury reconnaît le fait matériel du crime qui a donné lieu à l'extradition, mais atténue la gravité de ce crime. La Cour de cassation l'a ainsi jugé le 2 février 1845, dans une affaire ou un individu avait été extradé comme accusé de faux en matière de commerce, et n'avait été condamné que pour faux en écriture privée.

Au surplus, quand une difficulté de ce genre s'élève devant les tribunaux, c'est au gouvernement qu'il faut en référer. En effet, l'extradition, soit qu'il s'agisse de l'obtenir ou de l'accorder, est une mesure gouvernementale; les diligences à faire pour y parvenir sont purement diplomatiques, et par suite les ministres qui ont provoqué soit la demande, soit la remise de l'individu extradé, peuvent seuls apprécier la véritable portée de l'acte qui est intervenu. Voici en quels termes la circulaire précitée s'exprime à cet égard : « En principe général, le gouvernement est seul juge de la validité d'une extradition, et il en résulte qu'il lui appartient d'en fixer la portée, d'en interpréter les termes. Dès lors, quand on soutient devant un tribunal, ou qu'une extradition est irrégulière, ou qu'elle est interprétée dans un sens soit trop favorable, soit trop préjudiciable à l'inculpé, le tribunal doit surseoir jusqu'à ce que le gouvernement ait fait connaître sa décision. » La circulaire cite à l'appui de cette doctrine un arrêt de la Cour de cassation, dont elle indique la date au 29 août 1840; c'est une erreur, cet arrêt inséré au bulletin officiel est du 4 septembre 1840.

Un autre arrêt de la même Cour, en date du 16 septembre 1841, est encore plus formel. Il juge en effet que les tribunaux français, quand un individu a été renvoyé régulièrement devant eux, n'ont point à s'enquérir des motifs qui ont pu porter un gouvernement étranger, seul gardien de son indépendance et de sa dignité, à consentir l'extradition;

que cette extradition, soit qu'elle ait été demandée,
soit qu'elle ait été faite spontanément, a eu pour
effet de remettre légalement aux mains de la justice, qui avait mission de le poursuivre, l'individu
qui en a été l'objet.

Cet arrêt me paraît consacrer les véritables principes. Quand un individu mis en accusation a pris
la fuite, le gouvernement doit le faire rechercher
dans toutes les parties du royaume pour le traduire
devant ses juges. Et certainement, quand le gouvernement, par suite des relations qu'il a établies
avec les puissances étrangères, peut faire continuer
ses recherches au delà des frontières et obtenir la
remise de l'accusé, son devoir non moins impérieux
est de ne rien négliger pour atteindre ce but; et
personne n'est en droit de contester ce qu'il fait en
pareil cas pour assurer le cours de la justice. J'irai
même plus loin; je crois que le gouvernement
compromettrait sa responsabilité, si connaissant
le refuge de l'accusé, il n'employait pas tous les
moyens en son pouvoir pour en obtenir la remise.

J'ai cité plus haut un passage de la circulaire de
M. le garde des sceaux, portant que lorsqu'il s'élève
quelque difficulté sur une extradition, le tribunal
doit surseoir et en référer au gouvernement. Cette
règle n'est applicable que si la difficulté est véritablement sérieuse; quand elle n'a pas ce caractère,
le sursis que le tribunal ordonnerait n'aurait pour
effet que de ralentir inutilement le cours de la jus-

tice, et la décision qui l'ordonnerait devrait être annulée, ainsi que la Cour de cassation l'a fait dans une affaire de ce genre par un arrêt du 9 mai 1845.

En général, l'extradition ne peut être demandée ou obtenue qu'à raison des crimes respectivement énumérés dans les conventions conclues avec les puissances étrangères. Cependant, quand les faits imputés à l'individu dont on désire obtenir la remise ont de l'analogie avec ceux que la convention prévoit, la demande peut être faite, et c'est alors au gouvernement auquel on s'adresse qu'il appartient d'examiner s'il doit ou non accorder une extradition qu'il n'est pas strictement tenu de faire, mais qui est conforme, sinon au texte, au moins à l'intention des stipulations consenties. Dans ce cas, qui se présente assez fréquemment, la promesse d'une entière réciprocité est toujours la condition de l'extension donnée au traité. C'est d'accord avec ce qui se fait à cet égard, que la circulaire précitée de M. le garde des sceaux dit que la nomenclature des crimes insérée dans les conventions est plutôt indicative que limitative.

Cependant il y a quelques analogies que nous n'avons pu faire admettre, et d'autres auxquelles nous nous sommes refusés.

Je citerai, par exemple, l'attentat à la pudeur avec violence. Ce fait présente presque le même caractère que le viol. La Belgique, qui extrade pour ce dernier crime, n'a jamais voulu en faire de même pour l'attentat à la pudeur avec violence, même quand cet attentat se trouvait aggravé par cette circonstance qu'il avait été commis sur de jeunes enfants.

La même puissance s'est constamment refusée à livrer les prévenus d'abus de confiance domestique, qui cependant présentent beaucoup de ressemblance avec les vols domestiques.

L'avortement qui entraîne la mort de l'enfant conçu, est une sorte d'infanticide ; et néanmoins, jamais, à ma connaissance, les états qui ont consenti à livrer les prévenus d'infanticide n'ont extradé des prévenus d'avortement.

De notre côté nous avons toujours refusé de livrer les individus prévenus de duel. Et en effet, le duel considéré en lui-même n'est pas prévu par nos lois ; il s'ensuit que la simple participation à un fait de ce genre ne saurait donner lieu à l'extradition. Mais il peut en être différemment quand le duel a été suivi de mort ou de blessures qui ont occasionné une incapacité de travail de plus de vingt jours. Alors le fait prenant le caractère de crime, son auteur et ses complices pouvant être poursuivis en France, pourraient aussi, je crois, être livrés à la puissance qui les réclame, non pas comme duellistes, mais comme prévenus de faits qui rentrent dans les stipulations diplomatiques. Il y aurait alors une appréciation très-délicate à faire ; et le gouvernement, avant de statuer sur la demande d'extradition, devrait connaître et examiner toutes les circonstances qui peuvent donner plus ou moins de gravité à l'affaire.

Si la nomenclature des crimes ordinaires peut quelquefois recevoir de l'extension, il n'en est pas de même pour les crimes politiques. Jamais ces crimes ne doivent motiver une extradition. M. le garde des sceaux en a fait noblement connaître le motif dans le passage suivant de sa circulaire précitée : « Les crimes politiques s'accomplissent dans des circonstances si difficiles à apprécier ; ils naissent de passions si ardentes, qui souvent sont leur excuse, que la France maintient le principe que l'extradition ne doit pas avoir lieu pour fait politique. C'est une règle qu'elle met à honneur de soutenir. Elle a toujours refusé, depuis 1830, de pareilles extraditions ; elle n'en demandera jamais. »

Cette exclusion des crimes politiques se trouve textuellement exprimée dans les traités conclus récemment par notre gouvernement, qui a en outre formellement exprimé la détermination de ne donner aucune suite à la partie du traité fait avec la Suisse, en 1828, qui autorisait, comme je l'ai déjà dit plus haut, l'extradition pour les crimes contre la sûreté de l'État.

Ce refus s'étend ordinairement aux crimes connexes à des crimes politiques. Mais le gouvernement se réserve d'apprécier cette connexité. Quand un crime très-grave a été commis, comme, par exem-

ple, un assassinat, il serait peu conforme aux règles de la justice que, sous le prétexte que ce crime
se rattache plus ou moins directement aux passions
politiques, on refusât sans examen de livrer son
auteur à ses juges naturels. Mais, je le répète, même
dans ce cas, toutes les circonstances de l'affaire et
surtout la situation du pays où elle a pris naissance,
doivent être scrutées avec un soin scrupuleux, et
l'extradition ne doit être accordée que quand on a
acquis la conviction que le crime rentre dans la
classe de ceux dont la répression importe à la société entière, et n'est point le résultat de cette ef-
fervescence momentanée qui accompagne toujours
les commotions politiques.

C'est encore le même motif qui, en général, fait
écarter de la mesure de l'extradition les crimes de
rébellion, même quand ils ne se rattachent pas à la
politique. Ces crimes sont en effet de ceux dont, ordinairement, la perpétration n'est pas la suite d'un
projet préconçu. Dans le trouble qu'ils occasionnent, il est souvent fort difficile de reconnaître les
vrais coupables. Comme les crimes politiques, ils
naissent de passions ardentes qui semblent exclure
une perversité réfléchie, et sous tous ces rapports
leur répression n'intéresse guère que le pays où ils
ont été commis, lequel, par la fuite des coupables,
se trouve suffisamment à l'abri des perturbations
nouvelles auxquelles ils auraient pu se livrer encore s'ils étaient restés sur le théâtre de leur crime.

Après avoir indiqué les crimes qui peuvent ou non donner lieu à l'extradition, il faut rappeler les règles relatives aux pièces à produire et aux formes de la demande. Voici comment s'explique, sur ces deux points, la circulaire précitée :

« Quelles sont les pièces qui appuieront la demande d'extradition, et, en premier lieu, comment cette demande sera-t-elle formée?

» C'est au gouvernement seul à agir. Il ne vous est pas permis, en cette matière, de vous entendre, sous aucun prétexte, avec les agents des puissances étrangères. Vous ne pouvez pas non plus vous adresser directement aux autorités judiciaires des pays voisins, pour obtenir l'extradition. Vous pouvez correspondre seulement avec les magistrats étrangers pour avoir des renseignements.

» Les pièces qui doivent être jointes à la demande sont différentes, selon que la procédure contre l'individu dont on réclame l'extradition est plus ou moins avancée. Si l'arrêt de la chambre des mises en accusation est rendu, vous m'enverrez cet arrêt; s'il y a eu condamnation par contumace ou contradictoire, vous m'adresserez les arrêts de condamnation.

» Quand l'extradition est demandée au commencement de la procédure, vous me transmettrez un mandat d'arrêt. Ce mandat ne peut être remplacé par un mandat d'amener, qui ne contient pas la qualification du fait, et qui est presque toujours décerné avant que ce fait soit bien connu.

» Le mandat d'arrêt n'est point un acte exécutoire à l'étranger; c'est simplement un document. Je fais cette remarque, parce que des juges d'instruction, des officiers du ministère public, ont souvent accompagné les mandats, d'invitations, de réquisitions adressées aux autorités étrangères. Cela est contraire au principe qui renferme l'autorité des magistrats dans le territoire. Quelques juges d'instruction saisissent la chambre du conseil pour obtenir une ordonnance qui homologue, pour ainsi dire, le mandat d'arrêt. Cette formalité est surabondante et inutile.

» Le mandat doit être rédigé avec soin, et la qualification doit y recevoir le développement nécessaire. Ce mandat me sera transmis par vous avec une lettre explicative. »

La circulaire fait ensuite connaître les états auxquels il faut envoyer au moins un arrêt de mise en accusation pour obtenir l'extradition; elle cite l'Espagne et la Belgique. On doit ajouter l'Angleterre et les États-Unis d'Amérique. Il faut même pour ces deux pays, dont la législation oppose des difficultés innombrables à l'extradition, joindre à la demande, comme je l'ai dit, les copies des pièces principales de la procédure, afin de faciliter aux magistrats étrangers l'appréciation à laquelle ils doivent se livrer avant d'émettre l'avis qui peut seul

autoriser leur gouvernement à accorder l'extradition demandée.

On voit donc qu'au moins dans certains cas l'extradition occasionne des frais de copie assez considérables. C'est un motif pour les magistrats de ne
provoquer cette mesure que quand il y a tout lieu
de penser qu'elle peut être prise, et, même dans ce
cas, de ne lever que les pièces nécessaires; et de
veiller à ce qu'elles soient toujours assez régulières
pour qu'on ne soit pas contraint de les renvoyer ou
d'en demander d'autres, ce qui entraînerait une
perte d'argent et de temps qu'il faut soigneusement
éviter.

Quand un crime de la compétence des conseils
de guerre a été commis par un individu qui s'est
sauvé en pays étranger, l'extradition peut faire naître quelque difficulté, non à raison du crime s'il est
prévu dans les conventions diplomatiques, mais à
raison des pièces à produire pour obtenir la remise
du fugitif. En général, il faut un mandat d'arrêt, et
quelquefois un arrêt d'accusation. Or, il n'existe
rien de semblable dans la procédure militaire. On
arrête le prévenu (art. 11 de la loi du 13 brumaire
an v); ensuite, l'officier commandant donne, s'il y
a lieu, l'ordre d'informer (art. 12), et quand l'information est achevée, le rapporteur en rend compte
à l'officier commandant, qui convoque le conseil
de guerre (art. 22). Dans l'impossibilité de produire
les pièces ordinaires, je crois qu'on doit y suppléer

par l'ordre d'informer, quand un simple mandat d'arrêt suffit, et par l'ordre qui convoque le conseil de guerre, si l'arrêt d'accusation est exigé. En effet, ces deux pièces produisent les mêmes résultats que celles qu'elles doivent remplacer: l'une régularise et justifie l'emprisonnement du prévenu; l'autre le renvoie devant la juridiction qui doit le juger.

Il est à ma connaissance que cette assimilation de pièces avait été reconnue valable par un gouvernement auquel on avait demandé la remise d'un prévenu militaire, et si l'extradition n'eut pas lieu, ce fut par des circonstances indépendantes des justifications qui avaient été faites.

Au surplus, l'extradition des militaires est fort rare, parce que 1° tous les cartels d'échange des déserteurs ont été révoqués; 2° cette extradition ne peut évidemment être réclamée que quand il s'agit de crimes communs. Les crimes purement militaires ne tirant ce caractère que de la position de leurs auteurs, n'ont qu'une gravité relative et non pas cette gravité absolue qui seule peut autoriser un gouvernement étranger à livrer un individu réfugié sur son territoire. D'ailleurs, quand ce motif péremptoire n'existerait pas, la différence des législations en ce qui concerne la répression des crimes militaires formerait un obstacle presque insurmontable à l'introduction de ces crimes dans les conventions d'extradition, qui doivent toujours être fondées sur la plus stricte réciprocité.

Quelles que soient, du reste, les pièces produites, elles doivent être légalisées, afin que leur authenticité ne soit pas contestable. Elles doivent mentionner la nationalité de l'individu réclamé, et, autant que possible, le lieu où il est né. Faute de cette mention, souvent des doutes se sont élevés à cet égard, et la nécessité de prendre de nouveaux renseignements pour les faire cesser a retardé d'une manière fâcheuse l'obtention de l'extradition.

Il importe aussi de ne rien négliger pour se procurer le signalement de l'inculpé. Ce renseignement est celui qui est le plus utile pour découvrir en pays étranger la personne qu'on recherche, et constater son identité. Presque toujours les malfaiteurs qui s'expatrient changent de nom. Quand on peut recueillir quelques documents qui établissent ce changement, notamment des lettres ou autres papiers, on ne doit pas manquer de le faire connaître ; enfin, il faut préciser, autant que possible, non-seulement le pays, mais encore la commune où l'on croit que l'inculpé s'est réfugié, et ajouter, autant que possible, à cette indication celle de ses hôtes, et du métier ou de la profession qu'il exerce. Toutes ces données, quand on peut les réunir, facilitent singulièrement les recherches et hâtent le résultat.

Quand les renseignements sont moins précis et qu'on n'est pas certain dans lequel de deux pays se trouve l'inculpé, et quand il s'agit d'une extradition qui peut être ordonnée sur la production d'un simple mandat d'arrêt, il convient, suivant moi, d'envoyer deux expéditions de ce mandat, ce qui permet de provoquer des recherches simultanées dans les deux états où l'on suppose que s'est réfugié l'individu dont l'extradition est réclamée.

Il est des cas où la demande d'extradition doit être abandonnée. La circulaire précitée les énumère ainsi :

« Lorsque postérieurement à la demande d'extradition, le fait imputé à celui dont l'extradition est demandée, perdra le caractère de crime pour prendre celui de délit, vous m'en avertirez immédiatement, pour que la demande soit retirée ou le prévenu rendu à la liberté, et conduit hors des frontières, s'il avait été amené en France. Il est inutile de dire que, dans le cas où une ordonnance, ou un arrêt de non lieu, ou une ordonnance d'acquittement intervient, je dois en être averti sans délai. J'ajouterai qu'il doit en être de même à plus forte raison quand l'inculpé se représente ou est arrêté en France. »

Quand tous ces préalables ont été remplis, quand l'individu réclamé a été découvert en pays étranger, et quand le gouvernement de ce pays a consenti à le livrer, il est conduit à la frontière la plus voisine, et remis à l'autorité administrative, qui le fait transférer dans la prison où il doit être écroué.

C'est le préfet qui doit, suivant la disposition indiquée en tête de cet article, faire payer aux agents étrangers les sommes qui sont dues pour les dépenses que la capture, l'emprisonnement et la translation de l'extradé ont occasionnées. Quelquefois il n'y a rien à payer; c'est quand l'extradition a été accordée par un gouvernement lié à la France par un traité en vertu duquel chaque état se charge, sans recours, de toute la dépense faite sur son territoire pour opérer l'extradition. Ce mode de procéder est de beaucoup préférable. Il établit une compensation entre les deux états, et il assure plus de régularité dans la fixation de dépenses qui sont ainsi appréciées et ordonnancées par les administrateurs d'après les ordres et sous les yeux desquels elles ont été faites. Malheureusement la France n'a pu, malgré son insistance, faire comprendre cette règle dans tous les traités qu'elle a conclus, et quand il a été stipulé que l'état qui obtient l'extradition doit rembourser tous les frais qu'elle a occasionnés, le préfet ne peut ni ne doit refuser le payement de la somme contenue dans les états de dépenses dûment certifiés par l'autorité compétente, états que cet administrateur doit toujours se faire représenter, et qu'il doit joindre au mandat de payement, que le receveur de l'enregistrement acquitte pour le compte du ministère de la justice.

Ces frais sont souvent fort considérables quand le pays qui livre l'inculpé n'est pas limitrophe. Pour les diminuer, il faut, autant que possible, se servir de la voie de mer, qui, au moyen des nombreux paquebots à vapeur, est presque toujours la plus prompte et la moins dispendieuse. Quand le transport doit nécessairement se faire par terre, et qu'il faut traverser les états d'une puissance autre que celle qui a accordé l'extradition, il est d'usage d'envoyer sur les lieux un agent de police ou de la force publique, qui va prendre l'inculpé et l'amène en France. Mais ce mode de procéder, très-dispendieux pour le ministère de la justice, ne doit être employé que quand il a été formellement autorisé par M. le garde des sceaux, après s'être concerté à cet effet avec MM. les ministres des affaires étrangères et de l'intérieur.

La circulaire que j'ai déjà citée plusieurs fois s'occupe particulièrement, dans le paragraphe suivant, des étrangers dont l'extradition est demandée à la France.

« Je me suis occupé jusqu'ici de l'extradition, en ce qui concerne les individus qui, après avoir commis un crime en France, ont fui à l'étranger ; mais la France usant de réciprocité envers les puissances étrangères, consent à leur livrer les malfaiteurs qui ont commis des crimes sur leur territoire. Les magistrats sont tout à fait étrangers à la négociation qui intervient alors ; mais il est important que vous sachiez dans quelles limites est renfermée l'autorité judiciaire française quant à l'aide qu'elle peut prêter aux autorités du pays étranger où un crime a été commis.

» Souvent des magistrats étrangers transmettent directement aux procureurs généraux, à leurs substituts et même aux tribunaux, des mandats, des ordres d'arrestation, des jugements de condamnation. Ces mandats, ces jugements ne sont pas exécutoires en France. L'arrestation d'un étranger ne peut être opérée qu'en vertu de l'ordonnance du roi qui ordonne l'extradition. Ces mandats ou jugements doivent m'être adressés par les magistrats qui les ont reçus, pour que je m'entende sur la question d'extradition avec M. le ministre des affaires étrangères.

» Vous êtes souvent instruit qu'un étranger qui a commis un crime dans son pays se trouve dans votre ressort. Si cet étranger est porteur d'un passeport falsifié, s'il se livre à la mendicité, au vagabondage, etc., etc., vous ferez opérer son arrestation, et vous m'en instruirez immédiatement ; mais quand cet étranger n'a commis aucun délit en France, vous vous rappellerez que c'est à l'autorité administrative seule à prendre les moyens de surveillance, à adopter les mesures de police qui peuvent l'empêcher d'échapper aux poursuites commencées contre lui hors de France.

» L'exécution de l'ordonnance d'extradition est confiée aux agents de l'ordre administratif : mais quand l'étranger que livre la France se trouve sous le coup de poursuites dans le royaume, et qu'il est écroué en vertu d'un ordre de la justice française, vous avez diverses déterminations à prendre.

» Si l'étranger dont l'extradition est accordée subit une peine en France, il ne pourra être livré qu'après que cette peine aura été subie. Si des poursuites ont été commencées contre lui, elles doivent être mises à fin ; s'il est acquitté, l'ordonnance d'extradition sera immédiatement exécutée ; s'il est condamné, elle ne le sera qu'après sa peine subie.

» Mais c'est dans l'intérêt de la vindicte publique seule que l'extradition peut être retardée ; l'intérêt particulier ne pourrait être écouté ; et, en conséquence, un créancier qui retient en prison un débiteur étranger ne saurait s'opposer à ce qu'il fût livré à la puissance étrangère qui l'a réclamé : en effet, par suite de l'extradition, l'étranger se trouve sous la main de la justice étrangère ; il est complétement à sa disposition ; et l'assurance du payement d'une dette ne peut être mise en balance avec l'utilité qu'il y a à punir un malfaiteur. Si, dans un cas pareil, des créanciers réclamaient auprès de vous, vous n'auriez aucun égard à leur réclamation, et si, comme il y en a eu des exemples, ils s'adressaient aux tribunaux, vous soutiendriez l'incompétence de l'autorité judiciaire, et vous vous entendriez au besoin avec l'autorité administrative pour que le conflit fût élevé. Le Conseil d'état a, le 2 juillet 1836, approuvé un arrêté de conflit rendu dans de semblables circonstances. »

J'ai cru devoir transcrire en entier ce long paragraphe de la circulaire, parce que c'est le résumé complet de toutes les règles qui ont été observées pour l'extradition des étrangers en ce qui concerne les magistrats français.

Mais deux des points traités par la circulaire me paraissent susceptibles d'observations. En premier lieu, il est certain que l'étranger condamné en France ne doit être ordinairement livré que quand il a subi sa peine. Toutefois, il me semble qu'il pourrait être établi une exception à cette règle ; c'est quand l'étranger n'a été condamné que pour vagabondage. Souvent cette condamnation n'a été poursuivie que pour donner le temps à la puissance qui demande l'extradition de produire les pièces nécessaires; et quand cette extradition est accordée, faut-il, au risque de compromettre par un fâcheux retard les poursuites criminelles, suspendre l'exécution de l'ordonnance jusqu'après la fin de la peine? je ne le crois pas. D'abord, aux termes de l'art. 272 du Code pénal, il suffit qu'un étranger ait été déclaré vagabond pour que le gouvernement puisse le faire conduire hors du royaume. Or, évidemment, on restreindrait cette disposition si on l'interprétait dans ce sens que le vagabond étranger ne pourrait être expulsé qu'après avoir subi sa peine. En second lieu, l'art. 273 du même Code autorise à remettre le vagabond, même après un jugement passé en force de chose jugée, soit à la commune, soit même à un citoyen solvable qui le réclame. Ici, il s'agit certainement du cas où la peine n'est pas encore subie, puisque si elle était achevée l'intervention du gouvernement ne serait plus nécessaire. Il me semble que par analogie on peut bien étendre cette faculté à l'hypothèse où c'est un gouvernement étranger qui réclame un vagabond prévenu d'avoir commis sur son territoire un crime grave. Il ne me paraît donc pas douteux que le gouvernement, en se fondant sur les deux dispositions que je viens de citer, puisse toujours, s'il le juge nécessaire, exécuter l'ordonnance d'extradition à l'égard de l'individu qui n'est détenu en France que par suite d'une condamnation pour simple vagabondage.

Je crois que la même faculté existe quand l'étranger n'a été condamné par nos tribunaux qu'à l'amende, lors même qu'il serait détenu en vertu de la contrainte par corps pour le recouvrement de cette amende. En effet, l'administration peut toujours renoncer à ce moyen de recouvrement; et c'est le cas certainement de le faire quand on peut ainsi hâter le jugement d'une affaire où il s'agit à un bien plus haut degré de l'intérêt général de la vindicte publique.

Il est encore un cas où la règle peut fléchir. C'est quand un étranger qui subit en France une peine peu sévère est poursuivi dans son pays pour un crime d'une extrême gravité. Si sa présence est indispensable pour compléter la procédure, ou si un retard pouvait faire disparaître les preuves, je pense que ce serait manquer le but social de l'extradition que de ne pas l'exécuter immédiatement. Mais, même alors, on ne doit livrer le prévenu que sous la condition expresse de le rendre aussitôt après son jugement, pour qu'il achève la peine commencée. Une pareille mesure, qui interrompt nécessairement l'exécution d'un jugement, ne doit évidemment être consentie que dans des cas très-rares, à raison de l'importance du crime, et avec toutes les précautions qui peuvent en prévenir tous les inconvénients.

Ma seconde observation sur la circulaire est relative à l'extradition des prévenus étrangers envers lesquels des créanciers français ont exercé la contrainte par corps. Sans contredit, c'est avec pleine raison qu'il a été décidé dans cette circonstance que l'intérêt privé doit céder à l'intérêt général; d'ailleurs, s'il en était autrement, l'étranger qui redouterait d'être livré à son gouvernement pourrait se concerter frauduleusement avec des créanciers fictifs pour opposer un obstacle à l'extradition. Mais il n'en est pas moins bien dur, quand les créanciers sont sérieux et de bonne foi, de leur enlever la personne de leur débiteur, qui est ordinairement le seul gage de leur créance; c'est une atteinte portée à la propriété, et je pense que pour atténuer autant que possible le préjudice qui leur est fait, ces créanciers devraient s'adresser au gouvernement afin d'obtenir qu'il imposât à la puissance qui reçoit leur débiteur la condition de renvoyer celui-ci en France, soit après son acquittement, soit après l'expiration de sa peine; cette demande me paraîtrait d'autant mieux fondée qu'elle serait conforme à ce qui se pratique en France. Quand un individu détenu en vertu de la contrainte par corps, à la requête de son créancier, est prévenu d'un crime ou d'un délit, la justice s'empare de sa personne; mais quand il été jugé et acquitté, ou quand il a été condamné et a subi sa peine, on le reconduit dans la prison où son créancier l'avait fait écrouer, afin que celui-ci puisse, s'il le juge convenable, continuer l'exercice du droit rigoureux qui lui appartient.

Après avoir rappelé les règles respectivement relatives aux malfaiteurs français qui nous sont livrés et aux malfaiteurs étrangers dont la France accorde l'extradition, je vais faire connaître un petit nombre d'autres règles qui sont communes aux uns et aux autres.

D'abord il est de principe, et presque toutes les conventions l'expriment, que l'extradition ne doit pas être accordée quand le crime qui motive la demande se trouve couvert par la prescription d'après la législation du pays où l'inculpé réside. Il ne pouvait en être autrement ; l'extradition ne se justifie qu'autant qu'il s'agit de pourvoir à la répression d'un crime qui intéresse également, au point de vue général, les deux pays. Or, il n'en est point ainsi quand, dans le pays où s'est réfugié l'inculpé, la prescription ne permettrait plus de le poursuivre à raison du crime qui lui est imputé, puisque ce pays n'aurait plus évidemment aucun intérêt à ce que le procès fût achevé ; on peut même ajouter que le pays où le crime aurait été commis serait lui-même bien peu intéressé à la répression d'un fait qu'un très-long laps de temps aurait presque mis en oubli. Certainement, dans de pareilles circonstances, il n'existe aucun motif assez puissant pour enfreindre le droit d'asile. Aussi la France a toujours maintenu avec force le principe dont il s'agit, et elle est parvenue à la faire généralement prévaloir.

Les conventions portent aussi que les individus extradés seront livrés avec tous les objets qui ont pu être saisis en leur possession. On avait voulu distinguer parmi ces objets ceux qui étaient les instruments ou les produits du crime, et dont la remise aurait été seule obligatoire. Mais on a renoncé à cette distinction nécessairement arbitraire, puisque les autorités du pays où l'inculpé est arrêté n'auraient eu aucun moyen de bien apprécier quelles auraient été les choses qui auraient dû être séquestrées et celles dont on aurait laissé la disposition à leur possesseur. En remettant à la puissance qui réclame l'extradition tous les effets trouvés, les choses restent entières, et ce sont les juges compétents qui sont seuls appelés à reconnaître parmi ces effets ceux qui doivent rester sous la main de la justice, et ceux qu'on peut abandonner.

Ces effets sont généralement remis, en même temps que le prévenu, aux autorités étrangères qui doivent recevoir celui-ci à la frontière, et il est d'usage d'exiger un reçu en bonne forme.

Cependant quand parmi les objets saisis en la possession du prévenu se trouvent soit des bijoux précieux, soit une somme considérable en or ou en argent, soit des billets de banque ou autres effets au porteur, il y aurait danger à les confier à des agents subalternes qui pourraient être tentés de se les approprier, ou qui tout au moins ne prendraient pas à leur conservation tout le soin nécessaire.

Afin de prévenir ce grave inconvénient qui s'est quelquefois présenté, M. le garde des sceaux s'est entendu avec MM. les ministres de l'intérieur et des affaires étrangères pour que chaque fois que des valeurs importantes auront été saisies sur des individus extradés, ces valeurs, qu'il s'agisse de les envoyer à l'étranger ou de les ramener en France, soient remises aux agents diplomatiques, qui restent chargés de les faire parvenir à leurs gouvernements respectifs.

Au moment de son arrestation, l'individu dont l'extradition est autorisée peut avoir quelques dettes certaines, comme notamment celles concernant sa nourriture et son logement. Peut-on payer ces dettes sur l'argent dont l'inculpé est trouvé nanti? Je ne le mets pas en doute; il n'y a aucun motif sérieux pour ne pas satisfaire au nom du prévenu, et comme il l'aurait fait lui-même sans son arrestation, les personnes qui lui ont fourni de bonne foi les choses nécessaires à la vie. Je pense donc que ces sortes de payements peuvent être prélevés sur les sommes qui doivent être remises en même temps que le prévenu aux autorités étrangères, en ayant soin d'expliquer dans une note la cause de la dépense, et d'y joindre la quittance donnée par les personnes qui ont été remboursées de leurs avances.

CONDAMNATION AUX FRAIS.

Article 156, page 374.

Dans mon précédent commentaire, j'ai fait connaître les interprétations qui avaient été données à cet article, tant par la jurisprudence que par des décisions ministérielles; je vais indiquer celles qu'il a reçues depuis.

Quand les faits qui ont motivé les poursuites changent de nature et perdent une partie de leur gravité, soit pendant l'instruction, soit aux débats, l'individu qui en est reconnu coupable ne doit pas moins être condamné à la totalité des frais. C'est ce que la Cour de cassation a jugé par un arrêt du 25 avril 1833, dans une affaire où un individu poursuivi pour un délit n'avait été condamné que pour une simple contravention.

Cet arrêt est ainsi motivé :

« Attendu que les dispositions de ces articles (162 et 194 du Code d'instruction criminelle) sont générales et absolues, ne renferment aucune exception et n'autorisent pas une distinction dans la condamnation aux frais, qui aurait pour effet de ne point comprendre dans cette condamnation les frais faits pour la poursuite originaire, lorsque, changeant de nature, elle n'amène au moment du jugement qu'une condamnation à des peines moindres que celles qui étaient annoncées par le titre primitif de cette poursuite;

» Attendu que la lettre même de l'art. 194 du Code d'instruction criminelle repousse évidemment cette distinction, puisque, placé par le législateur à la suite des articles qui prévoient le cas où des poursuites correctionnelles n'ont amené qu'une condamnation à des peines de police, il déclare toutefois, en termes généraux, que tout jugement de condamnation rendu contre le prévenu ou contre les personnes civilement responsables du délit, ou contre la partie civile, les condamnera aux frais;

» Attendu d'ailleurs que cette distinction ne pourrait rentrer dans l'esprit de la loi, parce que son application serait le plus souvent impossible, et qu'on ne saurait, par exemple, discerner quant à la plupart des délits le point précis de la procédure où des faits matériels, originairement poursuivis comme tels, se seraient, au moment du jugement, transformés dans l'esprit des juges en simple contravention. »

Cet arrêt pose une règle générale qui doit s'appliquer à tous les procès criminels, quelle que soit la juridiction devant laquelle ils sont portés. Elle est certainement conforme au texte et à l'esprit de la loi; si son application était écartée, on tomberait dans l'arbitraire, et l'on se créerait des embarras presque inextricables. Ainsi devant les Cours d'assises, sans parler des faits qui, par l'admission des

circonstances atténuantes, ne sont punis que de
peines correctionnelles, et qui ne peuvent pas soulever la question dont il s'agit ici, puisqu'ils conservent le caractère de crime quoique réprimés moins
sévèrement, quand les jurés écartent les circonstances aggravantes et ne laissent ainsi qu'un délit à
punir, les condamnés, si l'on ne se conformait pas
à la règle que la Cour de cassation a posée, pourraient prétendre qu'ils n'auraient pas dû être traduits devant la Cour d'assises, et qu'ils ne sauraient
par conséquent être tenus de l'excédant de frais
que leur renvoi devant cette juridiction a occasionné. Or, il est évident qu'on n'aurait aucun
moyen certain d'apprécier la différence entre les
frais faits devant la Cour d'assises et ceux que la
procédure aurait causés si elle s'était terminée en
police correctionnelle. D'ailleurs, tout individu reconnu coupable d'un fait punissable, ne saurait,
sous aucun rapport, se soustraire au payement des
frais avancés par l'État pour parvenir à la répression, quelle qu'elle soit, du crime ou du délit qu'il
a commis. Mais il n'en est pas moins utile que la
Cour de cassation se soit prononcée sur ce point
d'une manière si précise, afin de prévenir toute
difficulté à ce sujet.

Dans la liquidation des frais mis à la charge du
condamné, on doit faire entrer le montant du timbre et de l'enregistrement; mais seulement pour
les pièces que la loi soumet à cette double formalité:

Il n'en est point ainsi pour une simple note signée par le commissaire de police, énonçant seulement le fait imputé au prévenu et indiquant les témoins. Une pareille note n'est ni un procès-verbal constatant le fait à réprimer, ni un rapport relatif à la poursuite qui doit avoir lieu; elle ne rentre pas par conséquent dans la catégorie des actes que l'art. 70, § 1er, n° 3 de la loi du 22 frimaire an VII, soumet au timbre et à l'enregistrement en débet. Et quand par erreur elle a été timbrée et enregistrée, le juge doit refuser de comprendre dans les frais le montant de ce timbre et de cet enregistrement. Ainsi jugé par arrêt de la Cour de cassation du 24 juin 1842.

J'ai cité dans mon précédent ouvrage plusieurs arrêts de la Cour de cassation, portant que la condamnation solidaire aux frais ne doit pas être prononcée contre des individus, qui, bien que condamnés par le même jugement, le sont pour des faits différents. La Cour a persévéré dans cette jurisprudence, qui est évidemment conforme aux intentions du législateur et à l'équité. Un arrêt du 20 janvier 1843 juge en effet que quand plusieurs délits imputés à plusieurs prévenus sont l'objet d'une seule poursuite, celui des prévenus qui est condamné pour un seul délit, ne doit pas supporter indistinctement les frais faits relativement aux délits auxquels il est resté étranger, et que la Cour ne peut valablement mettre à la charge de ce con-

damné que la portion des frais qui lui paraît applicable au délit dont elle l'a reconnu coupable.

Lorsqu'un crime a été commis et que ses auteurs
ne sont jugés que successivement, soit qu'ils n'aient
pas été tous connus dès le commencement de la
procédure, soit que quelques-uns se soient sous-
traits aux poursuites et n'aient pu être traduits aux
assises que postérieurement au jugement définitif
des premiers accusés, on ne doit, suivant l'opinion
de M. le garde des sceaux, que j'ai fait connaître
dans mon précédent ouvrage, mettre à la charge
des derniers condamnés que les frais d'instruction
qui sont communs à tous, plus les frais des débats personnels auxquels chacun d'eux a été
soumis.

Une autre difficulté s'est présentée. Une famille
entière avait été assassinée : on ne parvint à connaître que successivement les nombreux individus
qui avaient participé à cet horrible crime, en sorte
que quatre fois les mêmes faits furent soumis à la
même Cour d'assises, et qu'il intervint quatre arrêts
de condamnations rendus sur quatre actes d'accusation distincts.

L'un des accusés, condamné à la suite de la seconde procédure, et qui n'avait été impliqué en
aucune manière dans la première, présentait seul
des moyens de solvabilité. En conséquence, l'administration de l'enregistrement se fondant sur la
solidarité, voulut poursuivre sur les biens de ce

condamné le recouvrement de la totalité des frais faits dans le cours des quatre procédures.

M. le garde des sceaux, consulté sur le mérite de cette prétention, répondit qu'en ce qui concernait les frais postérieurs à la condamnation de l'individu dont il s'agissait, on ne saurait les recouvrer sur lui, puisqu'il y avait chose jugée à son égard et que sa position ne pouvait être aggravée après que sa condamnation était devenue définitive.

Qu'en ce qui concernait les frais de la première procédure, comme il était établi que le condamné n'avait pas été impliqué dans cette procédure, et que ce n'était que par des révélations postérieures aux premiers débats qu'une instruction avait été dirigée contre lui, il pensait que ces frais ne pouvaient pas non plus être recouvrés sur ses biens, et que par conséquent il ne devait être passible que des frais liquidés par l'arrêt qui lui était personnel.

Au surplus, l'opinion de M. le garde des sceaux avait été partagée par la Cour d'assises devant laquelle l'accusé avait comparu; cette Cour ne l'avait en effet condamné qu'aux frais de la seconde procédure. Cette décision de la Cour fournissait un moyen péremptoire de repousser la prétention de l'administration de l'enregistrement, car la condamnation aux frais n'a pas lieu de plein droit; elle doit être formellement prononcée aux termes des articles 368 du Code d'instruction criminelle et 156 du décret du 18 juin 1811. Cette condamnation peut donc seule servir de base aux poursuites de l'État, et ces poursuites doivent être restreintes aux sommes dont le montant a été fixé par l'arrêt.

Sans doute la difficulté dont je viens de parler ne peut se présenter que rarement; mais j'ai cru néanmoins utile de faire connaître les moyens de droit et d'équité qui ont servi à la résoudre et qui pourraient être invoqués dans des circonstances analogues.

Lorsque des frais de justice ont été mal à propos recouvrés, doit-on en autoriser la restitution?

Cette question s'est élevée dans les circonstances suivantes :

Un notaire avait été condamné par contumace, et l'administration de l'enregistrement avait prélevé sur son cautionnement le montant des frais mis à sa charge. Ce notaire se représenta, fut jugé contradictoirement et fut acquitté. En conséquence il réclama la restitution des frais.

M. le garde des sceaux, consulté sur le mérite de cette demande, fit remarquer qu'en principe général un accusé acquitté ne doit supporter aucuns frais, et que si l'art. 478 du Code d'instruction criminelle a déterminé que le contumax, renvoyé plus tard des poursuites, est néanmoins tenu des frais occasionnés par sa contumace, c'est une véritable exception qui doit être renfermée dans les limites que le législateur lui a données. Or, il n'est pas douteux que par ces mots : *Frais occasionnés par la con-*

tumace, le Code n'a entendu que les frais auxquels l'absence volontaire de l'accusé a seule donné lieu, et non ceux de la procédure primitive, qui ne pouvaient être mis à la charge d'un accusé acquitté; qu'en conséquence il y avait lieu de rendre au réclamant les sommes recouvrées à son préjudice, en retenant seulement le montant des frais que la contumace avait fait faire.

Cette opinion me paraît fondée sur des motifs incontestables, et il y a tout lieu de croire qu'elle aura été adoptée par l'administration de l'enregistrement, laquelle se sera empressée de faire droit à la juste réclamation qu'elle avait reçue.

La Cour de cassation, par un grand nombre d'arrêts, a maintenu sa jurisprudence d'après laquelle les mineurs de seize ans, déclarés coupables de crimes ou de délits, mais acquittés comme ayant agi sans discernement, doivent néanmoins être condamnés aux frais.

La question de savoir si, dans ce cas, le recouvrement des frais peut être poursuivi par la voie de la contrainte par corps, a été diversement jugée. Un arrêt de la Cour de cassation a décidé, le 27 juin 1835, que le mineur de seize ans acquitté en vertu de l'art. 66 du Code pénal était soumis à la contrainte par corps, et a annulé l'arrêt relatif à ce mineur, précisément parce que cet arrêt n'avait pas fixé la durée de cette contrainte; mais la même Cour est revenue sur sa jurisprudence, et par un

arrêt du 25 mars 1843, longuement et fortement
motivé, elle a jugé que la contrainte par corps ne
pouvait, lorsqu'il s'agit de la justice répressive,
être prononcée que comme conséquence de condamnations criminelles, correctionnelles et de police, et que les mesures prises en vertu de l'art. 66
du Code pénal, à l'égard des mineurs de seize ans,
n'ayant pas ce caractère, ne peuvent être l'objet de
cette voie de recouvrement.

Cet arrêt consacre une opinion à laquelle je m'é-
tais dès longtemps arrêté. En effet, outre les moyens
de droit sur lesquels elle est fondée, j'ai toujours
pensé que c'était méconnaître les intentions du législateur que de soumettre les mineurs de seize ans
acquittés à la contrainte par corps.

L'art. 66 du Code pénal autorise, il est vrai, la
détention de ces mineurs ; mais il a soin d'ajouter
que c'est pour qu'ils soient élevés, c'est-à-dire pour
recevoir l'éducation qui autrement leur manquerait. La Cour de cassation l'a formellement reconnu
quand elle a jugé, le 16 août 1822, que cette détention ne doit être considérée que comme un supplément à la correction domestique. Or, soit qu'on
remette les enfants à leur famille, soit que dans leur
propre intérêt on les soumette à une détention qui
ne doit avoir pour effet que de les faire rentrer
dans la bonne voie, je crois que ce serait aller évidemment contre le vœu de la loi, si pour opérer
un recouvrement de frais de justice, on les renfer-

mait dans une prison pour dettes, où ils ne trouveraient aucun des avantages de la détention correctionnelle que les tribunaux sont autorisés à leur infliger. Arrêter les mineurs de seize ans, après leur acquittement, par un motif d'intérêt purement fiscal, ce serait leur enlever le bénéfice de l'art. 66. Bien plus, ce serait exposer la société aux dangers que pourraient lui faire courir les mauvaises habitudes de ces mineurs et celles qu'ils ne contracteraient que trop souvent par le contact d'autres prisonniers et par les funestes enseignements qui pourraient en résulter.

Il est donc bien à désirer que la dernière jurisprudence de la Cour de cassation se maintienne et serve de règle à toutes les juridictions.

Il est un autre point sur lequel la jurisprudence est loin d'être nette et précise. Je veux parler du cas où un prévenu n'est pas acquitté, mais absous.

Un arrêt de la Cour de cassation, du 2 juin 1831, a jugé qu'une femme coupable d'incendie, mais que le jury a en même temps reconnue atteinte d'aliénation mentale au moment de la perpétration du crime, devait être absoute, et néanmoins condamnée aux frais.

Un autre arrêt de la même Cour, du 29 avril 1837, a jugé, au contraire, qu'un prévenu qui avait été acquitté parce que le jugement constatait qu'il ne jouissait pas de ses facultés mentales au moment de son arrestation, ne pouvait être condamné aux frais.

La différence qui existe entre ces deux arrêts résulte, d'après leurs termes, de ce que la folie n'était pas notoire dès le commencement des poursuites dans le premier cas, et de ce qu'elle n'avait jamais été douteuse dans la seconde espèce.

En général, quand la poursuite a été fondée sur un fait répréhensible reconnu constant, quoique le prévenu ou l'accusé soit absous parce que le fait ne peut motiver l'application d'une peine, ce prévenu ou accusé n'en doit pas moins être condamné aux frais.

Ainsi cette condamnation doit être prononcée contre l'accusé de banqueroute frauduleuse qui a été reconnu coupable de détournement au préjudice de ses créanciers, mais absous parce qu'il n'avait pas agi en qualité de commerçant (arrêt de la Cour de cassation du 9 décembre 1830).

Ainsi encore, l'individu déclaré coupable d'émission de fausse monnaie, mais qui a été dispensé de la peine en vertu de l'art. 138 du Code pénal, parce qu'il avait procuré l'arrestation de ses complices, doit aussi être condamné aux frais (arrêt de la Cour de cassation du 24 juillet 1840).

La Cour de cassation a encore jugé, par un arrêt du 16 décembre 1831, après partage, que quand un accusé a été absous, parce que le fait dont il a été déclaré l'auteur ne constituait ni crime, ni délit, ni contravention, la Cour d'assises n'est pas obligée de le condamner aux frais; et par un autre arrêt du 22 du même mois, qu'il appartient aux Cours d'assises, quand l'accusé est acquitté ou absous, d'examiner si, d'après l'instruction et les débats, il n'a pas donné lieu aux frais exposés, et si, d'après l'art. 366 du Code d'instruction criminelle, et l'art. 1382 du Code civil, les frais ne doivent pas être mis à sa charge, à titre de restitution ou dommages-intérêts envers l'État, qui, suivant l'avis du conseil d'État du 26 fructidor an XIII, a, sur ce point, les mêmes droits que les plaignants ou accusateurs privés.

Dans cet état de la jurisprudence, il me semble qu'on peut considérer comme certain que les tribunaux de répression ont le droit d'apprécier si, malgré l'absolution d'un accusé, celui-ci doit ou non être tenu des frais, et qu'ils ont le pouvoir de le condamner à les payer, non à titre de peine, mais comme une réparation civile envers l'État, que sa conduite a exposé à des dépenses dont il doit le remboursement. Sous ce rapport, le dernier arrêt que j'ai cité me paraît le plus conforme aux principes, et je crois qu'il doit servir de règle pour les tribunaux toutes les fois que des cas analogues se présenteront.

L'art. 597 du Code de commerce, modifié par la loi du 28 mai 1838, a rangé dans la catégorie des délits l'action du créancier qui stipule, soit avec le failli, soit avec toutes autres personnes, des avantages particuliers, à raison de son vote dans les délibérations de la faillite, ou qui fait un traité particulier duquel résulte en sa faveur un avantage à la charge de l'actif de la faillite.

Plusieurs créanciers peuvent se rendre simultanément coupables de l'un de ces délits. Dans ce cas, et lorsque les créanciers sont poursuivis ensemble et sont l'objet d'un seul et même jugement, ils doivent être condamnés solidairement aux frais. C'est ce que la Cour de cassation a jugé par un arrêt du 23 avril 1841, motivé sur ce qu'il s'agissait de faits identiques commis dans un même but.

Cet arrêt me paraît d'une extrême rigueur. On peut même contester qu'il soit conforme au principe posé dans l'art. 53 du Code pénal, d'après lequel on ne peut condamner solidairement aux frais que les individus qui ont commis le même délit. Dans l'espèce, il s'agissait bien, comme le dit l'arrêt, de faits identiques ; mais ces faits étaient distincts. Chacun des prévenus avait agi dans son propre intérêt, et s'il y avait similitude dans leur action et dans le but qu'ils se proposaient d'atteindre, évidemment il n'y avait pas connexité. Chacun ne devait, suivant moi, être responsable que de ses propres actes, à moins qu'il n'y eût un concert entre eux pour se procurer un avantage au détriment de l'actif de la faillite. Cette circonstance aurait pu, je crois, motiver une condamnation solidaire aux frais, et si elle existait, la Cour de cassation aurait dû en faire la base de son arrêt au lieu de le fonder sur une identité de faits et de buts, qui, je le répète, ne me paraît pas suffisante pour mettre à la charge de tous les condamnés les frais qui devaient être respectivement supportés par chacun d'eux.

PARTIES CIVILES.

Article 157, page 387.

L'art. 67 du Code d'instruction criminelle porte :
« Les plaignants pourront se porter parties civiles
en tout état de cause, jusqu'à la clôture des débats. »

Cette disposition a été interprétée d'une manière
restrictive par un arrêt de la Cour de cassation du
24 mai 1833, dont je crois devoir transcrire ici les
motifs.

« Attendu que ces mots, *en tout état de cause, jusqu'à la clôture des débats*, ne doivent s'entendre, en
matière correctionnelle, que de la cause instruite
en première instance ;

» Que l'exercice du droit accordé aux plaignants
par l'article précité ne peut être étendu à la cause
d'appel ; l'appel relevé par le ministère public ou
par le prévenu ne pouvant profiter aux plaignants
pour leurs intérêts civils ; qu'il ne peut en effet
dépendre d'eux de priver le prévenu d'un premier
degré de juridiction, sur la question de savoir s'il
est dû des dommages-intérêts, et quelle est leur
quotité ;

» Que le jugement de première instance, dans
lequel le plaignant n'a figuré que dans cette qualité, sans réclamer comme partie civile, a tout ter-

miné devant la juridiction correctionnelle, à l'égard des dommages-intérêts;

» Attendu qu'il suit de là qu'en recevant l'intervention comme partie civile des plaignants qui n'avaient rien demandé en cette qualité devant les premiers juges, le jugement attaqué a faussement appliqué, et par suite violé les dispositions de l'article 67 du Code d'instruction criminelle, la Cour casse. »

Cet arrêt crée une distinction que la loi n'a pas établie. En général, cette expression, *en tout état de cause*, comprend toutes les phases du procès jusqu'au jugement définitif. En effet, la cause subsiste aussi bien en appel qu'en première instance, et l'on a peine à concevoir pourquoi le plaignant, qui peut incontestablement prendre la qualité de partie civile pendant toute la durée des débats en première instance, ne pourrait plus le faire aux débats sur l'appel où il conserve toujours son titre de plaignant. Sous un autre rapport, l'arrêt de la Cour de cassation pourrait encore être considéré comme peu conforme à la bonne administration de la justice. En général, on reconnaît qu'il convient d'encourager le plaignant à se rendre partie civile, car alors l'intérêt privé vient seconder les investigations des magistrats faites dans l'intérêt public, et, de plus, on est sûr, quel que soit le résultat du procès, de ne point laisser les frais à la charge de l'état.

Cependant, deux considérations puissantes ont pu déterminer la Cour : la première que l'arrêt exprime, c'est qu'il ne doit pas dépendre du plaignant de priver le prévenu du premier degré de juridiction, en ce qui concerne les dommages-intérêts, qui sont souvent la partie la plus onéreuse de la condamnation; et la seconde, c'est que refuser au plaignant en cause d'appel la qualité de partie civile, c'est seulement retarder l'exercice de son droit, puisqu'aux termes de l'art. 3 du Code d'instruction criminelle, l'action civile pour la réparation du dommage causé par un délit n'est que suspendue par l'exercice de l'action publique.

Ainsi, la règle posée par la Cour de cassation, et qui serait peut-être contestable en droit, est conforme à l'équité en ce qu'elle assure les droits du prévenu sans nuire à ceux du plaignant, dont elle ne fait que suspendre l'exercice.

Comme je l'ai dit plus haut, le Code d'instruction criminelle donne au plaignant le droit de se constituer partie civile jusqu'à la clôture des débats. Quand un plaignant a usé de ce droit, et que l'arrêt rendu a été annulé, le plaignant conserve-t-il la qualité de partie civile dans le cours des nouveaux débats qui s'ouvrent devant la Cour à laquelle la connaissance du procès a été attribuée ?

Cette question a été résolue négativement par un arrêt de la Cour de cassation du 11 novembre 1841, fondé sur ce que l'annulation de l'arrêt et de la déclaration du jury a nécessairement pour effet d'anéantir ces débats et tout ce qui en avait fait partie; qu'on ne peut donc considérer comme encore subsistante l'intervention d'une partie civile, qui n'avait formé son action que parce qu'elle trouvait un appui dans les preuves que l'annulation des débats a fait disparaître.

Ainsi, d'après cet arrêt, le plaignant qui veut conserver la qualité de partie civile doit en faire la déclaration expresse pendant les nouveaux débats; mais je crois que cette règle doit être limitée au cas où le plaignant s'était constitué partie civile seulement pendant les débats. Si en effet il avait pris cette qualité *in limine litis*, comme l'art. 63 du Code d'instruction criminelle l'autorise, je pense que cette qualité devrait le suivre dans toutes les phases quelconques du procès, tant qu'il n'y a pas renoncé conformément aux dispositions de l'art. 66 du Code précité. C'est du reste ce que l'arrêt paraît juger implicitement, et ce qui paraît conforme à la doctrine de cet arrêt, puisque dans ce cas la déclaration du plaignant n'a point dépendu d'éléments que l'annulation de l'arrêt a fait disparaître.

Une autre question s'est élevée. La partie civile est en droit, conformément aux art. 66 et 67 du Code d'instruction criminelle, de se désister jusqu'au jugement. Quand elle a usé de cette faculté, peut-elle ultérieurement reprendre la même qualité? L'affirmative ne me paraît pas douteuse. Une transaction sur ses intérêts peut avoir été tentée par la partie civile ou auprès d'elle, et avoir amené son désistement. Si cette transaction échoue, la partie civile rentre dans tous ses droits; et comme elle peut se constituer en tout état de cause, elle paraît être fondée à reprendre la qualité qu'elle avait abandonnée, comme elle serait en droit de le faire si précédemment elle n'avait pas figuré au procès. Cette opinion, depuis longtemps arrêtée dans mon esprit, a été également adoptée par M. Mangin dans son dernier ouvrage, intitulé : *De l'Instruction écrite*, qui a été récemment publié.

L'ancien article 368 du Code d'instruction criminelle portait : « L'accusé ou la partie civile qui succombera, sera condamné aux frais envers l'État et envers l'autre partie. »

Il résultait positivement de cet article, que la partie civile, lorsque son action avait réussi, ne pouvait être tenue des dépens. Et il était juste en effet que cette partie, dont la plainte avait été reconnue bien fondée et qui avait ainsi facilité la répression d'un crime, ne fût l'objet d'aucune condamnation. Néanmoins, il fut immédiatement dérogé à cette disposition par l'art. 157 du décret du 18 juin 1811, d'après lequel les parties civiles, soit qu'elles succombassent ou non, étaient personnellement tenues aux frais, sauf leur recours très-souvent illusoire contre les condamnés.

Quand on s'occupa de la révision du Code d'instruction criminelle, on voulut faire revivre dans toute sa force l'art. 368 de ce Code ; en conséquence, l'art. 8 de la loi du 28 avril 1832, ajouta cette disposition à celle qui s'y trouvait déjà : « Dans les affaires soumises au jury, la partie civile qui n'aura pas succombé ne sera jamais tenue des frais. Dans le cas où elle en aura consigné, en exécution du décret du 18 juin 1811, ils lui seront restitués. »

Beaucoup de tribunaux avaient pensé que ce changement dans la législation indiquait un retour complet et général au principe d'équité que le décret du 18 juin 1811 avait méconnu, quoiqu'il fût clairement énoncé non-seulement dans l'art. 368, mais encore dans les art. 162 et 194 relatifs aux procès de simple police et de police correctionnelle. Mais les expressions restrictives du nouvel article 368 n'ont pas permis à la Cour de cassation de partager cette opinion, et sur un pourvoi formé d'office par le procureur général près cette cour, elle a jugé le 7 décembre 1837, que l'art. 157 du décret du 18 juin 1811 reste en vigueur relativement aux procès correctionnels, et que par conséquent, dans ces sortes de procès, la partie civile qui n'a pas succombé, doit néanmoins être condamnée aux frais.

Cet arrêt doit également servir de règle pour les procès de simple police dont l'art. 368 ne s'occupe pas plus que des procès correctionnels. Mais il est bien fâcheux que le législateur n'ait pas généralisé

la nouvelle disposition qu'il a rétablie dans le Code.
Le meilleur moyen en effet de réduire la charge si
lourde des frais de justice, c'est d'encourager les
plaignants à se constituer parties civiles. Or, évidemment ils doivent être presque toujours détournés de prendre cette qualité, quand elle les expose,
quelle que soit la bonté de leur cause, à payer tous
les frais du procès, sauf leur recours contre le
condamné dont l'insolvabilité ne présenterait le plus
souvent aucun moyen de lui faire acquitter sa dette.

J'ai dit plus haut qu'aux termes de l'art. 368 du
Code d'instruction criminelle, la partie qui n'a pas
succombé n'est pas tenue des frais.

Faut-il pour que la partie civile soit dans cette
position, que l'accusé ait été déclaré coupable, en
un mot, que l'accusation ait été admise par les
jurés? Je ne le crois pas. La partie civile n'est jamais
que partie jointe dans un procès criminel; elle peut
et elle doit venir en aide au ministère public; mais
elle ne poursuit que la réparation civile du dommage que les faits imputés à l'accusé ont pu lui
causer. Si elle vient devant la juridiction criminelle
réclamer cette réparation, c'est par un droit exceptionnel que lui donne la loi; et à part les
facilités pour établir sa demande que lui donne
la procédure criminelle, elle n'exerce néanmoins
qu'une action purement civile, comme elle aurait
pu le faire devant la juridiction civile. Cela est si
vrai, qu'il est de jurisprudence constante et sanc-

tionnée par de nombreux arrêts de la Cour de cassation, que quand un accusé a été déclaré non coupable par le jury, la Cour d'assises peut néanmoins allouer des dommages intérêts à la partie civile lorsque sa demande à cet égard est reconnue fondée. En effet la déclaration du jury fait, il est vrai, disparaître la criminalité des faits relevés par l'accusation, mais ne détruit pas l'existence de ces faits, qui, s'ils ont porté préjudice à la partie civile, doivent faire accorder à celle-ci une juste réparation.

La partie civile qui, après l'acquittement de l'accusé, a ainsi obtenu des dommages-intérêts, doit-elle être condamnée aux frais? Non, évidemment, puisqu'elle a obtenu le seul résultat qu'elle devait attendre de son action. Elle n'a donc pas succombé; et, conformément à l'art. 368 précité, non-seulement elle n'est pas tenue des frais, mais on doit encore lui restituer ceux qu'elle aurait consignés.

Cependant la doctrine contraire a prévalu devant quelques Cours d'assises, qui, après avoir alloué des dommages-intérêts à la partie civile, l'ont en même temps, et par le même arrêt, condamnée aux frais.

C'est ce qui est arrivé assez récemment dans une affaire qui a eu un grand retentissement. Il s'agissait d'un homicide commis en duel. L'accusé fut acquitté; mais la Cour alloua des dommages-intérêts à la mère de la victime, qui s'était constituée partie civile, et toutefois condamna celle-ci aux dépens.

Cependant la Cour de cassation avait antérieurement posé les vrais principes à cet égard dans l'éspèce suivante, dont il me paraît utile de faire connaître les principales circonstances.

Un individu avait été traduit devant la Cour d'assises de l'Eure sous l'accusation de viol sur une jeune fille. Celle-ci avait déposé devant la Cour, et, avant la clôture des débats, son père et tuteur avait pris, en son nom, la qualité de partie civile. L'accusé fut acquitté ; mais la Cour, à la requête de la partie civile, le condamna à des dommages-intérêts, et, de plus, à tous les frais du procès, tant ceux faits par la partie civile que ceux avancés par le trésor public.

Pourvoi contre cette décision, sur lequel la Cour de cassation a rendu le 27 novembre 1840 un arrêt de rejet qui me paraît assez important pour le transcrire en entier :

« Attendu, sur le premier moyen, que la disposition combinée des art. 67 et 359 du Code d'instruction criminelle donne à toute personne lésée par un crime le droit d'en obtenir la réparation, pourvu qu'elle se constitue partie civile et forme sa demande en dommages-intérêts avant le jugement ;

» Qu'elle ne peut pas perdre ce droit par la circonstance qu'avant d'en user elle a figuré dans les débats comme témoin, à la requête du ministère public, puisque, d'une part, le jury ne doit accorder à sa déposition que la confiance dont il la juge susceptible, et que, d'autre part, aucune loi n'a restreint pour ce cas la disposition générale et absolue des articles précités ;

» Attendu, sur le deuxième moyen, que le demandeur a *succombé* à l'égard de la partie civile ;

» Qu'il a donc été justement condamné, en vertu de l'art. 368 du même Code, tant aux dépens par elle exposés qu'à ceux dont cet article le rend personnellement responsable envers le trésor public;

» La Cour rejette le pourvoi. »

Ainsi, il résulte de cet arrêt, dont le bien jugé me paraît incontestable, d'abord, ce que je voulais établir, que la partie civile qui obtient des dommages-intérêts ne doit jamais être condamnée aux frais ; et, en second lieu, ce qui est plus important encore, que l'accusé acquitté, mais qui succombe à l'égard de la partie civile, doit être tenu au remboursement des dépens, de même que s'il avait succombé à l'égard de la partie publique.

ADMINISTRATIONS PUBLIQUES.

Article 158, page 399.

D'après des instructions concertées entre les ministres de la justice et des finances, il avait été longtemps en usage de considérer les administrations publiques comme assimilées aux parties civiles dans tous les procès correctionnels qui les intéressaient, soit pécuniairement, soit moralement, et notamment dans ceux qui étaient intentés, même d'office, à raison des délits commis par ou contre leurs préposés respectifs dans l'exercice des fonctions de ceux-ci.

Mais un arrêt de la Cour de cassation du 19 mai 1830 ayant jugé que ces administrations ne devaient être tenues des frais que quand elles avaient un intérêt pécuniaire au procès, des réclamations s'élevèrent contre l'usage suivi jusqu'alors ; et, pour y mettre un terme, les deux ministres soumirent la question au Conseil d'état.

Les comités réunis de législation et des finances furent appelés à examiner cette question ; et, le 15 janvier 1834, ils émirent un avis ainsi conçu :

« Considérant que l'art. 158 du décret du 18 juin 1811, en déclarant les régies et administrations publiques passibles des frais occasionnés par les instances suivies dans leur intérêt, n'a eu et n'a pu avoir en vue que les procès intentés dans l'intérêt de la perception en vertu des lois spéciales qui ont établi l'impôt, ou qui en ont assuré le recouvrement par des dispositions particulières ;

» Qu'en effet, ces poursuites ayant lieu principalement dans l'intérêt de ces administrations, et pouvant amener une recette à leur profit, il était juste que les frais auxquels elles pouvaient donner lieu fussent à leur charge, que ces administrations eussent ou non pris la qualité de parties civiles ;

» Mais qu'il ne saurait en être ainsi des instances poursuivies pour délits communs prévus par les lois ordinaires, et dont la répression, tout en présentant un intérêt moral à ces administrations, a lieu principalement dans l'intérêt de la vindicte publique ;

» Sont d'avis que l'art. 158 du décret du 18 juin 1811 ne peut être appliqué aux régies et administrations publiques que dans les instances qui sont suivies en vertu des lois spéciales relatives à ces administrations. »

Cet avis est fondé sur une distinction qui n'existe pas dans l'article précité. Cet article dispose d'une manière générale pour tous les procès suivis dans l'intérêt des administrations publiques, sans s'expliquer sur la nature de cet intérêt ; mais comme dans le paragraphe suivant il restreint, en ce qui concerne les communes et les établissements publics, l'assimilation aux parties civiles, aux procès suivis d'office pour crimes et délits commis contre leurs propriétés, on doit croire, comme on l'avait pensé pendant vingt-trois ans, et notamment à l'époque où le décret avait commencé à recevoir son exécution, et où, par conséquent, les intentions de ses auteurs pouvaient être mieux appréciées, que s'il fallait un intérêt matériel pour que les communes et établissements publics fussent passibles des frais, il suffisait d'un intérêt quelconque, et par conséquent d'un intérêt moral, pour soumettre les administrations publiques à la même règle.

Quoi qu'il en soit, l'avis que je viens de rapporter a prévalu; et M. le garde des sceaux, par une circulaire du 27 juin 1835, a adressé aux tribunaux des instructions conformes; mais il a en même temps recommandé une grande circonspection dans les poursuites, qui étaient précédemment à la charge des administrations publiques, et qui devaient désormais augmenter les dépenses du ministère de la justice. Je crois devoir reproduire ici les termes mêmes de cette recommandation :

« Je dois ajouter toutefois que MM. les procureurs du roi, pour ne pas grever le trésor de frais frustratoires, devront apporter une grande réserve dans les poursuites qu'ils exerceront sur la seule dénonciation des préposés, à raison de faits qui n'intéressent pas directement les administrations auxquelles ces préposés sont respectivement attachés. Ce n'est que pour les délits qui compromettront réellement le bon ordre et dont la répression intéressera la vindicte publique, qu'il conviendra de diriger des poursuites d'office. Dans les autres cas, ils devront, conformément aux instructions générales sur les frais de justice, ne donner suite aux plaintes qu'autant que les plaignants se constitueront partie civile. »

Au surplus, la nouvelle règle, qui a été principalement provoquée par l'administration des douanes, n'a pas satisfait également les autres administrations financières. L'administration des contributions indirectes avait notamment exprimé le désir de continuer à exécuter une décision de M. le ministre des finances du 30 mai 1809, d'après laquelle cette administration devait avancer et même supporter les frais relatifs aux poursuites faites d'office par le ministère public pour injures, voies de fait, ou rébellion envers ses préposés. La généralité des termes de l'avis du Conseil d'état n'a pas permis d'accueillir ce vœu; mais la décision dont on demandait l'exécution, et qui est bien antérieure au décret de 1811, indique le véritable esprit de ce décret, et vient à l'appui de la règle qui avait été suivie si longtemps sans qu'il en fût résulté aucun grave inconvénient.

La même administration a élevé une autre réclamation à laquelle il a dû être fait droit.

La circulaire de M. le garde des sceaux, du 3 mai 1825, après avoir établi que les administrations publiques étaient parties civiles dans tous les procès qui les concernent, et comme telles tenues de tous les frais, ajoutait que, parmi ces frais, on devait comprendre le coût des extraits de jugement que le procureur du roi doit, d'après les art. 198 et 202 du Code d'instruction criminelle, adresser au magistrat du ministère public près le tribunal où la Cour qui doit connaître de l'appel, afin que ce magistrat puisse apprécier s'il y a lieu ou non d'exercer le droit d'appel qui lui est dévolu. Or, l'administration des contributions indirectes se fondant sur ce qu'elle n'est plus partie civile que dans les procès qui concernent ses perceptions, et sur ce que dans ces procès elle seule a le droit d'appeler, a fait observer qu'elle n'avait nul intérêt à l'envoi des extraits dont il s'agit, et que par conséquent elle ne pouvait être tenue de les payer.

Une correspondance s'engagea à ce sujet entre les ministères de la justice et des finances. On reconnaissait que l'envoi prescrit par les art. 198 et 202 précités ayant pour but de faciliter la surveillance des magistrats supérieurs et de leur donner le moyen d'appeler, cette délivrance pouvait sembler inutile à l'administration des contributions indirectes dans les instances concernant exclusivement ses perceptions et dans lesquelles elle avait seule le droit d'appel. Mais on faisait remarquer qu'il existait d'autres cas où le ministère public peut appeler même quand l'administration est intéressée. On citait notamment l'art. 102 de la loi du 19 brumaire an vi et l'art. 46 de la loi du 28 avril 1816, et tous les cas où la fraude est accompagnée de rébellion, de violences ou de voies de fait. Évidemment, dans les affaires de ce genre, l'administration elle-même doit désirer que le magistrat supérieur soit mis, par l'envoi des jugements, en mesure d'examiner si ces jugements doivent être déférés à la juridiction d'appel.

La justesse de ces observations a été reconnue en ce qui concerne les poursuites relatives à la garantie des matières d'or et d'argent qui intéressent également l'ordre social et le fisc, et l'administration ne s'est pas refusée à continuer de payer en cette matière les extraits destinés à éclairer le ministère public. Mais, relativement aux autres cas, même ceux où l'emprisonnement peut être prononcé, l'administration a répondu qu'ayant le droit d'arrêter les poursuites par une transaction (ainsi que M. le garde des sceaux l'a reconnu d'après la jurisprudence, par une circulaire du 1er janvier 1844), il s'ensuivait qu'elle n'avait aucun intérêt à l'envoi des extraits; que quand il s'agissait d'un délit connexe à un acte de fraude, il y avait le plus souvent deux instances, et que lors même qu'il intervenait un seul jugement, les condamnations n'en demeuraient pas moins distinctes; en sorte qu'elle conservait exclusivement le droit d'attaquer la partie du jugement qui la concernait, ce qui, dans ce cas encore, rendait, quant à elle, l'envoi des extraits inutile.

M. le garde des sceaux s'est rendu à ces observations, et il a décidé que le coût des extraits dont parlent les articles précités du Code d'instruction criminelle ne serait plus réclamé de l'administration des contributions indirectes, si ce n'est quand il s'agit de contraventions à la loi du 19 brumaire an VI.

Tel est l'objet de la circulaire du 18 mai 1846, qui se termine par l'observation suivante : « Mais comme le ministère public ne peut interjeter appel en cette matière (des contributions indirectes) que dans le cas où la fraude est accompagnée d'un délit commun, il convient, pour ne pas mettre à la charge de mon département des frais inutiles, de ne lever des extraits des jugements que dans le cas où le ministère public a le droit d'appeler. »

Cette distinction me paraît parfaitement juste. Quand le ministère public près le tribunal ou la Cour d'appel n'a pas le droit d'appeler, l'envoi d'un extrait du jugement de première instance n'aurait aucune utilité. Mais s'il se trouve un délit ordinaire connexe au fait de fraude, le droit d'appel subsiste, et par conséquent les magistrats doivent être mis à même de l'exercer s'il y a lieu; et il faut en pareil cas continuer à se conformer à l'art. 202 du Code d'instruction criminelle.

Pendant longtemps on avait pensé, ainsi que je

l'ai dit dans mon précédent ouvrage, page 423, que la caisse des invalides de la marine était partie civile de plein droit dans tous les procès relatifs aux contraventions en matière de pêche maritime. Depuis, et à la suite d'une longue correspondance avec les départements de la marine et des finances, M. le garde des sceaux a reconnu que ces contraventions étaient poursuivies dans l'intérêt général du pays, et que les condamnations pécuniaires prononcées à ce sujet rentraient directement dans les caisses de l'État. En conséquence, il a décidé que les frais de poursuites seraient désormais avancés par l'administration de l'enregistrement pour le compte du ministère de la justice.

Il en doit être de même maintenant pour tous les procès qui concernent l'Université. Tant qu'elle a été propriétaire et qu'elle a perçu elle-même les rétributions qui lui étaient allouées, elle devait, comme je l'ai dit dans mon précédent ouvrage, être assimilée à la partie civile dans les poursuites qui l'intéressaient, et être tenue des frais ; mais la loi du 24 mai 1834 ayant décidé que toutes les rétributions universitaires seraient perçues pour le compte de l'État, il est certain que maintenant les frais des poursuites auxquelles cette perception peut donner lieu, doivent être avancés comme frais généraux de justice criminelle pour le compte du ministère de la justice.

COMMUNES.

Article 158, page 425.

Aux termes de cet article, les communes sont assimilées aux parties civiles dans les procès instruits ou à leur requête, ou même d'office, pour crimes et délits commis contre leurs propriétés.

Il est remarquable que cette disposition spéciale aux communes ne les astreint pas, comme les administrations publiques, à recevoir la qualité de partie civile même dans les procès qui peuvent seulement les intéresser. Il faut en tirer la conséquence que l'intérêt moral qu'une commune peut avoir à une poursuite ne suffit pas pour qu'elle soit de plein droit partie civile; il faut en outre que le fait soit de nature à entraver la perception de quelques-uns de ses revenus, comme notamment les fraudes en matière d'octroi, celles qui ont pour objet de ne point payer le prix fixé soit pour les places sur les marchés, soit pour le puisage de l'eau aux fontaines et puits publics; en un mot, tout délit ou contravention pouvant porter un préjudice réel à la commune et affecter plus ou moins le recouvrement de ses ressources municipales.

Mais en ce qui concerne les rébellions ou les voies de fait exercées envers les préposés communaux, quelque intérêt que la commune ait pour le bien de son service à la répression de ces délits, c'est à tort, suivant moi, qu'on l'avait, dans certaines localités, considérée dans ces procès comme partie civile. Cette prétention au surplus ne pourrait plus se soutenir en présence de la décision que j'ai précédemment fait connaître, et qui dispense les administrations publiques du payement des frais dans les affaires où il ne s'agit que de leurs préposés et non des perceptions dont elles sont chargées.

Souvent se trouvent réunis le délit de fraude et le délit de rébellion, qui ainsi donnent lieu à une seule et même poursuite. En pareilles circonstances, je crois qu'il serait convenable que la commune se constituât partie civile sur le double objet du procès. La répression serait ainsi plus assurée, les intérêts véritables de la commune s'en trouveraient mieux, et on éviterait l'embarras de la division des frais, division que doit faire le tribunal, si la commune, partie civile quant à la fraude, ne prend pas la même qualité quant à la rébellion. En pareil cas, les frais doivent être répartis entre la commune et l'État, qui sont respectivement tenus, sauf leur recours contre le condamné, de la somme mise à la charge de chacun d'eux.

Au surplus, dans beaucoup de villes dont les revenus sont affermés, les fermiers sont mis aux lieu et place des communes. En pareil cas je n'hésite pas à penser qu'à moins d'une clause formelle du bail qui les en dispense, les fermiers sont tenus des frais qu'autrement ces villes auraient dû payer comme partie civile.

CONSIGNATION DES FRAIS.

Article 160, page 427.

Pendant longtemps la Cour de cassation avait jugé, conformément aux dispositions de cet article, que les parties civiles devaient consigner les frais, soit qu'elles citassent directement les prévenus, soit qu'elles laissassent agir le ministère public. Depuis, la jurisprudence a souvent varié à cet égard. Enfin, un arrêt du 4 mai 1833, rendu toutes les sections réunies, nonobstant le texte si précis et qui paraît si clair de l'art. 160, a jugé qu'il ne s'appliquait qu'au cas où les parties civiles n'étaient que parties jointes, et que quand elles saisissaient directement le tribunal, comme l'art. 182 du Code d'instruction criminelle leur en donne le droit, on ne pouvait exiger d'elles aucune consignation préalable.

Cet arrêt a depuis servi de règle pour toutes les juridictions, et les inconvénients graves qui devaient en résulter n'ont point tardé à se manifester. De toutes parts des réclamations s'élevèrent à ce sujet, et le mal devint si évident, que le gouvernement crut devoir s'en occuper. Il introduisit dans un projet de loi destiné à modifier plusieurs articles du Code d'instruction criminelle une disposition spéciale pour y remédier.

24

Voici en quels termes M. le garde des sceaux énonçait, dans l'exposé des motifs, les fâcheuses conséquences de l'exercice sans contrôle du droit accordé aux parties civiles :

« L'exercice de ce droit a fait naître des abus qui ont été souvent signalés. Il est devenu une arme pour les mauvaises passions. Des hommes animés par la haine ou par la méchanceté s'en servent, soit pour flétrir des personnes honnêtes, soit pour accomplir une odieuse spéculation. Les tribunaux sont saisis d'une foule de plaintes formées avec légèreté et dénuées de fondement. Tous les bons esprits ont reconnu dans cette disposition un mal auquel il est urgent de porter remède ; mais ils se sont divisés sur les moyens qui peuvent amener ce résultat. »

Le moyen auquel le gouvernement s'était arrêté consistait à ajouter à l'art. 182 du Code d'instruction criminelle une disposition d'après laquelle la citation directe donnée par la partie civile aurait été soumise au visa préalable du procureur du roi, sauf à en référer à la chambre du conseil dans le cas où ce magistrat refuserait de viser.

Cette disposition, non plus que le projet de loi dont il faisait partie, n'ayant pas été adoptée, les choses sont restées dans le même état.

Si l'on avait admis la nécessité du visa du ministère public, il en serait résulté pour la justice une incontestable garantie, et les tribunaux n'auraient plus eu à s'occuper que de plaintes véritablement sérieuses ; mais ce moyen présentait dans son exécution des difficultés qu'on ne saurait se dissimuler. Le ministère public n'aurait pu accorder ou refuser son assentiment à l'action de la partie civile sans procéder à une sorte d'enquête ; autrement sa désicion aurait été arbitraire. Or, cette enquête, dont la nécessité se serait fait encore mieux sentir dans le cas de recours à la chambre du conseil, aurait entraîné des retards et aurait souvent, sans utilité, pris un temps précieux. Enfin c'était une entrave positive à l'exercice d'un droit depuis longtemps consacré par nos lois criminelles.

Revenir purement et simplement à ce qui s'est pratiqué pendant longtemps, c'est-à-dire, ordonner la consignation préalable des frais, c'est, suivant moi, remédier suffisamment à un mal qui ne s'est manifesté que depuis que la Cour de cassation a changé une jurisprudence qui paraissait plus conforme non-seulement à la lettre, mais encore à l'esprit du règlement, puisqu'elle s'était formée immédiatement après la mise en vigueur de ce règlement et lorsque les intentions de ses auteurs devaient être parfaitement connues.

L'obligation de consigner les frais faisait réfléchir et arrêtait presque toujours le plaignant dont les griefs n'étaient pas clairs et certains. Elle ne le contraignait d'ailleurs qu'à une simple avance des frais qu'il devait toujours payer, et par conséquent n'affaiblissait en rien l'exercice de son droit. Enfin, cette consignation permettait au prévenu faussement accusé, et qui devait néanmoins faire des dépenses pour établir la preuve de son innocence, d'obtenir le remboursement de ces dépenses, qui autrement ne restent que trop souvent à sa charge.

Je pense donc que tôt ou tard on reviendra à l'exécution stricte et sans distinction de l'art. 160, soit que la jurisprudence change encore, comme elle l'a fait plusieurs fois, soit que la législation vienne donner une nouvelle force à cet article.

FIN.

TABLE ALPHABÉTIQUE

DES MATIÈRES CONTENUES DANS CE VOLUME.

Nota. Les chiffres arabes indiquent les pages du volume.

reau du procureur général, 300. —
— *de séjour.* Des experts doivent se cumuler avec les vacations, 46.—Des témoins marins ne
sont plus à la charge du ministère
de la justice, 68.

FRANCHISE *et Contre-seing.* Nouvelle ordonnance sur cette matière,
266.—L'insertion d'une lettre close
dans une autre lettre également fermée, ne suffit pas pour établir le
soupçon de fraude, 267. — Moyen
d'éviter ce soupçon et les retards
qui en résultent, 269. — Nouvelle
recommandation du ministre de
n'expédier ordinairement les dépêches que sous bandes, 270. —
Mode suivant lequel les paquets
soupçonnés de fraude doivent être
vérifiés, 271. — Les préposés des
postes ne peuvent pas prendre
connaissance du contenu des lettres
vérifiées, 274.—Les journaux peuvent être transmis en franchise par
les procureurs du roi au procureur
général par lettres closes, 275. —
Les discours de rentrée jouissent
aussi de la franchise, mais ils ne peuvent être envoyés que sous bandes
et seulement aux magistrats du ministère public, 276. — Même décision pour les tables décennales des
registres de l'état civil, 278.

G

GARDES *champêtres.* Doivent
prêter les deux serments qui leur
sont imposés devant le tribunal de
première instance, 117.
— *forestiers.* Leur serment, 123.
GENDARMES. Taux de leurs indemnités pour l'escorte des voitures
cellulaires, 25.—Leur serment, 111.
GREFFIERS. Cas dans lesquels
ils sont autorisés à délivrer des extraits de jugements, 81. — Peuvent
délivrer des extraits du registre
d'appel aussi bien en simple police
qu'en police correctionnelle, 87. —
La déclaration au greffe n'est pas la
seule manière d'interjeter appel,
88. 185. — Modes suivant lesquels
peut être reçue la déclaration d'ap-

pel d'un condamné détenu, 90. —
Délais dans lesquels ils doivent
adresser des extraits de jugements
aux agents des forêts de la couronne,
92. Ils doivent en outre adresser
à ces mêmes agents des relevés tri-
mestriels; taux et mode de payement de ces relevés, 93. — Doivent
constater les prestations de serment
et en faire mention sur les commissions des agents assermentés, le
tout gratuitement, 108. — Mais ils
peuvent se faire payer les expéditions qu'on leur demande, *id.* —
Doivent laisser les huissiers prendre copie au greffe des jugements
à signifier, 146. — Cas dans lesquels le greffier doit donner lecture
des arrêts de la Cour de cassation
aux détenus, 152 — On doit continuer à délivrer un extrait de jugement pour chaque condamné à
l'emprisonnement, même quand il
ne doit pas changer de prison, 192.
— Le conseiller qui va instruire au
loin peut se servir du greffier du
tribunal dans l'arrondissement duquel il opère, 257. — Examen et
réfutation des objections opposées
à cette décision, 258. — Néanmoins
le conseiller peut se faire accompagner par un greffier de la Cour
royale, 263.

H

HUISSIERS. On ne doit pas les
commettre à l'effet d'extraire un
condamné de prison pour le mener
au greffe et y faire la déclaration
d'appel, 90. — Rédaction de leurs
mémoires, 131. — Quand ils se
transportent le même jour dans la
même commune à la requête de parties différentes, ils n'ont droit qu'à
une seule indemnité, 133. — Exception à cette règle, 134. — Le
procureur du roi peut exiger l'apport
au parquet de leurs répertoires; mais
ce droit ne doit être exercé qu'avec
circonspection, 135. Leur résidence est fixée souverainement par
les tribunaux de première instance,
137. — Ces tribunaux ont aussi le

en matière de recrutement doivent être remis aux préfets; le coût de ces extraits est imputable sur les fonds des frais de justice criminelle, 84. — Il en est de même pour les jugements contre des instituteurs, qui doivent être transmis au ministre de l'instruction publique, 85. — On doit restreindre le nombre des extraits autant que le comporte le besoin du service, 86. — Les greffiers sont autorisés à délivrer des extraits du registre d'appel, aussi bien en simple police qu'en police correctionnelle, 87. — Dans les affaires qui concernent les contributions indirectes, il ne faut plus envoyer d'extrait au ministère public près la juridiction d'appel, excepté pour les procès relatifs aux matières d'or et d'argent, 365.

JUGEMENTS (*signification des*). Avant cette signification, quand il s'agit de condamnation de simple police, il faut donner avertissement aux condamnés, 75. — Forme de cet avertissement, 76. — Modifications ultérieures apportées à la règle établie à cet égard, 77.

JURÉS. Leur indemnité de transport ne doit être calculée que d'après la distance entre le chef-lieu judiciaire et le lieu de leur résidence dans le département où ils doivent faire leur service, 71. — Exception à cette règle, 73. — Quand on ne les trouve pas à leur domicile, il faut y laisser une copie de l'exploit, et en remettre une seconde au maire, 158. — Cas où les deux copies paraissent devoir être remises au maire, 160. — Mode suivant lequel les jurés doivent procéder au scrutin secret, 280. — Les bulletins dont ils se servent sont imprimés aux frais du ministère de la justice, 281. — Quant aux tables et urnes relatives au même objet, la dépense est faite par le ministre de l'intérieur, 282.

L

LISTE *des jurés et des témoins.* *V. Huissier.*

M

MAIRES. Cas dans lesquels ils doivent fournir des aliments aux détenus transférés, 35. — On doit leur remettre une seconde copie de la convocation d'un juré non trouvé à son domicile, 158.

MANDATS. On ne doit décerner le mandat d'arrêt que quand il y a nécessité, 162. — Le mandat de dépôt donne toujours lieu au même salaire, que le premier soit ou non préalablement arrêté, 163. — L'exécution successive des mandats d'amener et de dépôt ne donne lieu qu'à un seul salaire, 164. — L'individu prévenu de faux témoignage devant la Cour d'assises peut être l'objet d'un mandat d'arrêt, 165. — Mais il ne doit être décerné qu'un mandat de dépôt quand l'arrestation s'opère à l'audience du tribunal correctionnel, 166.

MANDEMENTS *exprès.* La délégation générale d'un tribunal pour autoriser un huissier à instrumenter dans un canton limitrophe ne peut tenir lieu du mandement exprès, 142. — Il n'est pas nécessaire aux huissiers pour aller instrumenter hors de leur canton à la requête des parties civiles, des prévenus et des accusés, 199.

MARINS. Cités comme témoins sont payés de toutes les indemnités qui leur sont dues par le ministère de la marine, 68. — Il n'y a d'exception à cette règle que quand ils sont forcés d'employer des moyens de transport extraordinaires, 69.

MÉDECINS *et chirurgiens.* Cas dans lesquels ils ne sont pas payés par le ministère de la justice pour constatation de morts violentes, 41. — *V. Experts.*

MÉMOIRES *de frais.* Leurs nouvelles formes, 297. — C'est la taxe du juge qui fait courir leur surannation, *id.*

MENDIANTS. Les préfets doivent recevoir les jugements nécessaires pour les faire conduire au dépôt de mendicité, 81.

MILITAIRES. Commissions rogatoires pour les entendre comme témoins sans déplacement, 14. — Par qui leur sont payées les indemnités qu'on leur doit quand ils sont appelés à déposer devant les tribunaux ordinaires, 67. — Il conviendrait que le ministère de la guerre se chargeât du payement intégral de ces indemnités 70.

MINISTÈRE PUBLIC. Est indivisible ; par conséquent la signification de la déclaration d'appel peut également être faite aux magistrats revêtus de ce caractère, et qui exercent soit près le tribunal qui a jugé, soit près celui qui doit connaître de l'appel, 88.

MINISTRE DE LA JUSTICE. *V. Cours d'assises.*

MORTS VIOLENTES. Elles doivent, lorsqu'elles paraissent avoir été accompagnées de violence, donner lieu à une vérification, 36. — Examen des cas dans lesquels cette vérification doit être administrative ou judiciaire, 37. — Quand il y a présomption même vague d'un crime ou d'un délit, l'enquête est judiciaire et doit être à la charge du ministère de la justice ; mais il en est différemment, et la dépense doit être payée par l'autorité administrative quand la cause de la mort est certaine et exclut la pensée d'un crime, 41. — Dans ce dernier cas, les honoraires des médecins et l'indemnité de transport des magistrats ne sauraient être imputés sur les fonds généraux des frais de justice, 42.

O

OUVRIERS REQUIS POUR LES EXÉCUTIONS CRIMINELLES. *V. Exécution des arrêts criminels.*

P

PARTIES CIVILES. Peuvent faire instrumenter un huissier hors de son canton sans mandement exprès, 199. — Ne peuvent se constituer sur l'appel quand elles ne l'ont pas fait en première instance, 349. — Elles ne conservent pas leur caractère quand la condamnation a été annulée et l'affaire renvoyée devant une autre cour, 351. — Par conséquent elles doivent, si elles veulent persister dans leur action, le déclarer pendant les nouveaux débats, 352. — Après s'être désistées, elles peuvent, avant la clôture des débats, se constituer de nouveau, *id.* — En matière criminelle, elles ne sont pas tenues des frais lorsqu'elles obtiennent des dommages-intérêts, quand bien même l'accusé est acquitté, 353. — La caisse des invalides de la marine et l'université ne sont plus assimilées de plein droit aux parties civiles, 365.

PIÈCES DE PROCÉDURE. En matière correctionnelle et de simple police, il ne peut en être délivré copie que conformément au décret du 18 juin 1811, 98. — Cette disposition du décret ne s'applique pas aux matières criminelles, *id.* — Les tribunaux civils ne peuvent ordonner la délivrance des pièces des procès criminels, *id.* — Le réquisitoire du ministère public n'est ni une plainte ni une dénonciation ; on ne peut donc en accorder copie, 102. — Communication d'une procédure correctionnelle au prévenu ; cas dans lesquels elle peut être accordée ou refusée, 103.

POSTES (*préposés des*). Doivent prêter deux serments, 112. — Leur serment particulier ne les empêche pas d'obtempérer aux ordonnances de justice dont on doit leur laisser copie, 113. — Le droit des magistrats de se faire remettre les correspondances s'étend aux lettres des tiers aussi bien qu'aux lettres que les détenus écrivent ou reçoivent, 115.

PRÉFETS. Doivent être munis des jugements qui les autorisent à faire conduire des mendiants au dépôt de mendicité, 81. — Doivent recevoir extraits des jugements correctionnels rendus en matière de recrutement, 84. — Ne visent plus les mémoires de frais, 297. — Indication des dépenses qu'ils continuent de mandater, 300. — Doivent adresser chaque mois au ministère de la justice le bordereau des dépenses du mois précédent, 301. — Ils acquittent les frais d'extradition, d'après les états de dépenses dûment certifiés par les autorités étrangères, 302, 324. — Doivent élever le conflit si les tribunaux jugeaient qu'un étranger soumis à la contrainte par corps ne peut pas être extradé 327.

PREMIER PRÉSIDENT. *V. Cours d'assises. — Transport des magistrats.*

PRÉPOSÉS DES ADMINISTRATIONS PUBLIQUES. Il serait à désirer qu'ils fussent traités comme les gendarmes quand ils vont déposer en justice, 156. — Sont agents de la force publique et doivent recevoir des droits de capture quand ils opèrent une arrestation hors de la présence des huissiers, 168, 195.

PRÉSIDENTS D'ASSISES. *V. Cours d'assises.*

PRÉVENUS. Peuvent, sans mandement exprès, envoyer un huissier instrumenter hors du canton, 202.

PRISONS (*gardiens des*). Doivent continuer de recevoir un extrait du jugement de condamnation, même quand le condamné ne doit pas être transféré dans une autre prison, 192.

PROCÉDURES CRIMINELLES. Les magistrats de première instance doivent s'efforcer de les mettre le plus promptement possible en état, afin de les envoyer sans délai et successivement à la Cour royale, 56.

PROCUREUR DU ROI. Peut seul, par lui-même ou par ses substituts, et ses auxiliaires, instruire en cas de flagrant délit, 2. — Exceptions à cette règle, *id.* — Peut seul porter la parole devant le tribunal correctionnel, 2. — Nécessité de tenir exactement le registre dans lequel doivent être constatées les diligences des huissiers, 131.

PROCUREUR GÉNÉRAL. Indemnité qui lui est due quand il va porter la parole devant une Cour d'assises, 1. — La même indemnité est due au magistrat que le procureur général délègue pour le remplacer, *id.* — Seul cas où le procureur général peut instruire en flagrant délit, 2. — Surveillance qu'il exerce sur l'action de la justice dans tout son ressort, 3. — Il ne peut porter la parole devant les tribunaux correctionnels, 4. — Ce qui ne l'empêche pas de surveiller et de diriger les procédures dans toutes leurs phases, 6. — Moyen de rembourser ses dépenses quand des événements le forcent de se transporter sur un point éloigné de son ressort, 255.

R

RECRUTEMENT. Les préfets doivent recevoir des extraits de tous les jugements définitifs rendus en matière de recrutement, 82.

REGISTRES DES PARQUETS. Doivent être tenus avec la plus grande exactitude, notamment ceux relatifs aux huissiers, 131.

RÉHABILITATION. Quand elle est sollicitée par un condamné qui en paraît digne, mais qui ne peut subvenir aux dépenses qu'elle occasionne, il doit en être rendu compte au ministre, qui autorise, s'il y a lieu, à payer les frais sur les crédits de son département, 7.

RÔLE *des causes* de la Cour d'assises doit être formé par le procureur général avec le concours du président, 59.

S

SERMENT. Les greffiers doivent constater sa prestation et la mentionner sur la commission de l'agent assermenté; ces deux formalités sont gratuites, et le greffier ne peut réclamer un salaire qu'autant qu'il aurait fourni une expédition, **108**. — Nécessité du serment, **109**. —Du serment politique et des personnes qui ne sont pas tenues de le prêter, *id.* - Du serment spécial qui ne peut être imposé que par une loi, **110**. - Serment des gendarmes, **111**. — Des préposés des postes, **112**. - Leur serment particulier ne met pas obstacle à ce qu'ils obtempèrent aux ordonnances de justice, **113**. — Double serment des gardes champêtres, **117**. — Doit être prêté simultanément devant le tribunal civil, **118**.—Cas exceptionnels, **120**. — Serment des agents chargés de constater les contraventions de grande voirie, **122**. — Des maires et adjoints, et des commissaires de police, **123**. — Des ingénieurs et agents des ponts et chaussées, *id.* - Des gardes champêtres et forestiers des particuliers, **124**. — Ces gardes doivent être présentés au serment non par un avoué mais par le ministère public, **125**.—Serment des agents des administrations financières, *id.*— Des magistrats, **126**. — Cas dans lesquels ce serment doit être renouvelé, **127**. — Serment des avocats, **128**. Cas dans lequel ils doivent prêter le serment politique, **129**.—Des notaires, avoués et huissiers, *id.*

T

TÉMOINS. Ils causent une très-grande dépense qu'il faut s'efforcer de diminuer, **51**.—Leur choix doit être fait avec une sérieuse attention, *id.*—Avant de les citer, il faut prendre des renseignements auprès des officiers de police judiciaire, **52**. Utilité, sous un autre rapport, de ces informations, *id.* — Il importe surtout d'éviter l'appel devant la Cour d'assises des témoins inutiles, **53**. — On ne saurait donc apporter trop de soin à la formation de la liste de ceux qui doivent être cités devant cette Cour, *id.* —

Meilleur mode à suivre pour cette formation, **53**. — Le procureur du roi doit toujours joindre la liste des témoins qu'il croit nécessaires à chaque procédure qu'il transmet à la Cour royale, **54**. — Les témoins ne doivent jamais être taxés, qu'autant qu'ils le requièrent spontanément, **62**.—Abus qui résultent du funeste usage de ne point attendre la demande des témoins, **64**. — Mais quand ils forment cette demande, elle doit être accueillie, quand bien même leur déposition n'aurait pas été reçue, **65**. — De même, s'ils ont comparu sur un simple avertissement, *id.* — Les témoins peuvent être appelés par un avertissement, non-seulement devant les magistrats qui se transportent sur le lieu du crime, mais aussi devant le juge de paix procédant à une information criminelle, *id.* - Indemnités des témoins militaires et marins, **67**. — Les garde-chiourmes doivent être compris parmi les témoins marins, *id.* — Les témoins marins ne reçoivent plus que des indemnités payées par le ministère de la marine, **68**. —Cette disposition s'étend à toutes les personnes attachées au service maritime, *id.* — Le ministère de la justice ne doit indemniser les témoins marins que quand on les appelle à un très-court délai, **69**. — Il serait à désirer que la règle établie par le ministère de la marine fût adoptée par le ministère de la guerre, **70**. — Les témoins doivent ordinairement être appelés par simple avertissement devant le tribunal de police, **153**.

TRANSLATION *des prévenus et accusés*. Nouveau mode de translation par les voitures cellulaires, **23**. Indemnités aux gendarmes chargés de l'escorte, **25**. — Les détenus peuvent encore être transférés par l'ancien mode, **26**. — Ils conservent le droit de voyager en voitures particulières à leurs frais, **27**.—Une voiture cellulaire est éta-

FIN DE LA TABLE ALPHABÉTIQUE.